MAPPLE まっぷる 哈日情報誌

河口湖 山中湖 富士山 '25-26

CONTENTS

欲領取免費電子書者，請掃描右方QRcode，進入「旅遊書買紙送電活動專區」，上傳購買證明並填寫相關資料，待審核通過即會發送GOOGLE圖書兌換券及兌換步驟說明。

MAPPLE編輯部官方X
@mapple_editor
記得追蹤喔♪

西湖·本栖湖·精進湖
河口湖
富士吉田
精進湖
本栖湖
西湖
山梨県
忍野
山中湖·忍野
山中湖
朝霧高原
富士山
朝霧高原·富士宮
御殿場
場·十里木
芦ノ湖
駿河湾

利用本書前請詳細閱讀下列事項

●本書刊載的內容為2024年3～5月採訪及調查的資訊。
本書出版後，餐廳的菜單、商品內容與費用等各種刊載資訊有可能變動，也可能依季節而有調整或售完、臨時休業、停止營業的情況。因為消費稅的調高，各項費用可能異動，因此會有部分設施的標示費用為稅外的情況，消費之前請務必事先確認。此外，因本書刊載內容而造成的糾紛和損害等，敝公司無法提供賠償，請在確認此點之後再行購買。

●記號索引　各物件刊載的象形符號表示以下內容。

景點　玩樂　溫泉　美食　咖啡廳　購物

●各種資訊使用以下的方式刊載

電話號碼　刊載的電話號碼為各設施的洽詢用電話號碼，因此可能會出現非當地號碼的情況。使用衛星導航等設備查詢地圖時，可能會出現和實際不同的位置，敬請留意。

所…地址　各設施的所在位置。自然景點僅為大略標示，使用衛星導航設定時可能會顯示與實際位置不同的地點，請務必注意。

L…營業時間·開館時間　營業時間、開館時間為實際上可以使用的時間。基本上餐廳為開店到最後點餐時間，各種設施為開館到可入館的最終時間。

休…公休日　原則上只標示出公休日，基本上省略過年期間、黃金週、盂蘭盆節和臨時休業等情況。

¥…費用·價錢　◎表示入場時需要費用，基本上為大人1人份的費用。◎住宿費原則上是一般客房的1房費用，附餐點時則標示2人1房時1人份的費用。金額包含各種稅金、服務費在內的費用，但可能依季節、週幾、房型、住宿人數而有所變動，預約時請務必確認。

…交通方式　原則上標示出最近的車站，所需時間僅為預估值，可能因季節、天候和交通機關的時刻表更動而有所不同。

P…停車場　顯示是否設有停車場。停車位數量以能停放一般汽車的數量為準，未設停車位的則註明「無」。

MAP 00X-0　標示出該物件在地圖上的位置。

※刊載的資訊可能會根據各設施對傳染病的對應、對策而有所不同，請預先確認最新狀況。

更加好玩的 旅行使用說明 How To Travel

富士山麓位在這裡

東京都

大菩薩嶺

富士芝櫻祭往年是4月中旬到5月下旬

甲府駅

中央本線

中央自動車道

身延線

笛吹川

P.92

西湖·本栖湖精進湖

精進湖

本栖湖

毛無山

朝霧高原

P.94

朝霧高原·富士宮

富士宮

身延線

西富士道路

新富士IC

富士IC

岳南電車

東海道新幹線

新東名高速道路

岳南江尾駅

東海道本線

新富士駅

駿河湾

河口湖

三ツ峠山

河口湖

西湖

河口湖駅

河口湖IC

富士山駅

忍野

山中湖

山梨県

富士山

富士スバルライン

東富士五湖道路

須走IC

P.70

大月Jct

大月駅

中央自動車道

中央本線

桂川

都留IC

富士急行線

忍野八海的水池清澈，更顯魚的泳姿

富士吉田

P.84

山中湖·忍野

P.80

新御殿場IC

御殿場IC

御殿場駅

御殿場

御殿場Jct

御殿場線

裾野IC

東名高速道路

伊勢原Jct

大雄山駅

伊豆箱根鐵道

平塚IC

小田急線

小田原駅

強羅駅

箱根登山電車

箱根山

箱根山

芦ノ湖

箱根スカイライン

三島駅

伊豆箱根鐵道

伊豆中央道

天城高原IC

駿河富士山パノラマグリーンライン

十里木

P.98

御殿場·十里木

静岡県

長泉沼津IC

沼津IC

沼津駅

神奈川県

小田原IC

東海道本線

東海道新幹線

湯河原パークウェイ

湯河原

熱海駅

伊東IC

伊豆スカイライン

伊東線

相模灘

大石公園的薰衣草季約從6月中旬開始

出發前一定要先確認！ Part① 富士山麓旅行地圖

一旦開始規劃行程，交通該如何移動較好、區域的地理位置、人氣景點位於何處等等一切都還搞不清楚時，首先就用這個旅行地圖來快速掌握重點吧！

更加好玩的 旅行使用說明 Part① 富士山麓旅行地圖

❶ 交通方式該如何運用？

富士五湖附近的巴士特別發達，可選擇便宜划算的高速巴士與路線巴士移動，沒有國際汽車駕照的人也可以充分玩遍山腳一帶的景點。若想避開週末、連假的人潮，推薦方便規劃的電車。也可以預約觀光列車，享受旅途中的電車之旅，而行李較多或不想顧慮時間的人開車較為便利。回程若想避免塞車，也可以利用國道413號的道志道。

❷ 衣服要怎麼穿？

富士山麓整體標高都較高，富士五湖中最低的河口湖也有830m，氣溫比平地低5度左右。比平常多帶一件防寒衣物再前往吧！

❸ 若想看到富士山！

12～1月的連續晴天且濕度低時較容易看見富士山，濕度高的6～8月則較難。推薦早晨觀賞，因為就算是晴天，一旦氣溫上升，10點後就有可能被雲霧遮蔽。

❹ 自駕注意事項

富士山的開山期間為7～9月上旬左右，到五合目的三條路線會有自駕車限制。若想開車到五合目，選擇其他季節造訪吧。寧靜的山麓有些路段較少交通號誌，禁止超速，也要注意野生動物突然闖入道路。

廣大的富士山麓

確認 所需時間與距離

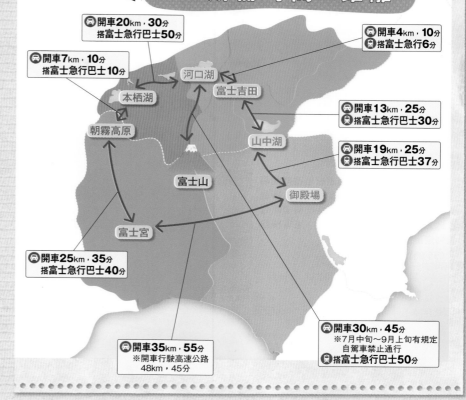

🚗開車20km，30分
🚌搭富士急行巴士50分

🚗開車7km，10分
🚌搭富士急行巴士10分

🚗開車4km，10分
🚌搭富士急行6分

🚗開車13km，25分
🚌搭富士急行巴士30分

🚗開車19km，25分
🚌搭富士急行巴士37分

🚗開車25km，35分
🚌搭富士急行巴士40分

🚗開車35km，55分
※開車行駛高速公路48km，45分

🚗開車30km，45分
※7月中旬～9月上旬有規定自駕車禁止通行
🚌搭富士急行巴士50分

本栖湖　河口湖　富士吉田　朝霧高原　山中湖　富士山　御殿場　富士宮

☞交通方式

新宿有多種交通方式可以前往富士五湖周邊或御殿場。要前往富士宮則從東京出發。

搭乘電車所需時間（預估）	搭乘巴士所需時間（預估）
●新宿～河口湖…2小時	●新宿～河口湖…1小時45分
●新宿～御殿場…1小時45分	●新宿～山中湖…2小時15分
●東京～富士宮…1小時35分	●新宿～御殿場…1小時45分
	●東京～富士宮…2小時40分

想要先知道！ ## 富士山麓的自豪之處

不管怎麼說，富士山都以標高3776m的日本第一高度自豪。繁榮興盛的美麗姿態為日本代表性的存在，對日本文化帶來諸多影響，2013年被登錄為聯合國教科文組織的世界文化遺產。夏季開放登山期間，除了日本人，也吸引海外眾多登山客以登富士山為目標而來。

富士山的山麓為絕景景點的寶庫，可從湖泊、花田、茶園等處眺望富士山，有多種選擇能盡情欣賞富士山與春櫻或楓紅互映的美景。另外，山腳下又有富士五湖、青木原樹海、風穴、冰穴和白絲瀑布等具特色又富饒的自然環境廣布其間，能體驗到健行、洞窟探險、獨木舟等親近大自然的活動。多處設有露營場與豪華露營設施，在此樂享戶外活動的人也很多。

此地區也孕育出許多深具特色的當地美食如吉田烏龍麵、富士宮炒麵、餺飥等，務必品嘗一番。

🎁伴手禮 信玄餅、富士山商品、富士吉田織物
🍜必吃美食 吉田烏龍麵、富士宮炒麵、餺飥

直到夜間21時都有夢幻的點燈照明

露臺的地板使用富士檜木

富士宮 2024年4月重新開幕

田貫湖西岸的展望甲板
田貫湖富岳TERRACE
全新翻修！

能正面看見富士山的田貫湖觀景露臺開幕了。活用地形打造成傾斜的樣子，能體驗到與湖面的整體感，同時又能盡情遠眺雄壯的富士山。若天候條件符合，還有機會看到逆富士。

📞 **055-931-3261**
（環境省 沼津管理官事務所）
🕒自由參觀　📍静岡県富士宮市佐折
🚃JR富士宮站車程30分
🅿️62輛
MAP **P.131 A-3**

適合拍紀念照的紀念碑

Part ② 富士山麓**最新**流行**大集合**！

NEWS&TOPICS

事先確認新開幕、整修翻新等富士山一帶受到關注的新景點，對制定旅行計畫會很有幫助！

富士吉田 2023年11月新開幕！

各客房內皆設有爐火空間

自然共生型飯店
在BLANC FUJI
體驗非日常住宿！

坐落於能看到富士山的桂川畔。11間度假別墅融入自然環境中，能以五感品味富士山麓的四季變化。分成附露天浴池、附三溫暖、附三溫暖與寵物運動公園、附寵物運動公園等四種形式的客房。

📞 **0555-28-6299**
🕒IN15:00、OUT10:00
💴1泊2食33500円～　🛏️11間
📍山梨県富士吉田市上吉田東9-6-25
🚃富士急行富士山站車程10分
🅿️20輛　　MAP **P.124 G-5**

晚餐是使用當地食材的柴火晚間全餐

房間裝設有一大片能感受與大自然合而為一的窗戶

富士吉田 2023年7月重新開幕

生還率 0.0001%的遊樂設施

富士急樂園的
超人氣遊樂設施
翻新後威力更強大了！
絕望要塞-IMPOSSIBLE GAMES-

曾令320萬挑戰者感到絕望且難度超高的絕望要塞系列經過大幅整修。在有謎樣人物「Z」的場館內，身體與大腦並用一起挑戰多項遊戲，目標是全部生還過關。

▷**富士急樂園P.32**
MAP **P.125 D-2**

獲得及格分數，前往下一關

紅館內的遊戲連番展開

能360度盡情眺望風景的觀景休閒室

由銳氣的建築師百枝優所設計

CYCL在山中湖開幕

山中湖 **2024年4月新開幕**

不論性別或團客都能在湖畔三溫暖盡情享受！

能欣賞富士山與山中湖絕景的三溫暖設施。以富士山為靈感的建築中心是一間紅通通的三溫暖室，透過高功率暖爐享受半自助芬蘭浴。還有流淌著富士山脈天然地下水的水浴池及能望見富士山的外氣浴空間，2樓有能享用免費飲料與甜點的絕景觀景休息室，在此享受無比幸福的三溫暖時光。

三溫暖必須穿著泳裝，泳裝可付費租借

☎0555-28-7224
🕙10:00～19:00（週五、六至21:30）※每2小時30分為一時段
休週三 ¥2小時30分3960円
所山梨縣山中湖村平野479-107
🚌富士急行富士山站搭乘經由旭丘往平野的巴士58分，撫岳莊前下車步行即到
🅿18輛　　　MAP P.126G-4

Lily Bell Hütte

笛吹 **2024年4月新開幕**

在富士山雙露台誕生的交流設施！

到富士山雙露台可搭車程10分鐘的接駁車

位在標高約1300m的高原

距離以富士山和河口湖的絕景景點知名的富士山雙露台最近的停車場——鈴蘭群生地停車場新開設的交流設施。咖啡廳可嘗到咖啡與甜點，也聚集販售當地特產品的商店，可在木製甲板的露臺小憩片刻。

→P.16　　MAP P.119 D-1

※照片為示意圖

---

pomme

河口湖 **2024年2月新開幕**

能輕鬆享用主廚精心料理的餐廳

從店內窗戶即可眺望富士山

提倡富士山麓美食學的豐島雅也主廚監修的餐廳。推薦點富士山麓餐盤，以兩種鹿肉野味香腸搭配大量當地蔬菜，可以盡情品嘗大自然的美味。

附手作麵包與湯品的富士山麓餐盤2750円

☎0555-75-0850
🕙9:00～售完打烊（週三為11:30～）
休週一、二（會有變動，詳情請見IG）
所山梨縣富士河口湖町船津3681-2
🚌富士急行河口湖站步行5分
🅿8輛　　MAP P.122 H-5

ZEIT BAKERY CAFE

山中湖 **2024年3月新開幕**

在綠意環繞的露臺品嘗現烤麵包

店內空間寬闊，2樓也有座位

距離山中湖稍微再遠一點的地方新開幕的一間時尚烘焙坊。在小樹叢環繞四周的露臺，可以享用剛出爐的麵包及咖啡，從早上7時開始營業，推薦前來享用早餐或早午餐。

熱賣品項是堅果葡萄乾全麥麵包、鴨肉可頌三明治

☎0555-72-9081
🕙7:00～17:00　休週四
所山梨縣山中湖村山中359-7　🚌富士急行富士山站車程23分
🅿20輛　　MAP P.127 D-4

SDGs學習中心

河口湖 **2024年3月新開幕**

在享受樂趣的同時充實你的知識

有主題館、商店及餐廳

以影像或展示等方式詳細解說為了實現永續世界的17個目標。可付費體驗製作能生物分解的釣魚擬餌組裝塗裝和迷你苔生態盆栽。

挑戰體驗學習SDGs

☎0555-28-5311
🕙10:00～17:00　休不定休　¥成人1000円、中小學生800円、4～6歲300円　所山梨縣富士河口湖町大石2790-6　🚌富士急行河口湖站搭乘往大石・蘆川方向的巴士37分，SDGs まなび館前下車即到　🅿100輛　MAP P.123 B-1

月曆

夏

更加好玩的 旅行使用說明 How To Travel

富士山麓會舉辦許多歷史悠久的祭典，以及季節感滿溢的多彩豐富活動。事先確認清楚，制定旅行的計畫吧！

春

河口湖
河口湖香草節

● かわぐちこハーブフェスティバル
6月中旬～7月中旬

作為會場的河口湖畔的八木崎公園和大石公園，會舉辦薰衣草盛開的人氣活動。活動期間在公園內也設有能購買當地特產品和輕食的攤販。

✆ 0555-72-3168
（富士河口湖町觀光課）
🏠 山梨縣富士河口湖町大石2585
（大石公園→P.19）
MAP P.123 D-1

富士五湖
富士五湖煙火大會

● ふじごごのはなびたいかい
8月1日～5日

以「山中湖報湖祭」開始，連續五晚舉行「西湖龍宮祭」、「本栖湖神湖祭」、「精進湖涼湖祭」、「河口湖湖上祭」的煙火大會。
※有可能變更或中止活動

✆ 0555-62-3100（山中湖觀光協會）
✆ 0555-72-3168（富士河口湖町觀光課）

本栖湖
富士芝櫻祭

● ふじしばざくらまつり
4月中旬～5月下旬

在廣大的腹地中約有50萬株芝櫻盛開。色彩繽紛的芝櫻和世界遺產富士山的爭奇鬥豔精彩壯觀。

✆ 0555-89-3031（富士芝櫻祭事務局）🏠 山梨縣富士河口湖町本栖212 富士本栖湖リゾート內
MAP P.129 C-5　→P.21

富士吉田
富士櫻祭典

● ふじざくらまつり
4月中旬～下旬

遍布在吉田口登山道旁以及中之茶屋附近，是山梨縣最大規模的富士櫻群落，同時提供免費招待的櫻茶。

✆ 0555-21-1000（富士吉田觀光振興服務處）
🏠 山梨縣富士吉田市上吉田
MAP P.118 E-3

8月	7月	6月	5月	4月	3月	簡要筆記
冰穴和風穴等天然的清涼景點深受歡迎！	盼望的富士登山季開幕！	河口湖的薰衣草迎來觀賞佳機！	等候芝櫻綻放前往本栖湖周邊！	櫻花和富士山的共舞必看！	觀賞殘雪的富士山吧！	河口湖的氣溫
最高氣溫29.4℃	最高氣溫30.5℃	最高氣溫24.2℃	最高氣溫20.7℃	最高氣溫18.1℃	最高氣溫14.2℃	
最低氣溫19.9℃	最低氣溫18.6℃	最低氣溫14.5℃	最低氣溫8.9℃	最低氣溫5.1℃	最低氣溫1.6℃	

富士吉田 **8月26・27日**
吉田火祭、芒草祭
● よしだのひまつりすすきまつり
DATA→ **23**

富士五湖 煙火大會

7月上旬～9月上旬
富士登山
● ふじとざん
DATA→ **132**

富士吉田 **6月30日**
富士山開山前夜祭
● ふじさんかいざんぜんやさい
✆ 0555-21-1000
（富士吉田觀光振興服務處）
🏠 山梨縣富士吉田市上吉田5558
北口本宮冨士淺間神社
MAP P.124 E-4

河口湖 **4月中旬～5月上旬**
河口湖富士櫻三葉杜鵑花祭
● かわぐちこのふじざくらミツバツツジ
✆ 0555-72-1115（富士河口湖町農林課）
🏠 山梨縣富士河口湖町船津 創造の森
MAP P.119 D-3

河口湖香草節

富士櫻祭典

富士芝櫻祭

時之栖燈光秀「光之栖」

河口湖 **7月上旬～8月上旬**
採藍莓
● ブルーベリーがり
可以採摘屬於杜鵑花科低灌木果樹的藍莓，其特徵是果實小且滋味酸甜。
✆ 0555-76-8230（河口湖自然生活館）
🕘 9:00～16:00　¥40分吃到飽1000円
🏠 山梨縣富士河口湖町大石
MAP P.123 C-1

富士宮 **7月10日**
富士開山
● ふじさんおやまびらき
✆ 0544-27-5240
（富士宮市觀光協會）
🏠 靜岡縣富士宮市宮町1-1
富士山本宮淺間大社ほか
MAP P.130 B-1

河口湖 **6月中旬～下旬**
採櫻桃
● サクランボがり
在標高800m處採摘的櫻桃因為冷暖溫差大，所以甜度很高。
✆ 0555-76-8230（河口湖自然生活館）
🕘 9:00～16:00　¥40分吃到飽2500円
🏠 山梨縣富士河口湖町大石
MAP P.123 C-1

鳴澤 **4月下旬**
鳴澤杜鵑花祭
● なるさわツツジまつり
✆ 0555-85-3900
（鳴澤村觀光協會）
🏠 山梨縣鳴沢村8532-63
道の駅 なるさわ周邊
MAP P.128 G-3

照片提供：鳴澤村觀光事處

花・紅葉・活動

摘水果

富士登山

更加好玩的 旅行使用說明 Part③ 外出旅遊月曆

御殿場 時之栖燈光秀「光之栖」

●ときのすみかイルミネーションひかりのすみか

10月上旬～3月中旬

已成為冬季特色的燈光秀，每年都會變更主題與設計樣式，讓園內變身為一片燈海。日本最高的150m噴水雷射燈光秀也不可錯過。

📞0550-87-3700
(時之栖資訊中心，9:00～20:00)

🏠靜岡縣御殿場市神山719
MAP P.120 G-2
→P.47

西湖 西湖樹冰祭

●さいここおりまつり

1月下旬～2月上旬（預定）

在西湖野鳥森林公園舉辦的活動。高度將近10m的樹冰磅礡壯觀。冰雕會點燈，醞釀出夢幻的氣氛。

📞0555-72-3168
(富士河口湖町觀光課)
🏠山梨縣富士河口湖町西湖2068西湖野鳥の森公園
MAP P.128 E-2

河口湖 富士河口湖紅葉祭

●ふじかわぐちここうようまつり

10月下旬～11月下旬

在主會場「紅葉迴廊」會有100棵紅葉老樹點燈，彌漫著懷舊風情。

📞0555-72-3168
(富士河口湖町觀光課)
🏠山梨縣富士河口湖町河口 河口湖北岸「もみじ回廊」周邊
MAP P.122 F-1

山中湖 山中湖 晚霞的岸邊・紅葉祭

●やまなかこゆうやけのなぎさこうようまつり

10月下旬～11月上旬

會場為獲選日本名渚百選之一的綠地公園。「紅葉迴廊」步道於夜間點燈後滿溢夢幻氛圍。

📞0555-62-3100 (山中觀光協會)
🏠山梨縣山中湖村平野 旭日丘湖畔綠地公園
MAP P.126 F-5

外出旅遊月曆

2月	1月	12月	11月	10月	9月
鑽石富士的季節！	冬季煙火也很值得一看！	燈海超美！	還可賞楓唷！	秋季晴天的富士山很美	秋天的出遊旺季到來！
最高氣溫8.5℃	最高氣溫6.4℃	最高氣溫11.2℃	最高氣溫16.2℃	最高氣溫19.6℃	最高氣溫27.0℃
最低氣溫-3.6℃	最低氣溫-5.6℃	最低氣溫-2.1℃	最低氣溫2.6℃	最低氣溫7.7℃	最低氣溫17.3℃

山中湖 **2月上旬～下旬**
山中湖 DIAMOND FUJI WEEKS
●やまなかこダイヤモンドフジウィークス
📞0555-62-3100 (山中湖觀光協會)
📅2月上旬～下旬 🏠山梨縣山中湖山中藥尻～交流プラザきらら付近
MAP P.126 G-4

西湖樹冰祭

時之栖燈光秀「光之栖」

富士吉田 **10月19・20日**
HATAORI-MACHI FESTIVAL
DATA→P.84

山中湖 晚霞的岸邊・紅葉祭

富士河口湖紅葉祭

本栖湖 **8月31～10月14日（預定）**
彩虹花祭
●にじのはなまつり
DATA→P.21

河口湖 **1月中旬～2月下旬**
河口湖冬季煙火
●かわぐちこふゆはなび

📞0555-72-3168 (富士河口湖町觀光課) 📅1月中旬～2月下旬的週六日、假日、2月23日 🏠山梨縣富士河口湖町船津 大池公園ほか
MAP P.122 G-4

山中湖 **12月上旬～1月上旬**
山中湖彩燈 FANTASEUM～冬天的閃耀～
●イルミネーション ファンタジウムふゆのきらめき
📞0555-62-5587 (山中湖 花之都公園)
🏠山梨縣山中湖村山中1650
MAP P.127 D-3

富士吉田 **9月19日**
流鏑馬 (小室淺間神社例大祭)
●やぶさめまつり おむろせんげんじんじゃれいたいさい
📞0555-22-1025 (小室淺間神社)
🏠山梨縣富士吉田市下吉田3-32-18
MAP P.124 F-1

※活動時間表為2024年度預定舉辦的時程。活動時間及內容也有可能變更。出發前請洽各市町村觀光課、舉辦設施等機關確認清楚後再前往。
※氣溫以氣象廳的觀測資料(2023年的平均值)為依據

富士山×花田×
湖泊×霜淇淋
的完美結合！

行程 1

河口湖周邊 2DAYS方案

能充分欣賞充滿度假氛圍的河口湖區域與富士山交織成的美景，並於織物之街、富士吉田購入美好的織品小物做為伴手禮。

Part 4

富士山麓BEST！
兜風自駕行程!!

轟隆隆！

邊沉浸在能洗滌心靈的富士山美景，也要享受當地美食與休閒活動，在此為大家按地區介紹超豐富的兜風自駕行程！！

8

出發!

中央自動車道
富士吉田西桂智慧型IC

DAY 1

約12分

9:00 ① 新倉山淺間公園
○ あらくらやませんげんこうえん ➜P.17
富士山、櫻花與五重塔交織成美景

約10分

10:30 ② 織物之街服務處
○ ハタオリマチあんないしょ ➜P.84
遇見可愛的織品小物

約7分

11:30 ③ 北口本宮富士淺間神社
○ きたぐちほんぐうふじせんげんじんじゃ ➜P.86
參拜瀰漫莊嚴氣息的能量景點

約9分

12:30 ④ 白須うどん
○ しらすうどん ➜P.61
在當地烏龍麵名店享用午餐

約50分

14:30 ⑤ 富士斯巴魯線五合目
○ ふじスバルラインごごうめ ➜P.26
目標是富士山五合目的開車路線

約44分

16:30 ⑥ THE KUKUNA
○ ザククナ ➜P.102
以能望見河口湖和富士山的浴池為傲

留宿一晚!

約9分

DAY 2

9:00 ⑦ 大石公園 ○ おおいしこうえん ➜P.19
隔著河口湖拍張富士山紀念照

即到

10:00 ⑧ Country LAKE SYSTEMS
○ カントリーレイクシステムズ ➜P.48
透過湖上運動感受大自然

約3分

12:30 ⑨ Olsson's Strawberry
○ オルソンさんのいちご ➜P.72
草莓甜點深具人氣的博物館咖啡廳

約24分

14:00 ⑩ 鳴澤冰穴
○ なるさわひょうけつ ➜P.50
前往冰冷涼爽的地下洞窟探險

約16分

終點! 中央自動車道 河口湖IC

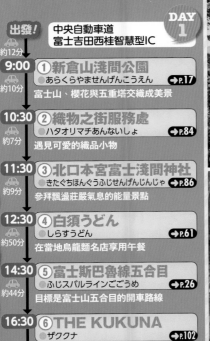
⑨

⑩

第二天也推薦
到這裡玩!
富士急樂園
➜P.32

⑤

⑥

因檢索「JAPAN」會出現這樣的風景而蔚為話題!

① 照片提供：一般財團富士吉田觀光振興服務中心
⑧

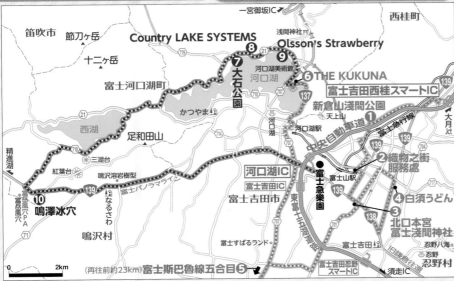

富士的大自然孕育出的神祕湧池

好吃！

行程2 山中湖周邊 1DAY方案

遊逛湧池景點與花田，搭乘水路兩用巴士，盡情從湖上欣賞富士山。最後用溫泉療癒旅行的疲憊。

出發！ 東富士五湖道路 山中湖IC

🚗 約7分

9:30 ① 忍野八海 ●おしのはっかい →P.24

🚗 約7分

清澈透藍的美麗湧水療癒人心

10:00 ② 山中湖 花之都公園 ●やまなかこはなのみやこうえん →P.18

🚗 約10分

以富士山為背景的整片繽紛花田

12:00 ③ Hammock Café ●ハンモックカフェ →P.83

🚶 即到

可以躺在吊床上的戶外餐廳

14:00 ④ 水陸兩用巴士 山中湖的河馬 ●すいりくりょうようバスやまなかこのカバ →P.38

🚗 約10分

搭巴士飛進山中湖&湖上船旅

15:30 ⑤ 全景臺 ●パノラマだい →P.82

🚗 約17分

瞭望山中湖與富士山的絕景景點

16:30 ⑥ 山中湖溫泉 紅富士之湯 ●やまなかこおんせんべにふじのゆ →P.56

🚗 約3分

邊遠眺富士山邊悠閒泡溫泉

終點！ 東富士五湖道路 山中湖IC

中央道

富士吉田西桂スマートIC

大月Jct

0 2km

都留市

杓子山

不動湯

杓子山鉱泉
鳥居地峠

忍野村

富士山

石割山

忍野八海 ①

旧鎌倉往還

② 山中湖 花之都公園

相模原

② 山中湖 花之都公園

山中湖IC
山中湖溫泉
紅富士之湯 ⑥

山中湖PA

山中湖村

寿徳寺

富士吉田市
富士裾野

山中湖

山中湖無料P

Hammock Café ③

全景臺 ⑤

④ 水陸兩用巴士
山中湖的河馬

籠坂峠

須走IC

①
②
④
⑤
③
⑤
③

待在高原牧場
讓身心皆煥然一新！

牧場的冰品
很好吃喔～

行程 3

富士宮周邊
1DAY方案

前往參拜富士山信仰所在的聖地，品嘗富士宮當地美食吧！在美麗瀑布、高原牧場恣意遊覽富士山麓的大自然之美。

更加好玩的

旅行使用説明

Part ④

兜風自駕行程!!

出發！	新東名高速道路 新富士IC
🚗 約15分	
9:30	① **靜岡縣富士山世界遺產中心** ●しずおかけんふじさんせかいいさんセンター ➡P.31
🚗 即到	傳遞富士山價值給後世的據點設施
11:00	② **富士山本宮淺間大社** ●ふじさんほんぐうせんげんたいしゃ ➡P.22
🚗 即到	將富士山作為神體的淺間神社總社
11:30	③ **富士宮炒麵學會特產直銷商店** ●ふじのみややきそばアンテナショップ ➡P.62
🚗 約20分	帶有嚼勁的蒸麵美味令人上癮
13:30	④ **白絲瀑布** ●しらいとのたき ➡P.28
🚗 約4分	富士山伏流水如絲線般流瀉的名瀑
14:30	⑤ **馬飼野牧場** ●まかいのぼくじょう ➡P.43
🚗 約26分	在適合眺望富士山的牧場休息一下
終點！	新東名高速道路 新富士IC

玩遍人氣景點！

富士山周邊的電車與巴士交通方式非常多元，就算不開車也能輕鬆旅行。利用划算的票券，走訪人氣觀光設施吧！

更加好玩的 旅行使用説明
How To Travel

交通方式的祕訣①

到富士五湖周邊

高速巴士 從新宿站搭高速巴士很方便
從東京新宿站出發的班次很多，也最受遊客歡迎。另外也可從東京車站、澀谷Mark City搭高速巴士前往。

電車 從大月站利用富士急行線
若喜歡搭電車，則推薦從大月站搭富士急行線的觀光列車（→P.29）來一趟電車之旅。從新宿站出發且不須轉乘的JR富士急行線直達特急「富士回遊」也很方便。

---

② 感受季節變化
盡情享受自然的美食時光

PICA山中湖 FUJIYAMA KITCHEN
●ピカやまなかこフジヤマキッチン

位在湖畔的寧靜美食飯店，料理使用山梨縣產「甲州統一品牌肉」及富士山周邊的有機蔬菜，也能品飲山梨甲州葡萄酒。 →P.80

⇧用餐時能感到涼風吹拂
⇦義大利麵午餐 1780円～

湧出伏流水的神祕湧水風景

① 忍野
忍野八海
●おしのはっかい

富士山融雪水湧出地面的湧池。因與富士信仰有歷史淵源，被認定為世界遺產富士山的構成資產之一。 →P.24

⇧如鏡面般倒映風景的湧池

★潛入湖中的水陸兩用行程★

山中湖
③ 水陸兩用巴士 山中湖的河馬
●すいりくりょうよう巴士やまなかこのカバ

從陸地出發的巴士就這麼直接行駛在水面上。會以導覽的形式説明富士山與山中湖共同形塑出的自然景觀，能邊聽邊欣賞。 →P.38

爽快衝進湖中，濺起水花的河馬

---

④ 為觀賞富士山而興建的飯店

山中湖
富士山酒店
●ホテルマウントふじ

位在標高1100m大出山山頂的度假飯店，能一覽富士山與山中湖。這裡也是賞雲海的名所，夢幻的風景是最具魅力之所在。 →P.104

⇧「花成之湯」為視野開闊的露天浴池

全部房間都可望見富士山與山中湖

出發！ DAY 1

🚃 富士山駅
↓ 御殿場線15分
🚃 忍野八海

① 忍野八海
↓ 御殿場線15分
🚃 山中湖 旭日丘
↓ 即到

② PICA山中湖 FUJIYAMA KITCHEN
↓ 步行即到

③ 水陸兩用巴士 山中湖的河馬
↓ 富士湖號7分
🚃 富士山 山中湖有接送服務

④ 富士山酒店 DAY 2
↓ 御殿場線31分
🚃 河口湖駅
↓ 河口湖周遊巴士11分
🚃 遊覽船・空中纜車入口
↓ 即到

⑤ ～河口湖～富士山全景 空中纜車
↓ 步行即到

⑥ FUJIYAMA COOKIE
↓ 河口湖周遊巴士13分
🚃 河口湖駅
↓ 鳴澤・精進湖・本栖湖周遊巴士28分
🚃 鳴沢氷穴
↓ 步行5分

⑦ 鳴澤冰穴
↓ 鳴沢・精進湖・本栖湖周遊巴士40分
🚃 河口湖站
↓ 電車即到
🚃 富士急樂園站
↓ 即到

⑧ 富士急樂園
↓ 即到

終點！ 🚃 富士急樂園站

提供：富士急行

← 像覆雪般的白巧克力

↓ 就位於空中纜車及巴士站旁

可愛的富士山形狀適合當伴手禮送人！

⑥
河口湖
FUJIYAMA COOKIE
● フジヤマクッキー

以餅乾外表的凹凸不平重現富士山裸露的表面。有原味、裝飾款、白巧克力3種形式，均各有5個口味。→ **P.67**

↑ 天上之鏡是人氣拍照景點

河口湖
~河口湖~
富士山全景空中纜車
● かわぐちこふじさんパノラマロープウェイ

⑤

↑ 約3分可抵達上面的富士見台站

串聯起河口湖畔與天上山觀景點的空中纜車。山上有絕景瞭望臺、迴廊以及鞦韆等設施，能盡情欣賞富士山與河口湖的美景。→ **P.20**

位在青木原樹海的沁涼熔岩洞窟

↑ 從天花板滴下的水珠形成冰柱

● 商店賣的信玄聖代600円

⑦
鳴澤
鳴澤冰穴
● なるさわひょうけつ

在地形起伏豐富的豎穴型洞窟，可以繞行內部一圈。平均溫度為3度或更低，4月左右形成的冰柱最大。→ **P.50**

可以實際感受雲霄飛車高度的FUJIYAMA塔

聰明利用免費入園 順道一遊的 人氣景點！

⑧
富士吉田
富士急樂園
● ふじきゅうハイランド

設施充實的遊樂園可免費入園。咖啡廳、用餐或挑選伴手禮皆很便利，可以只選想玩的遊樂設施挑戰。→ **P.32**

↑ VILLAGE VANGUARD DINER的漢堡

↑ 鳴澤村的Juden Coffee也有設店

更加好玩的 旅行使用說明 Part4

兜風自駕行程！！

⑥ FUJIYAMA COOKIE
~河口湖~
⑤ 富士山全景空中纜車
河口湖
ゴール
富士急行
スタート
富士山駅
⑧ 富士急樂園
⑦ 鳴澤冰穴
西湖
① 忍野八海
④ 富士山酒店
② PICA山中湖 FUJIYAMA KITCHEN
③ 水陸兩用巴士 山中湖的河馬
山中湖

交通方式的祕訣②

使用划算的票券！

若購買2日內有效的富士山・富士五湖PASS，就可以自由搭乘繞行富士五湖區域內主要設施的巴士，以及部分的富士急行線。還附合作觀光設施的優惠券，可讓旅程更加豐富。

富士山・富士五湖
PASS
☎0555-72-6877
（富士急巴士）¥3300円～ 於富士山站、河口湖站、森之站旭日丘之富士急巴士窗口等處販售

到富士山麓遊玩趣！

富士山的山腳一帶有諸多充滿魅力的旅行景點！我們將以主題形式介紹人氣設施，建議搭配組合想一遊的目的地，規劃出屬於自己的富士山麓旅行計畫吧！

日本第一高山之美
富士山之旅，出發！

1 富士山景緻的絕美景點！

2 暢遊富士山為自己挹注能量！

3 走遍所有玩樂景點！

4 透過戶外活動感受大自然！

5 在不住宿溫泉悠閒放鬆

從大石公園望過去的富士山及粉蝶花

將富士山和河口湖盡收眼底
天空的絕景露臺

◎從SECOND露臺再往前80m左右，可到FIRST露臺

笛吹 ●フジヤマツインテラス

富士山雙露臺

在登山家與攝影師間知名的新道峠有兩座露臺，能將富士山與河口湖放在對角線上形成美麗的構圖，眺望廣角風景。春〜秋季還有接駁巴士可以前往。

📞**055-261-2034**
(笛吹市觀光商工課) 🚶自由參觀(接駁巴士為4月下旬〜11月下旬運行，詳見官網) 🏠山梨縣笛吹市芦川町上芦川 🚃富士急行河口湖站車程30分，すずらん群生地駐車場下車，轉乘接駁巴士10分 🅿40輛(鈴蘭群生地停車場)
MAP P.119 D-1

留意自駕車規定！
從富士站「鈴蘭群生地停車場」到「富士山雙露臺」禁止一般車輛通行，建議利用需付費的接駁巴士前往。

◎從巴士終點站往森林的階梯前進

◎從巴士站步行5分可抵達SECOND露臺

超廣角風景

景點

在能眺望富士山美景的觀景點，盡情欣賞想跟所有人炫耀的風景！

也可到此
順道一遊

2024年4月OPEN

Lily Bell Hütte
●リリーベルヒュッテ

距離富士山雙露臺最近的鈴蘭群生地停車場新開幕的交流設施，可安排與露臺一起踩點。

◎集結咖啡廳與商店
※照片為示意圖

📞**055-224-4771**
(JTB甲府支店) 🚶4月下旬〜11月、9:00〜16:00
🚫營業期間不定休 🏠山梨縣笛吹市芦川町上芦川 🚃富士急行河口湖站車程30分 🅿40輛 **MAP P.119 D-1**

蘆川的鈴蘭群生地
●あしがわのすずらんぐんせいち

動人可愛的「日本鈴蘭」群生地，位在從鈴蘭群生地停車場步行4分的森林處。

◎5月中旬〜6月上旬開花

📞**055-298-2111**(笛吹市芦川支所)
🚶自由參觀 🏠山梨縣笛吹市芦川町上芦川 **MAP P.119 D-1**

忍野 ●にじゅうまがりとうげてんぼうテラスソラノイロ

二十曲峠觀景露臺 SORA no IRO
從標高1150m的山峠遠眺富士山

因攝影師岡田紅陽「忍野富士」知名的二十曲峠所催生的觀景露臺。設置有長椅與吊床。
◎**P.82 MAP P.126 G-1**

還有還有！
富士見景點

滿溢日本風情
愛上優美的富士山

●爬上398級階梯後，前方有座廣場。
櫻花往年於4月中旬左右開花

夜景同樣迷人！
當傍晚時分及夜晚街燈點亮後，滿溢璀璨夢幻的氣氛。此處可欣賞被認定為日本夜景遺產的美麗夜景。

●可從忠靈塔後方的展望平台欣賞

也可到此
順道一遊

富士吉田 ●あらやませんげんこうえん
新倉山淺間公園

能一覽富士山與富士吉田市區街景的絕景景點。忠靈塔與富士山如畫的風景作為日本的象徵之美而聞名海外。春櫻、夏綠、楓紅、雪景擁有不同的四季樂趣。

☎0555-21-1000
（富士吉田觀光振興服務中心）
⊾自由入園 所山梨縣富士吉田市淺間2-4-1 ❏富士急行下吉田站步行10分 P102輛（櫻花季節有限制）
MAP P.124 F-1

新倉富士淺間神社
●あらふじせんげんじんじゃ

鎮座新倉山山腰的神社，忠靈塔及新倉山淺間公園也屬於神社境內。若安排造訪新倉山淺間公園的話，也可順便到此參拜。

☎0555-23-2697
⊾自由參拜 所山梨縣富士吉田市淺間2-4-1 ❏富士急行下吉田站步行5分 P102輛 MAP P.124 F-1

●祭祀主神木花咲耶姬命
●從表參道的鳥居也能看見美麗的富士山

一生必看！
富士山絕景

山中湖 ●パノラマだい
全景臺
將山中湖與富士山一覽無遺

能將富士山與山中湖盡收眼底的人氣觀景點，天晴時甚至可以看到南阿爾卑斯山。
➡P.82 MAP P.126 H-4

河口湖 ●ふじさんようはいじょ
富士山遙拜所
從天空鳥居望見富士山

位在河口淺間神社後山，將祈福獻給富士山的場所。請遵守參觀禮儀喔。
➡P.77 MAP P.118 E-1

免費 花田·農園區

以30萬m²面積為傲的花田廣布，從春季直到秋天都有各式各樣的花卉輪番綻放，來訪遊客皆能盡情欣賞。

虞美人
6月下旬~7月中旬
紅色、粉色與初夏的天空相映成趣

山中湖 花之都公園
はなのみやここうえん
（やまなかこ）

從廣大的花田遠眺富士山！

鬱金香
4月下旬~5月上旬

向日葵
8月中旬~下旬

黃波斯菊
8月下旬~10月中旬

以富士山為背景的一整片廣闊花田絕景公園，透過四季變幻的多彩花卉，為標高1000m的高原增添不少色彩，為人氣景點。有可免費參觀的花田、農園區，也有需付費的清流之里。

☎0555-62-5587
🕗8:30~17:00（17:30閉園，視時期而異）休無休（12月1日~3月15日週二休，逢假日則開園）💴付費區域600円（視時期而異）🏠山梨県山中湖村山中1650 🚃富士急行富士山站搭乘富士湖號巴士30分，花の都公園下車即到 🅿220輛 MAP P.127 D-3

清流之里 收費

「清流之里」入園每位成人收費600円，有植物圓頂溫室、人造瀑布等設施。

在清流之里小憩

食事処 清流庵
可以吃到餺飥等餐點的用餐處，適合午餐及散步後休息。

➜淋滿黑蜜的信玄霜淇淋500円
➜清流餺飥1450円

粉蝶花
5月上旬~6月上旬
可在清流之里賞花，天空與花田都染上一片藍

➜水色區的「明神瀑布」
➜全天候型溫室「花卉巨蛋FURARA」

➜清流之里盛開的非洲鳳仙花

 騎腳踏車去逛逛！

推薦騎腳踏車在腹地遼闊的園區內逛逛，於收費區租輛腳踏車就能悠閒地到處遊逛花田。
🕗2人騎乘500円（30分）/4人騎乘1000円（30分）

確認開花時期！ 四季賞花月曆

10月	9月	8月	7月	6月	5月	4月
		百日草		虞美人	粉蝶花	
		向日葵		白芥		
	黃波斯菊					鬱金香
			滿天星			
		非洲鳳仙花				
波斯菊						

※花季為預估。最新資訊請上官網確認。

18

大石公園

おおいしこうえん

盡情享受河口湖與富士山的美景！

河口湖北岸的大石公園是很受歡迎的富士山觀景點。到湖畔的步道散步，或前往公園內的河口湖自然生活館吃美食，盡享奢侈時光。

☎0555-76-8230
（河口湖自然生活館）
🕐自由入園（河口湖自然生活館為9:00～17:45、10～2月至～17:15）
休無休　所山梨縣富士河口湖町大石2585　🚌富士急行河口湖站搭河口湖周遊巴士27～32分，河口湖自然生活館下車即到 🅿40輛
MAP P.123 D-1

到湖畔&花卉街道散步！

散散步
心情就會很好～♪

園區內栽植90種以上的植物，在全長350m的「花卉街道」欣賞各季節的花朵吧！

↑5～6月有粉蝶花綻放

在公園咖啡廳享用超美味霜淇淋！

藍莓與香草綜合口味

↑推薦季節限定飲品

牛奶的濃厚感與酸甜滋味超配！

「OISHI PARK CAFE」的霜淇淋是非常受歡迎的美食，可以在露臺座位邊吃邊欣賞富士山。
🕐9:30～16:45（10～2月至16:15）

河口湖自然生活館設有商店及餐廳

在KITCHEN FUJIYAMA VIEW 享用富士山咖哩！

↳邊用餐邊遠眺富士山

↑令人印象深刻的藍富士山咖哩1300円

2樓餐廳可以飽覽富士山全景，賞景的同時又能吃到富士山咖哩及烏龍麵。僅入內休息也OK。
🕐9:30～16:30（10～2月至16:00）

紅色掃帚草
10月中旬～下旬
綠色掃帚草一到秋天就會轉紅

薰衣草
6月中旬～7月中旬
開花時期還會舉行香草祭典

\Nice View/
絕景盪鞦韆

廣場的盪鞦韆特別受人歡迎，往前盪時就像是要飛進絕景之中一般。
⏰9:45～15:30 ￥500円

Beautiful!!

感受飛在空中的飄浮感

◎甚至還能望見富士山的山腳一帶

絕景瞭望臺

此區主題為「武田信玄的戰國廣場」，瞭望臺設計成仿佛是從懸崖突出去一般。

◎從標高1110m往外突出

觀景台&狸貓茶屋

狸貓茶屋販售知名的狸貓糰子及霜淇淋等餐點。屋頂就設有觀景台，可在此盡情遠眺富士山。

◎狸貓茶屋的屋頂有觀景台

◎用炭火烤的狸貓糰子1串400円

~河口湖~ 享受空中遊覽&玩遍絕景！

富士山全景空中纜車

架在天上山的空中纜車，從河口湖畔站到標高1075m的富士見台站約3分。在山頂景觀廣場的絕景景點到處逛逛的同時，也能欣賞富士山與河口湖的大廣角美景。

☎0555-72-0363
⏰9:00～16:00（視時期而異）　休無休（天候不佳、維修時有可能停駛）　￥來回900円　所山梨縣富士河口湖町淺川1163-1　図富士急行河口湖站搭河口湖周遊巴士11分，遊覽船・ロープウェイ入口下車即到　P無　MAP P.122 H-4

咔嚓咔嚓山

天上山是日本童話《咔嚓咔嚓山》的背景舞台，講述可愛的兔子與狸貓相遇的故事。

絕景廣角迴廊

從空中纜車山頂站往觀景廣場方向，有個景觀絕佳的斜坡處，可邊漫步邊遠遠眺望河口湖與富士山。

◎採無障礙設計，即使傾斜也容易行走

還有還有！★人氣景點★

天上之鐘

據傳只要鳴響吊鐘就能實現戀愛心願的靈驗景點，並可以正面望見富士山。

兔子神社

為祈禱登山客及觀光客的安全而建立的神社，有可愛的狛兔迎接來訪者。

從空中纜車飽覽河口湖的美景

沉浸在療癒感十足的賞花活動與繪本世界

富士本栖湖度假村

ふじもとすこリゾート

盛開花朵點綴的季節活動深受歡迎，前往可以陶醉在繪本世界中的彼得兔花園散散步也令人十分開心。

☎0555-89-3031

所山梨県富士河口湖町本栖212　富士急行河口湖站開車40分　P1500輛　MAP P.129 C-5

BEATRIX POTTER™ © Frederick Warne & Co., 2024

到英國式庭園散步！
彼得兔英式庭園

重現全世界都喜愛的繪本——彼得兔的世界觀，並且為關東規模最大的英式庭園。園內設施如富士山景觀咖啡廳、藝廊、商店等種類繁多。

🕐4月中旬～11月下旬為8:00～16:00（視時期變動）
休營業期間不定休
¥免費（活動期間及暑假則須付入園費）

The Garden

英國花園設計師馬克・查普曼監修的庭園，可以邊尋找繪本角色、邊悠閒欣賞庭園。

1種植約300種草木花卉
2花園設有涼亭可小憩

The Cafe

在咖啡廳可以品嘗與該繪作及英國有關的餐點，麵包與甜點也提供外帶。

🕐10:00～16:00（視時期變動）

⬆擺滿色彩繽紛的佳餚

抱著富士山的彼得兔玩偶 3670円

可愛午餐袋 各4620円

The Shop & Gallery

賣店獨家販售此園區才買得到的原創商品，有如走進繪本故事氛圍的藝廊區很受歡迎。

→商店附設藝廊區

令人傾心的季節活動！

秋 **彩虹花祭**
●にじのはなまつり

百日菊、金光菊等15種共80000株花朵競相綻放，將大地染成一片彩虹色，園內多處地點適合拍照及打卡上傳。

🕐2024年8月31日～10月14日（預定）、8:00～16:00（視時期變動）
¥1000円～

春 **富士芝櫻祭**
●ふじしばざくらまつり

約50萬株芝櫻美麗地鋪滿地面，與雄偉的富士山形成遼闊的美景。每年都有許多人為此美景前來，是超人氣景點。

🕐4月中旬～5月下旬、8:00～16:00（視時期變動）　¥1000円～

參拜開始!

大鳥居
◎おおとりい
佇立在境內東、西、南側的壯觀紅色鳥居。若是晴朗無雲,背景就是美麗的富士山。

有時也能看見富士山

樓門
◎ろうもん
二層歇山頂式的莊嚴樓門。左右側安放著門神。

莊重地迎接參拜者的門

社殿
◎しゃでん
檜皮葺屋頂和紅色外觀讓人印象深刻的社殿。春天周圍會有櫻花綻放,相當漂亮。

德川家康所興建!

本殿
◎ほんでん
稱為「淺間造」的雙層樓閣式建築。也獲指定為國家重要文化財。

屋頂的形狀是富士山!

授與所
◎じゅよしょ
美麗富士山圖案的御守等商品一字排開。也能在祈願後敬獻的繪馬。

畫著富士山的御守一字排開

領取御朱印吧!

↑御朱印和御朱印帳也請記得蒐集喔!

富士山本宮淺間大社 世界遺產
◎ふじさんほんぐうせんげんたいしゃ

已成為富士山信仰據點的神社
此神社被譽為全日本淺間神社的總本社。主要是為了平息富士山的火山爆發,而將淺間大神(木花之佐久夜毘賣命)供奉為主祭神。
📞0544-27-2002
🕐5:00～20:00(關門)、11～2月為6:00～19:00、3・10月為5:30～19:30 休無休 ¥免費參拜 📍靜岡県富士宮市宮町1・1 🚃JR富士宮站步行10分 Ｐ150輛 MAP P.130 B-1

景點巡禮

富士山麓遍布許多神祕的景點,像是已成為山岳信仰中心的神社、因火山爆發而形成的湖泊等。前往拜訪這些名勝獲得能量吧!

田貫湖
◎たぬきこ

以鑽石富士而聞名
位在富士西麓的朝霧高原,湖面上映著富士山的美麗湖泊。能在4月和8月的20日前後一週內看見鑽石富士的名勝。
DATA→P.96

↑旭日閃耀的鑽石富士令人感動

↑浩庵露營場(→P.92)旁設置有導覽看板

本栖湖 世界遺產
◎もとすこ

追尋畫在千圓紙鈔上的富士山!
以富士山為背景,閃耀著深藍色的模樣相當神祕。從西岸的中之倉峠展望地拍攝到的風景,也因為被畫在舊版千圓紙鈔上而聞名。
📞0556-62-1116(身延町觀光課)
🕐自由參觀 📍山梨県身延町本栖湖畔 🚃富士急行河口湖站車程35分 Ｐ20輛 MAP P.129 B-4

↑以水深121.6m全日本數一數二的深度為榮

↑實際拿著紙鈔比較看吧

和水有關的能量景點!!

這裡也很推薦!

✦也走遠一點去這裡吧!✦

↑位在富士山本宮淺間大社的境內
→水可以裝入容器中帶回家

湧玉池
◎わくたまいけ

登拜者淨身的神聖水池
富士的伏流水湧出的秀麗水池。往昔的富士登山者會在這裡進行祓禊。於水源上更建造了水屋神社。
MAP P.130 C-1

能感受大自然能量的御神木

太郎杉
◎たろうすぎ
拜殿的兩側有御神木威風凜凜地佇立著，左手邊是太郎杉，右手邊是夫婦檜。

領取美之御守吧！

北口本宮富士淺間神社
世界遺產
◎きたぐちほんぐうふじせんげんじんじゃ

位在靈峰的北麓氣氛嚴肅的神社
日本武尊選定為富士遙拜地的歷史悠久神社。除了桃山樣式的本殿、西宮本殿、東宮本殿以外，其餘8棟社殿也都獲指定為國家重要文化財。
☎0555-22-0221
⏰祈禱申請9:00～16:00
休無休 ¥免費參拜 所山梨縣富士吉田市上吉田5558 交富士急行富士山站步行20分
P160輛
MAP P.124 E-4

開始參拜！

在寧靜的參道深呼吸

參道
◎さんどう
氣氛莊嚴且杉木成排的參道。前方有日本最大的木造大鳥居。

手水舍
◎ちょうずや
獲指定為重要文化財的手水舍。大水盤是由一整塊岩石挖鑿而成的。

用清澈的水淨身吧

祈願吧

在拜殿合掌

拜殿
◎はいでん
氣氛莊嚴肅穆的拜殿已獲指定為國家重要文化財。

授與所
◎じゅよしょ
參拜後在拜殿右手邊的授與所挑選御守吧。畫著富士山的美麗御守款式也十分多樣。

↑廣受女性參拜者歡迎的美之御守

在靈峰富士山下提升運勢！

能量

更深入一點！
和 火 與 土 有關的能量景點!!

吉田火祭、芒草祭
◎よしだのひまつりすすきまつり

富士山麓被火炬的火焰染紅
北口本宮富士淺間神社和諏訪神社的秋日祭典。神轎一抵達御旅所，就會點燃高約3m、約90根的火炬。
☎0555-21-1000（富士吉田觀光振興服務中心）⏰8月26～27日，火祭約為15:00～22:00（26日），27日芒草祭約為13:30～20:00 所山梨縣富士吉田市 北口本宮富士淺間神社周邊及上吉田地區 交富士急行富士山站即到（金鳥居）P有臨時停車場
MAP P.124 E-4

此祭典是國家指定重要無形民俗文化財

船津胎內樹型
世界遺產
◎ふなつたいないじゅけい

全長約68m的熔岩樹型
在河口湖原野中心的船津胎內神社中有入口。因為像人類的子宮（子宮的日文為「胎內」），所以被稱為御胎內。
☎0555-72-4331（河口湖原野中心）
⏰9:00～17:00 休週一（逢假日則營業，6～8月無休）¥200円 所山梨縣富士河口湖町船津6603 交富士急行河口湖站車程15分
P10輛
MAP P.119 D-2

耶姬 洞內祭祀著木花開

人穴富士講遺跡
世界遺產
◎ひとあなふじこういせき

以「人穴」洞為中心的富士講聖地
江戶富士講開山祖師長谷川角行修行、入滅洞窟附近的遺跡。有眾多信徒在此留下大量塔碑。
☎0544-22-1187（富士宮市教育部文化課，週六日、假日致電）
☎0544-52-1620人穴富士講遺跡服務處
⏰自由參觀※入洞必須事先申請 所靜岡縣富士宮市人穴206 交JR富士宮站車程40分
P8輛
MAP P.131 B-2

神社腹地內 遺跡位在人穴淺間

陣馬瀑布
◎じんばのたき

和源氏有關的瀑布，清涼感十足
原本是源賴朝在1193年進行富士圍獵時排兵布陣的場所。為源自富士山湧泉的五斗目木川上的瀑布。
☎0544-27-5240（富士宮市觀光協會）
⏰自由參觀 交JR富士宮站搭往豬之頭富士宮行50分，陣馬の滝入口下車，步行5分 P20輛
MAP P.131 A-2

↓8月中旬會舉辦陣馬瀑布祭

↑周圍彌漫著無法形容的清涼感

忍野八海巡遊

富士名水湧出的8座水池

名水之鄉的中心地！

前往湧池周邊!!

忍野八海最熱鬧的就是湧池的周邊。有餐廳和伴手禮店等設施，許多觀光客都會造訪。

⬆中池是能清楚看見富士山的人氣攝影景點

忍野八海是世界遺產富士山的構成資產之一，8座水池都保留著各自的古老傳說。以雄偉的富士山為背景，在池邊漫步吧！

忍野八海
● おしのはっかい

世界遺產

📞0555-84-4221
（忍野村觀光服務處）
🕐自由參觀　📍山梨縣忍野村忍草
🚌富士急行富士山站搭往平野・御殿場方向巴士15分，忍野八海下車步行5分　🅿無（使用周邊付費停車場）

MAP P.127 B-5

八海巡遊 START!

⬆水池的後面有八海菖蒲池公園

📷攝影景點！
⬆位在中池的中心部，水深8m的清澈藍色水池

⬆品嘗看看富士山的湧水吧

人氣的攝影景點！
中池 ●なかいけ

中池沒有包含在忍野八海裡面，但仍是能以清澈湧水和富士山為背景拍照留念的人氣景點。

📞0555-84-2236
（忍野八海池本）
🕐自由參觀
MAP P.127 B-5

C 號稱八海第一的湧水量
湧池 ●わくいけ

此水池留有一個傳說，木花開耶姬從富士山的火山爆發中拯救了許多村民。清澈的水現在仍然源源不絕地湧出。

⬆水池對面能眺望富士山

⬆澄澈的水中能看見魚兒們游泳的身影

B 觀賞逆富士！
鏡池 ●かがみいけ

以倒映在水面上的逆富士而聞名。據說可以鑑別善惡，村子內發生糾紛只要用池水淨身就會解決。

⬆只要符合天候條件，富士山就會倒映在水面

⬅酒類專區也有池本原創的日本酒

用水車研磨蕎麥
池本茶屋 ●いけもとちゃや

位在湧池旁的休息處。只會將當天備好的量用石臼磨成粉，以礦物質豐富的忍野名水手打的蕎麥麵廣受歡迎。

📞0555-84-1009
🕐9:00～16:30
休不定休（逢黃金週、過年期間則營業，暑假無休）
🅿50輛
MAP P.127 B-5

⬆位在中池的對面，也能品嘗紅豆湯等美食

⬆現磨現打且香味豐富的蕎麥冷麵1200円

使用湧水的伴手禮！
忍野八海池本売店
●おしのはっかいいけもとばいてん

中池蕎麥麵的伴手禮店。不僅有使用伏流水的豆腐和日本酒，草餅等美食也豐富齊全。

📞0555-84-2236
🕐8:00～17:30
休無休　🅿50輛
MAP P.127 B-5

⬆甜味適中的紅豆是美味關鍵的草餅和大福

流傳著醫治疾病的菖蒲傳說
A 菖蒲池 ●しょうぶいけ

傳說有位妻子將水池的菖蒲纏在患病的丈夫身上後，他的病就痊癒了。目前僅於水池周邊仍有少量菖蒲生長。

忍野八海的小知識

忍野八海是怎麼形成的呢？

從前忍野存在著一個富士山融化的雪水會流入的湖泊。湖泊因挖掘等原因而枯竭，但湧出口卻作為水池保留下來，於是便形成忍野八海。

到了長時間的過濾，透明度極佳

屋簷處看到的是玉米嗎？

忍野村是高原蔬菜的產地。屋簷下看到的是稱為甲州もろこし的玉米，為了保存會吊掛風乾，且大多都是磨成粉來使用。

⬆在屋簷下晾曬的甲州もろこし玉米的傳統懷舊風景

⬆水池中能看見可愛的水草梅花藻

環繞的寧靜場所
⬅水池位在草木

⬅水池位在草木環繞的寧靜場所

有保佑結緣的好處！
F 銚子池
●ちょうしいけ

據說過去有一位放屁的新娘因為覺得太羞恥，就拿著銚子（酒瓶）投水自盡。如今傳說也已轉化成可以保佑結緣的水池。

沿著清流的自然散步
新名庄川
●しんなしょうがわ

只要在流經附近的新名庄川旁邊行走，就能享受綠意盎然的忍野大自然。春天也能欣賞美麗的櫻花。

美麗少女的悲傷傳說
G 御釜池
●おかまいけ

蟾蜍把住在池邊的美麗少女拽入池中，就沒有再回來的傳說在當地流傳。雖然是八海中最小的，水量卻很充足。

⬆水池旁邊有出口稻荷大明神坐鎮
➡八海最大的水池位在離其他水池稍遠的場所

GOAL!

也稱為精進池
H 出口池
●でぐちいけ

從前修行者會用池水淨身再前往富士山。於是人們逐漸開始相信只要帶著池水，就能平安登山。位在山腳下，彌漫著寂靜的氛圍。

⬅和阿原川合流的濁池。現在與名字不同的是清澈的水湧流而出

水車轉動著的水池別具風情
D 濁池
●にごりいけ

流傳著一則傳說，池中雖然滿溢清澈的水，卻曾因女性地主拒絕修行者乞求清水的願望而導致池水混濁。

⬅悄悄地佇立在資料館腹地後方的水池

掉落物品消失的水池
E 底拔池
●そこなしいけ

相傳餐具或蔬菜掉入池中後，就會從附近的御釜池浮上來。位在榛之木林資料館的腹地內，參觀須付費。

⬆人氣手摘艾草草餅1個100円

推薦的外帶美食
渡辺食品
●わたなべしょくひん

店前烘烤的香噴噴草餅廣受好評。使用手摘的艾草，裡面是滿滿的紅豆餡。

☎0555-84-4106
🕐8:00～17:00
（冬季為8:30～16:30）
休 不定休 P10輛
MAP P.127 B-5

⬆不使用防腐劑和添加物。品嘗現烤的滋味吧

造訪茅葺的老宅
榛之木林資料館
●はんのきばやししりょうかん

展示江戶時代的家具和農具、兵器等物品的資料館。腹地內有忍野八海之一的「底拔池」。

☎0555-84-2587
🕐9:00～17:00 休 不定休 ¥300円 P20輛
MAP P.127 A-5

⬆活用忍野村最古老舊宅的資料館

把名水美食當作伴手禮！
忍野的豆腐店

從忍野八海前往山中湖的道路沿途，有2家豆腐店比鄰而立，可以購買忍野知名的豆腐。

豆ふの駅 角屋豆富店
●とうふのえきかどやとうふてん

以名水製作、口感滑順的優質豆腐

販售堅持使用富士山伏流水的豆腐。辣椒、芝麻、柚子風味等種類豐富。

☎0555-84-2127
🕐9:00～17:00 休 週三
所 山梨縣忍野村內野556
🚃 富士急行富士山站搭往內野方向巴士23分，承天寺下車即到 P12輛
MAP P.126 E-1

⬆藍色暖簾是該店標誌

⬆使用天然鹽滷的角屋絹豆腐170円

八海とうふ 浅野食品
●はっかいとうふあさのしょくひん

將富士山造型的豆腐當作伴手禮

大正時代創業的豆腐店。使用國產黃豆和富士山的湧水，並以傳統的製法製作豆腐。

☎0555-84-3029
🕐8:00～18:00
休 無休 所 山梨縣忍野村內野537-4
🚃 富士急行富士山站搭往內野方向巴士23分，承天寺下車即到 P3輛
MAP P.126 E-1

⬆也販售豆漿霜淇淋

⬆以絹豆腐和黑芝麻豆腐製作的富士山豆腐250円

來自海外的觀光客也很多為日本屈指可數的度假區

五合目是具代表性的日本山岳度假區,可以近距離觀賞富士山的山頂,並且能俯瞰下方的浮雲。有許多來自日本國內外的觀光客造訪。

圓環周邊也聚集許多大型巴士行程的遊客

透過雲上自駕暢遊 富士山的山腰

人氣的 **攝影景點** 10

富士山五合目 標高一二三……

前往標高2305m的另一個天地!

富士山五合目

暢快地行駛在富士山豐富大自然環繞的山岳道路吧!只要抵達標高2305m的富士斯巴魯線五合目,雄偉的富士山就會迫近眼前。

> 行駛在**富士斯巴魯線**,朝向雲上世界前進吧!

GOAL	7	6	5	4	3	2	1	START
中央自動車道河口湖IC	富士斯巴魯線五合目	奧庭停車場	大澤停車場	樹海台停車場	一合目下停車場	富士斯巴魯線	富士山旋律景點	中央自動車道河口湖IC
←44分・30km	←5分・3km	←5分・4km	←10分・4km	←15分・7km	←15分・7km	←來回2100円 5分・3km	←3分・2km	←10分・4km

1 富士山旋律景點
●ふじさんメロディーポイント

仔細地聆聽〈富士山〉的旋律♪

此景點位在富士斯巴魯線的前方,車輛一通過指定區間,〈富士山〉的旋律就會流洩出來。

MAP P.125 C-4

➔畫在道路上的高音譜記號是標誌

私家車管制資訊 2024年度
7月5日(五)18時起
至9月10日(二)18時止

➔從收費站看到的富士山景色也美不勝收

2 富士 斯巴魯線
●ふじスバルライン

連綿至富士山的山岳道路

從河口湖到富士山五合目大約24km的兜風道路。自收費站到五合目約40分鐘,能欣賞宏偉的景色。

☎0555-72-5244

(山梨縣道路公社 富士山收費道路管理事務所,平日8:30~17:15)

🕐全年皆可通行(有時會禁止通行),有私家車管制時禁止通行
💴2000cc以上小客車來回2100円
📍山梨縣富士河口湖町・富士吉田市・鳴沢村 🚗中央自動車道河口湖IC利用國道139號・縣道707號
🅿300輛(五合目停車場)、400輛(路邊停車場)

MAP P.119 C-4

3 一合目下停車場
●いちごうめしたちゅうしゃじょう

富士山風景絕美的停車場

富士斯巴魯線上第一座停車場「一合目下停車場」,是能拍攝磅礡壯觀的富士山的絕佳景點。

MAP P.119 D-3

➔能讓愛車和富士山一起合影

4 樹海台停車場
●じゅかいだいちゅうしゃじょう

能眺望樹海的景點

從位在標高1663m處的「樹海台停車場」能環視青木原樹海的雄偉大自然。

MAP P.119 D-3

➔開展在富士山山腳緩坡的青木原樹海

5 大澤停車場
●おおさわちゅうしゃじょう

眺望南阿爾卑斯

可以一望南阿爾卑斯連峰和八岳連峰的休息場所。若天氣晴朗,從展望台也能看見駿河灣。

MAP P.119 C-4

➔享受從標高2020m眺望的景色吧

推薦的 **展望景點!**

7 富士斯巴魯線五合目 **抵達!**
●ふじスバルラインごごうめ

標高2305m的山岳度假區

在吉田口登山道的入口因有許多登山客和觀光客而相當熱鬧。也有許多休憩所比鄰而建。

MAP P.119 D-4

➔景色秀麗的的休息區

6 奧庭停車場
●おくにわちゅうしゃじょう

也能享受健行的樂趣

五合目前方大約3km處,隔著斯巴魯線有健行路線,山岳一側稱為御庭,山麓一側稱為奧庭。

MAP P.119 D-4

➔前往日本落葉松生長的景觀勝地奧庭的入口

※欲搭巴士者,從富士急行富士山站到五合目為1小時5分(☎0555-72-6877/富士急巴士)

牛肉燴飯
1200円
↑富士山形狀的米飯會裹上牛肉醬汁

噴火丼 **1200円**
→用會引起食慾的麻婆豆腐呈現出火爆爆發的岩漿

富士山菠蘿麵包
300円
↑裡面鬆軟、外皮香濃的知名美食

富士山的空氣
500円
↓在家也能感受富士山清新的空氣

品嘗富士山的美食吧
五合園休憩所
●ごごうえんレストハウス

噴火丼等富士山主題的菜色廣受歡迎。店內販售的あまの屋的富士山菠蘿麵包也很推薦。

☎0555-72-2121（富士登山觀光）
🕐4月中旬～12月上旬，9:00～17:00（5・6月5:00～18:00、7～9月中旬4:00～21:00、9月下旬～10月9:00～18:00）
休期間無休 所山梨縣鳴沢村富士山8545-1
MAP P.119 D-4

↑木屋建築的店內也販售許多伴手禮

↑設置著傳統的紅色郵筒

↑富士山世界文化遺產 五合園休憩所的簡易郵局入口
→位在五合園休憩所的簡易郵局

富士山五合目簡易郵局
●ふじさんごごうめかんいゆうびんきょく

寄出旅行的紀念信吧

位在五合園休憩所的郵局。信件投入郵筒就會蓋上富士山風景的郵戳。也販售富士山形狀的明信片。

☎090-4077-3776
🕐4～12月為9:00～17:00（視時期變動）
休營業期間無休
所山梨縣鳴沢村富士山8545-1 五合園レストハウス內
MAP P.119 D-4

富士斯巴魯線五合目的
精彩之處 PICK UP!!

可以享用富士山特有的美食，並挑選伴手禮。下面介紹五合目特有的精彩景點！

↑授與所陳列著富士山造型的御守等商品

↑以富士山為主題的各種商品一字排開

↑往五合目綜合管理中心的前方前進，就有登山口

最多登山者必走的路線
吉田口登山道
●よしだぐちとざんどう

在富士山的4條登山道中，登山者人數最多的路線。能從富士斯巴魯線五合目出發。
MAP P.119 D-4

來參拜山岳信仰的聖地
富士山小御嶽神社
●ふじさんこみたけじんじゃ

937年創建的神社。主祭神是木花開耶姬命的姊姊磐長姬命。可以祈求獲得結緣、健康長壽等保佑。

☎0555-72-1475
🕐4～11月，8:00～17:00
休營業期間無休
所山梨縣富士吉田市上吉田小御嶽下5617
MAP P.119 D-4

↑五合目數一數二的能量景點

↑每年7月1日早上會舉行富士山的開山祭

↑神社的右手邊有展望台，能眺望山中湖

推薦的 展望景點！

↑除了商店，還設有住宿設施和餐廳

入手富士山的伴手禮吧
富士急雲上閣
●ふじきゅううんじょうかく

氣氛時尚明亮的休憩所。商店陳列著許多富士山商品和原創伴手禮。

☎0555-72-1355
🕐4月下旬～12月上旬（預定）為9:00～17:00
※有可能變動 休營業期間無休
所山梨縣鳴沢村富士山8545-1
MAP P.119 D-4

FUJIYAMA COOKIE（5入）
950円
↑入口即化的鬆脆口感

袖珍面紙套
1650円
↑抽出來的面紙有如富士山頂的白雪

"若要從南麓前往！
富士山Skyline"

↑獲選為日本道路100選

富士山Skyline的終點
富士宮口五合目
●ふじのみやくちごごうめ

位在標高2380m處，往富士山頂的最短道路富士宮口登山路線的出發地點。有免費停車場和伴手禮店。
MAP P.119 D-5

→首位登頂富士山的外國人拉塞福·阿禮國爵士的浮雕

前往俯瞰駿河灣的富士山表口

行駛在富士山Skyline上，以富士宮口五合目為目標前進，享受暢快的山岳自駕吧！

富士山Skyline
●ふじさんスカイライン

連綿至標高2380m的道路
從富士宮市街方向開始延伸的縣道180號、從御殿場市街方向的縣道23號線和152號線，這3條共計34.5km的道路總稱。

☎0544-27-5240（富士宮市觀光協會）
🕐4月下旬～11月上旬（夏天登山季有私家車管制時禁止通行）
¥免費
所靜岡縣富士宮市
🚗新東名高速道路新富士IC車程75分
P350輛（五合目停車場）
MAP P.119 D-5

私家車管制資訊
2024年度
7月10日（三）9時起
至9月10日（二）18時止

吉田口登山道
小御岳茶屋
小御岳茶屋
五合目綜合管理中心
駐馬場
タクシー乗場
富士山みはらし
富士山
富士急雲上閣
富士斯巴魯線收費站
巴士站
富士山攝影景點
五合園休憩所
富士山小御嶽神社
P第一
P第一

ⓘ服務處
🚻廁所
Ｐ停車場
🚌巴士站
🚕計程車搭乘處
🍴餐廳
🛍商店・伴手禮
⛩神社

白絲瀑布

充滿負離子的知名瀑布！

3 觀景處

距離瀑布最近！

遊客最多，相當熱鬧。可以藉由從瀑布飛濺過來的水花感受舒爽的清涼感。

為什麼瀑布是呈一列流出呢？

由於水容易流過的地層和難以流過的地層重疊，因此富士山融化的雪水就從地層的交界處呈一列橫排流出。

凝起的水花及唰唰聲響都超有震撼力！

白絲瀑布高約20m、寬約150m，流水有如窗簾般從因富士山的火山活動堆積而成的地層交界處流瀉而下。不僅是世界遺產的構成資產，還獲指定為國家名勝及天然紀念物。觀景處和柏油路都整備完善，所以就輕鬆地享受散步的樂趣吧。

白絲瀑布

朝霧高原 ●しらいとのたき

世界遺產

☎0544-27-5240
（富士宮市觀光協會）
自由參觀　靜岡縣富士宮市上井出　JR富士宮站搭往白糸の滝方向巴士30分，白糸滝觀光案內所前下車步行5分　P 120輛
MAP P.131 B-4

2 觀瀑橋

把原本架設在上游的橋移建至下游。能看見白絲瀑布的遼闊全景。

4 觀景處

位在階梯上面的觀景點。能同時眺望白絲瀑布和富士山的地方只有這裡！一定要拍照紀念。

1 音止瀑布

高25m的瀑布。傳說曾我兄弟在密談要報仇時，為了消除轟隆水聲而祈禱，於是聲音就消失了。

周邊地圖

白糸滝觀光案內所前

414
WC
案內所
売店
P
鬢水
白絲瀑布
富士・白絲瀑布露臺
富士宮道路上井出IC
カフェ
展望場
4 觀景處
3 觀景處
2 觀瀑橋
階梯約100階
觀景台（輪椅可）
伴手禮店
音止瀑布
伴手禮店
音止瀑布觀景台

流傳著源賴朝的傳說

鬢水

●おびんみず

位於白絲瀑布上方的湧水點，據說源賴朝在「富士野卷狩」之前，用此處的水整理亂髮。

自由參觀

順道來這裡玩！眾所矚目景點 PICK UP!

Ⓐ Happy Bell しらいと
販售廣蒐自各國的多種礦物、能量石。
☎0544-54-0921

Ⓑ TAKIMOTOYA SOUVENIR&CAFE
使用朝霧牧場現榨牛奶製成的霜淇淋深受歡迎，還有花園露臺。
☎0544-54-0007

Ⓒ SHIRAITO GENERAL STORE
以BBQ風格提供午間盤餐而大受歡迎的咖啡廳，同時販售戶外運動用品。
☎0544-21-3360

Ⓓ 平石屋
富士宮炒麵專賣店。彈性口感十足的麵條與醬汁堪稱絕配。
☎0544-54-0068

白絲瀑布散步新去處

富士山・白絲瀑布露臺

●ふじさんしらいとのたきテラス

由於白絲瀑布周圍環境經過整理，集結了幾間商店在此，可以邊欣賞富士山、邊快樂購物與享用輕食。

視設施而異

…白絲瀑布／富士急行列車之旅

🚃 何謂富士急行線？
全長26.6km、標高差約500m，連結起大月站～河口湖站且距離富士山最近的鐵道。

如飯店般舒適的高級列車！

↑ 從車窗眺望雄偉的富士山吧

↓ 週六日、假日限定的甜點方案很受歡迎（事先預約制）

← 特別車輛的1號車廂為對號座。附免費飲品

充滿與平時不同的旅遊魅力！

搭乘快樂的觀光列車GO！

富士急行列車之旅

富士山景觀特急
●ふじさんビューとっきゅう

由經手過許多列車及車站建築的水戶岡銳治操刀設計，從奢華的車廂遠眺富士山的英姿，度過一段充實的旅行時光。1、2號車廂為對號座，3號車廂為自由座。

乘車費用	特別車輛1號車廂（對號座）為乘車券+特急券+特別車輛費用900円（2號車廂的對號座費為200円）；3號車廂（自由座）為乘車券+特急券共400円
所需時間	約50分（大月～河口湖）
運行時刻表	需至官網確認

獨特又可愛！

富士山特急
●フジサンとっきゅう

車輛上描繪滿滿富士山角色圖案的富士特急，由3輛車廂組成。1號車為對號的景觀車廂，設有休息室與兒童駕駛座。3號車廂為自由座。

乘車費用	所需時間
乘車券+特急券、1・2號車廂另須支付對號座費為200円（須於1天前預約）	約50分（大月～河口湖）
	運行時刻表
	需至官網確認

行駛在距離富士山最近的地方，以舒暢視野為賣點的富士急行線。從大月往河口湖的方向，山景會越來越動人心魄，好好享受充滿特色的觀光列車吧！

↑ 背後就是雄偉富士山的可愛富士特急

↓ 1號車廂的休息室可以從大片窗戶欣賞風景

↑ 找看看喜歡的富士山角色圖案吧

富士山景觀特急明信片（4張組）
500円
時髦有格調的富士山景觀特急明信片。在富士山景觀特急內販售

富士急行線御朱印帳
2200円
山梨縣富士吉田傳統工藝「富士山織物」的御朱印帳（附御朱印地圖）。在富士山景觀特急內販售

富士山特急 KURU TOGA 自動旋轉筆
700円
富士山特急圖案的可愛自動旋轉筆

富士急行線 ●ふじきゅうこうせん ☏0555-73-8181 🅗 https://www.fujikyu-railway.jp

兩座世界遺產中心

榮獲COOL JAPAN AWARD 2017！

富嶽三六〇
以燈光呈現出因一天的更迭和季節的變化而改變表情的富士山身影。

遙拜所銀幕
播放約8分鐘的影片介紹圍繞富士山的大自然及與人之間的關係。

「御中道回廊」を歩くと、富士山をとりまく音の世界を体感できます。
Walking through "Ochudo corridor". Enjoy listening to the sounds captured around Fujisan.

透過展示導覽系統會更清楚！
若使用展示導覽系統「富士導覽」，會以簡單明瞭的方式介紹館內，導覽由前日本網球國手松岡修造配音。

〔河口湖〕

山梨縣立富士山世界遺產中心

●やまなしけんりつふじさんせかいいさんセンター

介紹世界遺產富士山相關知識的設施。在南館能透過使用最新技術的「富嶽三六〇」等展示，學習富士山和人們之間的關係。而北館也設有商店和咖啡廳、富士講的行衣及金剛杖的租賃等令人開心的服務！

📞0555-72-0259
🕐9:00～17:00（視季節變動）　🈳南館第4週二休，北館無休　💴免費　📍山梨縣富士河口湖町船津6663-1　🚃富士急行河口湖站搭免費巡迴巴士5分，富士山世界遺產センター下車即到　🅿100輛
MAP P.125 C-2

2F 先從2F開始！
映入眼簾的巨大富士山裝置藝術。一邊觀賞變化成五顏六色的富士山，一邊沿著迴廊前進吧。

↑以「御中道」為靈感的迴廊
↓富士山與影像連動會染成一片紅

1F 了解並學習信仰的對象和藝術的源泉
富士山從古代就是信仰對象。以信仰和藝術為焦點，誠摯地介紹人們和富士山的關係。

也去北館逛逛吧！
北館1樓展示富士山的自然與歷史知識，另有商店；2樓有觀景平台及FUJIYAMA CAFÉ。與富士山有關的特製餐點很受歡迎，不妨在這間咖啡廳休息一下吧！

↑藍色富士山咖哩1500円

↓從北館觀景台望過去的富士山

↓數量限定的逆富士果凍650円

山口晃的富士北麓參詣曼荼羅也蔚為話題！
現代美術家山口晃親手繪製的大作。夏夜的莊嚴富士山和燈火照耀的街道相當夢幻。

↑高5.4m、寬7.7m，磅礴壯觀的巨幅尺寸
↓也發現了富士急樂園等現代設施！

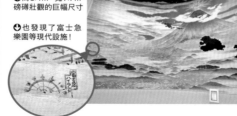

↑傳達在富士山頂巡拜的模樣

↓只能用世界遺產富士山VR體驗的富士信仰之旅

↑能用約5分進行的超快速登山參拜體驗

來認識富士山吧

設計成逆富士的模樣
富士山出現在水盤上！

引入湧水的水盤下，是能讓風景的倒映之姿更加顯眼的黑御影石。建築物的形狀反轉過來就是富士山的模樣，擔綱設計的是世界級建築師坂茂先生，聳立在遠方的實體逆富士也跟著映照了出來。

靜岡縣富士山世界遺產中心

●しずおかふじさんせかいいさんセンター

〔富士宮〕

此座將富士山普世價值傳遞給後代的據點設施，就位在淺間大社山腳下的富士宮。館內使用最新的數位技術展示，讓人可以對富士山歷史、文化、自然等有更深一層的理解，令人印象深刻的建築也很受喜愛。

☎0544-21-3776 ⏰9:00～16:30（閉館17:00）、7～8月至17:30（閉館18:00） 休第3週二（逢假日則翌日休，有檢修休館日） ¥常設展300円 所静岡県富士宮市宮町5-12 ⏰JR富士宮站步行8分 P無

MAP P.130 B-2

深入瞭解魅力！

壁面材質為富士檜木
將富士川流域採伐的富士檜木編織成格子狀並打造出曲線

夢幻的夜間點燈也不容錯過
用LED照明裝飾的夜晚模樣也很美，從日落～22時都可欣賞

〔西棟3樓〕育山 〔常設展示〕

從山頂距駿河灣海底6000公尺，透過垂直剖面圖般的巨大左官（用抹刀完成建築物表面的塗佈）壁面及動植物標本，了解其生態系。

↪由左官職人捄土秀平所製作

〔5F〕觀景廳

隨著坡道走到最上面，在眼前展開的是廣闊雄偉的富士山風景。窗緣有如畫框般，將富士山映襯得更加耀眼，看起來就像畫作一般。也是很受歡迎的攝影景點。
↪晴天時也能走到展望露臺上

快樂認識世界文化遺產富士山魅力的同時，又能學習知識的遺產中心。山梨縣與靜岡縣各有一間，展示別具特色。

〔2F〕影像廳

以4K畫質播放投影在265吋的螢幕上，特別推薦坐在最前排。
↪天候不佳時也能感受富士山之美

館內地圖

育山　　　觀景廳
　　　　　室外展示
企劃展間　影像廳
咖啡廳&　富士山圖書館
博物館賣店
　　　登山參拜　服務處

〔展示棟1～5F〕登山參拜 〔常設展示〕

全長193m的螺旋斜坡，把富士山相關的定點照片依照時間順序連結成縮時影片播放於牆面上。挑戰模擬登山吧。

遊覽方法

展示區分為6區，先從5樓沿著坡道往上，再往下依序參觀每個展區。

↑時刻變換的影像震撼力十足

豐富多樣的富士山！博物館賣店

免費入場的1樓聚集著富士山麓特有的美食和商品。

富士山主題的雜貨

從富有設計感的富士山商品到山麓的名店伴手禮皆一應俱全

霜淇淋
460円
比擬成春秋兩季富士山的抹茶和焙茶霜淇淋也廣受歡迎

FUJIYAMA天空甲板

連不太敢玩刺激設施的人也推薦一定要前往的觀景台。高度有55m，從這裡可以好好欣賞只有搭乘FUJIYAMA才能看到的絕景。

【費用】1000円〜（視時期變動）
【使用限制】無

這裡！ ← 可以前往 FUJIYAMA 人氣景點

第二次急速下降前會經過 FUJIYAMA的字樣

不僅有刺激尖叫！
還能享有免費入園！

富士急
樂園
ふじきゅう樂園

玩法 ①

富士山的全新美景景點！
FUJIYAMA塔

利用大型雲霄飛車FUJIYAMA的維修塔，設置了觀景台及2個設施。在此體驗獨一無二的暢快感吧！

FUJIYAMA空中散步

在沒有扶手的露天通道上，可以穿戴安全救生帶，像是維修人員般繞行一圈。旁邊由於高速而尖叫聲不斷，能同時感受美景與刺激感。

【所需時間】約15分 【費用】1000円〜（視時期而異） 【使用限制】身高140〜200cm，未滿18歲須有監護人的同意，小學生以下須有18歲以上的同行者

FUJIYAMA高空滑梯

將腳放進專用的滑行毯中，邊旋轉邊滑行的管狀滑梯。體感速度相當快，歡暢無比。

【所需時間】約20秒（因人而異）
【費用】800円〜（視時期而異）
【使用限制】身高130cm以上，年齡〜64歲

← 要注意
FUJIYAMA塔的入口在園外

因可免費入園而安排順道前往的遊客越來越多。此景點不僅有豐富的美景＆美食廣場，連不太敢玩刺激遊樂設施的人也能樂在其中，因而備受矚目。

富士吉田 **富士急樂園** ふじきゅう樂園
☎ 0555-23-2111
🕙 10:00〜18:00（視時期而異） 🈺 不定休（請至官網確認）
💴 免費入園，一日券成人6000円〜，國高中生5500円〜，小學生4400円〜 🏠 山梨縣富士吉田市新西原5-6-1 🚃 富士急行富士急樂園站即到 🅿 5000輛 MAP P.125 D-2

玩法 **2**

在草皮廣場享受美食時光！

中央公園

位在園區中央的廣場。設有飲食區及活動舞台，在小山丘一樣的草皮區域，好好悠閒休息一下。

【營業時間】準同富士急樂園
【整體面積】7000m²

→可同時吃到沾醬&配料的比利時風格炸薯條專賣店「bintje.」

↑被Tabelog選為百名店之一的「VILLAGE VANGUARD DINER」

↑以牽絲起司為特色的咖哩麵包專賣店「Giraffa」

2023年7月全新開幕！

玩法 **4**

「爽快MAX」雲霄飛車！

ZOKKON

絕叫優先券販售對象

握好方向盤乘坐機車型雲霄飛車。比起尖叫，更能感受到暢快感，全身都能體驗到強風撲面的興奮刺激，不管玩幾遍都沒問題。

【最大坡度】48度
【最大加速度】3.1G
【所需時間】約3分
【費用】2000円
【使用限制】身高120～195cm，年齡～64歲

↑可在外面的展示機試乘，感受一下

玩法 **3**

2023年7月重新開幕！

目標是從紅館生還！

絕望要塞
-IMPOSSIBLE GAMES-

絕叫優先券販售對象

↑難度、規則、遊戲內容有可能無預警變更

令320萬挑戰者感到絕望的超困難攻略型遊樂設施經過重新翻修。在謎樣人物「Z」建造的紅館中，完美解決難題吧！

【所需時間】約30分～ 【費用】1500円
【使用限制】小學生以上（小學生須有國中生以上的陪同者）

玩法 6

成為忍者吧！

絕叫優先券
販售對象

博人富士木葉隱村

能沉浸在人氣動畫《火影忍者》、《博人傳》世界觀的園區，集結能體驗忍術的設施及相關商店。

© 岸本齊史 スコット 集英社・テレビ東京・ぴえろ

火影忍者3D射擊道場

戴上3D眼鏡射擊目標物的射擊遊樂設施。目標是操作角色們使出各種忍術並開心獲取高分。

【所需時間】約5分30秒
【費用】1500円 【使用限制】學齡前兒童須有國中生以上的陪同者

玩法 5

絕景虛擬實境！

絕叫優先券
販售對象

富士飛行社

巨大螢幕上的富士山會變換四季不同風情。乘坐會動的座椅觀看該影像時，猶如從富士山上空飛過一樣。

【所需時間】約7分15秒 【費用】1500円
【使用限制】身高110cm～，年齡4歲～（學齡前兒童須有國中生以上的陪同者）

↑雨天也能玩的全天候型設施

玩法 7

遇見湯瑪士小火車！

湯瑪士樂園

這裡有許多小朋友可以玩的遊樂設施，彷彿走進了湯瑪士小火車的世界！也有各種豐富的咖啡廳與攝影景點。

湯瑪士尋寶大冒險

與湯瑪士的夥伴們齊心協力，在多多島尋找大量寶物吧！

【費用】500円

湯瑪士與培西的列車旅行

搭乘湯瑪士與好友們拉動的列車，出發前往多多島探險，還可以遇見快樂的夥伴們！

【費用】500円

2023年7月全新開幕！

尼亞和動物雲霄飛車

以尼亞的故鄉「非洲肯亞」為主題的迷你雲霄飛車，3歲以上可乘坐。

【費用】400円

原創商品及美食都有！

能買到獨家販售的限定商品，也來嘗以湯瑪士與夥伴為主題的料理吧！

↑湯瑪士樂園桔梗信玄餅6入1280円

↑湯瑪士豪華餐盤（附紀念小餐盤）3000円

湯瑪士樂園號與高速巴士行駛中

車內車外都是滿滿湯瑪士圖案的電車&高速巴士，目標是開往湯瑪士樂園！

34

雙腳無法觸地的飄浮感！

Eejanaika 翻轉雲霄飛車

絕叫優先券販售對象

座位會前後翻轉7次，繞圈翻轉2次，扭轉旋轉5次。三種旋轉形式以及雙腳無法觸地的驚聲尖叫世界正在等著你。

【全長】1153m
【最高部分】76m
【最高時速】126km/h
【所需時間】約2分
【最大降落角度】89度
【費用】2000円
【使用限制】身高125～200cm，年齡～54歲（學齡前兒童須有國中生以上的陪同者）

極具衝擊的7次急速旋轉下降

高飛車

絕叫優先券販售對象

以超越垂直的121度最大落下角度，且落下之前還會暫時停止運轉的模式，完全帶出恐懼感。旋轉與最高速度也讓心跳越來越快♪

【全長】1004m
【最高部分】43m
【最高時速】100km/h
【所需時間】約2分50秒
【最大降落角度】121度
【費用】2000円
【使用限制】身高125cm～，年齡～54歲

聚集了喜歡刺激的人

果然如此！

提到富士急樂園的代名詞，腦海中首先浮現出的還是尖叫刺激型的雲霄飛車。想要盡全力放聲尖叫的讀者，就好好利用FREE PASS瘋狂玩吧！

雲霄飛車之王

FUJIYAMA

絕叫優先券販售對象

富士山腳下的知名雲霄飛車，包含最大落差70m在內，無論長度、高度、速度都是完美比例，不愧是「雲霄飛車之王」！

從79m的高度降落後看見的富士山

【全長】2045m　【最高部分】79m
【最高時速】130km/h　【所需時間】約3分36秒
【最大降落角度】65度　【費用】2000円
【使用限制】身高110cm～，年齡～64歲（身高110～130cm者或學齡前兒童須有國中生以上的陪同者）

富士急樂園
划算遊玩攻略小祕訣！

使用FREE PASS方案搶先入園吧！

富士急官方膠囊旅館的FREE PASS方案，有住宿優惠並可優先入園，還提供免費停車。

○CABIN & LOUNGE HIGHLAND STATION INN→P.105

在線上購買絕叫優先券！

人氣設施幾乎不用等待，可以玩個痛快的優先券自使用日的3天前18時起能於線上購買。

下午才入園也有午後通票！

僅限下午才有效的票券，從開園就開始販售，不過要13時後才能使用。推薦給早上想悠閒前來，下午才準備開始嗨玩的人。

想徹底玩一整天就買FREE PASS！

遊樂設施想玩4次以上的話，買FREE PASS絕對更划算。若有FREE PASS，戰慄迷宮時間指定券也會比較便宜，建議事先在線上購買。

能沉浸在繪本世界的主題樂園

就位於富士急樂園旁邊

麗莎與卡斯柏小鎮

前往巴黎風格的街道！

此區域重現了法國繪本的人氣角色「麗莎與卡斯柏」所居住的巴黎街道。2024更為了迎接10週年舉辦了相關慶祝活動，請盡享咖啡廳和商店櫛次鱗比的療癒空間吧！

麗莎與卡斯柏小鎮

☎ 不公開
🕐 10:00～18:00 ※準同富士急樂園營業時間（詳情至官網確認）
休 不定休　💴 入園免費（遊樂設施費用另計，可使用富士急樂園FREE PASS）
📍 山梨縣富士吉田市新西原 5-6-1
🚃 富士急行富士急樂園站步行 15 分
🅿 180 輛（使用 Highland Resort Hotel & Spa 停車場）
MAP P.125 D-2

麗莎和卡斯柏是？

主角是全身純白搭配紅色圍巾的女孩麗莎，以及一身酷黑搭配藍色圍巾的男孩卡斯柏。此繪本作品是描繪兩位主角和睦相處的日常生活，他們住在巴黎，不是狗也不是兔子。

可愛伴手禮

法式烘焙坊

在附設的廚房烤製的香噴噴自製餅乾非常吸引人。這裡陳列許多適合買回家的東西。

富士山餅乾盒
2片入850円
適合當伴手禮的餅乾附包裝盒

下午茶套餐
2人9000円

特製甜點配上紅茶更有氣氛（照片為2人份）

賞味期限5分鐘的泡芙 **500円**

超受歡迎的泡芙外表酥脆，內餡十分濃郁

悠閒的午茶沙龍

Les Rêves Salon de Thé

坐在有如巴黎劇場的店內眺望富士山與艾菲爾鐵塔，於正統的午茶沙龍休息一下吧！

必看景點

找找看喬治先生的親筆插畫！

在Les Rêves Salon de The裡面有作者喬治・哈朗斯勒本（Georg Hallensleben）親筆畫的插圖，一定要找找看。

在室內迷宮拍紀念照！

不可思議的鏡中世界！

麗莎與卡斯柏的魔鏡迷宮
~歡迎參加魔術表演~

800円

透過鏡子創造出不可思議的機關，很有趣的迷宮設施，並設有利用鏡面反射的拍照景點裝置。

富士山!!

綠意環繞，
心情真好～♪

河口湖畔的美食&購物 Gourmet & Shopping
富士大石HANATERASU

ふじおおいしハナテラス

0555-72-9110
視店鋪而異
休 無休　¥ 免費入場
所 山梨県富士河口湖町大石1477-1　富士急行河口湖站搭河口湖周遊巴士27分，河口湖自然生活館下車即到　P 90輛
MAP P.123 D-2

集結9家店鋪的河口湖畔度假設施。在綠色群樹和季節花草環繞的空間中暢享美食和購物，盡情地飽覽富士山的風景吧！

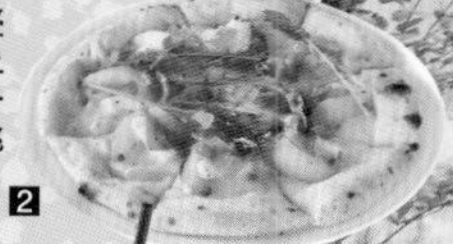

1推薦在露臺用餐　2鋪上山梨縣產桃子與生火腿的桃子披薩

山梨產巨峰葡萄&麝香葡萄蘇打
山梨產巨峰葡萄&麝香葡萄茶
使用山梨縣產的當季水果逸品

BRAND NEW DAY COFFEE

●ブランニューデイコーヒー

從觀景平台遠眺富士山

富士山景觀露臺座很受歡迎的咖啡廳，使用山梨縣自豪的現採水果入菜的品項很有人氣。可在此享用奶油香氣濃郁的可頌與Q彈拿坡里披薩等餐點。

0555-25-7011
10:00～餐點L.O.17:00，飲品L.O.17:30(18:00閉店)　休 無休

山梨產
水果♥

季節水果拼盤
2700円～(季節限定)
分量多到可以2～3人分食的水果盤令人滿足

葡萄屋KOFU HANATERASU咖啡店

●ぶどうやコーフハナテラスカフェ

盡情品嘗當季水果！

在這間咖啡廳可以吃到奢侈使用山梨縣產水果的甜點，而鮮切當季水果拼盤與聖代味道無需贅言，外觀也十分賞心悅目。

0555-72-8180
10:00～16:00(17:00閉店，可能視季節變動)　休 不定休

Yummy!

Sweet!

桔梗信玄霜淇淋+
540円
在桔梗信玄霜淇淋上添加桔梗信玄棒的人氣甜點

HanaCafe Kikyou

●ハナカフェキキョウ

被花卉圍繞的療癒咖啡廳

由以桔梗信玄餅聞名的桔梗屋直營。以花店所搭配的乾燥花和季節花卉裝飾店內的咖啡廳。在漂亮迷人的空間中享用和風創作甜點吧！

0555-28-5228　9:00～17:00(可能視時期變動)　休 無休

↑非富士櫻工房製的織物商品種類也很豐富

口金包
1430円～
有富士山花紋的可愛口金包，最適合當伴手禮送人

最受歡迎！

富士櫻工房

●ふじざくらこうぼう

傳承自富士北麓的織物製品

在織物產業興盛的富士山北麓地區承繼「郡內織」的工房。店內販售有郡內織技術製成的領帶、披肩等織物原創商品。

0555-72-8788　10:00～17:00
休 週三

這裡也Check!

進一步暢遊HARATERASU!

在綠意盎然的園區內走走逛逛，心情好愉悅，到處都有動物的雕像，邊散步邊找找看吧。

快來找我喔！

傍晚的點燈讓氣氛更加浪漫!

夜幕低垂時，整體白色調的建築會打上燈光，在暮色中映照光芒。可以體驗看看與白天不同的氛圍。

➡從湖上吹來的風涼爽又舒服

從湖上眺望富士山吧！

KABA2

從陸地前往湖泊！暢快的水陸兩用巴士之旅

山中湖的 河馬

開著巴士帶大家遊湖！

司機先生

山梨縣第一輛水陸兩用巴士「山中湖的河馬」是超人氣遊覽巴士，可以體驗像是乘坐遊樂設施般的歡樂感。從山中湖畔前往湖上航遊，搭1輛巴士享受水陸遊覽！

4 湖上航遊

波浪平穩的山中湖晃動不大，坐起來很舒適。晴天時能看見雄偉的富士山，一邊眺望湖畔的群山一邊遊覽四周。

風的味道和濺起的水花、絕景富士山等山中湖大自然，都請搭乘河馬巴士感受看看♪

山中湖的河馬服務員小姐

Wooo!!

5 往「森の駅」

上岸後，前往出發地點的山中湖旭日丘「森の駅」。一邊眺望和去程反方向的景色，一邊享受剩下的旅程。

3 衝入山中湖！

抵達湖畔之後，終於要衝入山中湖了！隨著「3、2、1」的信號勢如破竹地衝入湖中！

2 往山中湖畔

高車體的水陸兩用河馬巴士連眺望的景色也很棒。導遊的講解和猜謎也炒熱了車內的氣氛。

⬆可以透過猜謎學習山中湖周邊的自然知識

眺望的景色也很棒♪

自1個月前起即可預約！

1 出發前往河馬巴士之旅

位在山中湖旭日丘巴士總站的「森の駅」是河馬巴士搭乘處。請在2樓的窗口辦理登船。

➡備有和人數同等數量的救生衣。會為乘客仔細講解，令人安心。

能在森の駅裡面買到

河馬巴士的伴手禮

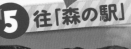

木牌鑰匙圈
500円
使用當地疏伐木材，也可當成杯墊

行駛的鬧鐘
1370円
直接重現巴士外形的獨特鬧鐘

水陸兩用巴士
●すいりくりょうようバスやまなかこのカバ

山中湖的河馬
MAP P.126 F-5

運行日	每天行駛（可能視天候狀況停駛）
費用	成人2300円，4歲～小學生1150円，3歲以下（無座）400円，可能視季節變動）
搭乘處	森の駅 旭日丘（山梨縣山中湖村平野506-296）
交通方式	富士急行河口湖·富士山站往御殿場方向巴士30分，山中湖旭日丘下車即到
預約方式	http://kaba-bus.com/yamanakako/或は 📞0570-022956（富士急客服中心受理時間8:00～18:00）

可靠的河馬是原型！充滿水陸都能暢遊的裝置

水陸兩用巴士「山中湖的河馬」能體驗陸地上和湖上2種娛樂。工業設計師水戶岡銳治以在陸地和水中生活的河馬為設計主題，打造出廣受矚目的山中湖知名巴士。在陸地上是用輪胎行駛，而湖上則用螺旋槳航行。這輛娛樂感十足的交通工具，既有導遊輕快的閒談和猜謎，又能充分享受山中湖的周邊觀光和搭乘遊樂設施般的樂趣。

蜘蛛巢穴之術！

修行的戶外運動！
忍術皆傳之道
能進行忍者修行的戶外運動廣場。有隱藏許多機關的「機關迷宮」等12種運動設施。

樂趣 1
豐富的 忍者扮演體驗
園內也有「手裏劍道場」、「忍術皆傳之道」等豐富多樣的忍術修行場所。可以邊玩邊學習當忍者。

命中目標，獎品GET！
手裏劍道場
能體驗忍者的武器「手裏劍」、「吹箭」的修行場。也能依照命中標靶的次數獲取獎品，樂趣十足。
💴附獎品的遊樂設施500円（入園自由通行票需另付）

↑心無旁鶩的瞄準標靶中心吧

有機會命中紅心嗎？

↑能鍛鍊忍者所需的能力
超人般的身體素質、光和音樂和影像的演出十分精彩

由次世代忍者集團 雷凰刃 帶來的表演！

是真正的忍者！

解開5道謎題！
忍者紀念章蒐集活動
一邊學習有關忍者的知識，一邊收集5個紀念章吧。紀念章卡片附的原創吊飾也很可愛！
💴紀念章卡片500円（附原創吊飾）

忍野 忍者主題村

變身忍者，令人興奮的體驗！

●おしのしのびのさと

誕生在忍野八海旁邊的忍者主題村。在可以眺望富士山的秀麗自然環境中，學習忍者的知識，盡情地享受服裝和遊樂項目等忍者的扮演體驗吧！

📞0555-84-1122 🕐9:00～16:30（17:00閉館，可能視季節變動）※需於官網確認 🚫不定休 💴入園FREE PASS（含入園＋忍者秀參觀券）成人1800円，小學生1300円，幼兒（3歲以上）1000円 🏠山梨縣忍野村忍草2845 🚌富士急行富士山站搭往御殿場方向巴士12分，忍野しのびの里下車即到 🅿67輛
MAP P.127 B-1

樂趣 3
精彩壯觀的 忍者秀很厲害！
次世代忍者的表演秀融合了傳統的伊賀忍術和現代實用戰術。表演使用真正的忍者道具，十分緊張刺激，任何時刻都不容錯過。
🕐1天4次，公演時間為15～20分

樂趣 2
潛入闖關裝置 很好玩的 機關宅邸！
正宗的機關宅邸。由忍者研究第一人的山田教授監修。新設置的忍術展示區會附解說，能學習忍具知識、安裝在忍者宅邸的「藏刀地板」和「翻轉牆」等機關。

↑暗藏各種機關的機關宅邸

寶藏在哪裡！？

→在意想不到的地方竟然有隱藏通道！

樂趣 5
可免費入園利用！
忍者主題的 美食也很有魅力！
餐廳和茶飲店不需入園費即可利用。盡情享用獨家美食吧！

眺望日本庭園，獨具風情的餐廳
雪月風花
●せつげつふうか
使用湧水的忍野知名豆腐和蕎麥麵、當地生產的新鮮蔬菜等富士山麓的山珍美食豐富多樣。也能品嘗別出心裁的忍者主題菜色。

忍者主題村 特製忍者咖哩 1250円
使用魷魚墨汁的純黑咖哩，概念來自隱藏在黑暗中的忍者

邊欣賞日本庭園邊品嘗糰子
ふじみ茶寮
●ふじみさりょう
烤糰子和霜淇淋正好能在休息時間享用

忍者黑糰子 400円
揉入竹炭的忍者主題村原創糰子

樂趣 4
可以變身成忍者！
在園內商店能租借忍者衣服，一起裝扮成忍者，挑戰各項體驗吧！
💴租借衣服500円（有黑、紅、藍3色可選擇）

接下來要修行！

忍忍

→小朋友的服裝有黑、紅、藍3色可以選擇

隱身之術！

→和忍者相襯的攝影景點散布各處

來到茶処 青龍亭，可待在沉靜空間內品嘗甜點。人氣繽紛糰子&抹茶1000円

西湖 療癒之里 根場

前往閒適的美麗農村世界

盡情體驗手作樂趣！在茅草屋民家聚落

復原民宅的茅草屋頂，與懷念農村風景相遇的「西湖療癒之里 根場」。在不同建築內可以體驗傳統工藝、品嘗鄉土料理，眺望著美麗景色，連心境也跟著平靜下來。

從這裡望過去的風景！

瞭望台

2樓為可以一覽農村與富士山景色的景點，推薦在此拍照

有如走入時光隧道般令人懷念的風景

接待處（販賣入場券）

接待處在根場橋附近，在這裡購買入場券！

水車小屋

位在入口處附近，令人懷念過去生活的水車小屋在此迎接來客

可以體驗手作活動！

900円～
所需時間30分

絲綢小提包著色體驗

由當地織物老店所經營，能製作喜歡顏色與圖案的小提袋。

富士山しるく
●ふじさんしるく
☎090-5538-9036(志村)

1400円
所需時間40分

貓頭鷹的置物飾品

展示、販售只用古布製作的女兒節吊飾。也可以體驗使用和服碎布製作的貓頭鷹擺飾。

ちりめん細工・つるしかざり
●ちりめんざいくつるしかざり
☎090-6141-5859

西湖 西湖療癒之里 根場

●さいこいやしのさとねんば
☎0555-20-4677 ⏰9:00～16:30（17:00閉館），12～2月為9:30～16:00（16:30閉館）休無休 ¥500円 所山梨県富士河口湖町西湖根場2710 交富士急行河口湖站搭西湖周遊巴士40分，西湖いやしの里根場下車，步行5分 P120輛
MAP P.128 F-1

可以買到這樣的伴手禮！

特產品加工場
●とくさんひんかこうじょう

販賣竹製品與女兒節吊飾等工藝品、富士河口湖產的古代米等商品。

食事処 里山 ●しょくじどころさとやま

這裡可以吃到使用在地食材製作的農村料理與山梨傳統鱒魠，也推薦吃份古早味甜點與草餅。 ☎090-1216-3349

可以吃到這樣的鄉土料理！

鱒魠
990円

（地圖標示）
ごろ寝館
匠や
火の見屋
砂防資料館
せせらぎ屋
ふじみ橋
くつろぎ屋
特産品加工場
茶処 青龍亭
綜合服務處
硝子と金工ツバイ工房
陶と香のかやぬま
富士山しるく
土あそび富士炉漫窯
水車小屋
接待処（入場券）
ちりめん細工・つるしかざり
旧渡辺住宅
食事処 里山
おもいで屋
ねんば橋
手打ちそば みずも
從這裡望過去的風景！
瞭望台

↩卡門貝爾起司
870円
↩屬於硬質起司
的瑞克雷起司
1600円

↩工房內有
販售起司

COW RESORT IDEBOK
カウリゾート イデボク

在朝霧高原的牧場體驗度假氛圍

高品質起司
飽含心意製作的

起司工房

使用早晨現榨新鮮牛乳製成的起司，牛奶味道濃厚又帶溫和甜味，是嚴格控管發酵時間及溫度所製成。

↩可愛的乳牛雕像在此迎接大家

在富士山麓生活的牛群怡然自得

↩IDEBOK牛奶
1杯210円

盡情享用以新鮮牛奶製成的牧場美食
鮮奶餐點

可以品嘗到使用IDEBOK的新鮮牛乳、霜淇淋、乳製品入菜的料理，並販售以員工伙食麵包為主打的手作麵包以及鮮奶甜點。

↩IDEBOK霜淇淋
各460円

↩使用飯盒烤製的員工伙食麵包是當地傳統，深受歡迎

↩也很推薦這道舖上自製起司的披薩

「IDEBOK牧場」讓牛隻們在優良環境生產牛乳，位於朝霧高原前往鳴澤的縣道71號沿線且自然條件豐富的地方。能吃到牧場美食的餐廳及使用新鮮牛乳製作起司的工房，就位在能看見富士山的牧場隔壁，能在大自然環繞下用餐及購物。有BBQ設施、拖車露營、露營車專用的住宿空間，也有寵物運動公園，可以享受豐富多彩的活動。

☎0544-52-3697
🕙10:00～18:00 休3～11月無休，12～2月週三休 静岡県富士宮市人穴728 JR富士宮站車程30分 P50輛
MAP P.131 B-2

在富士山麓爽快兜風
E-BIKE

可以租借電動輔助登山車，邊感受高原的風迎面吹拂，邊享受騎車的暢快感。另也可以租借電動機車。

¥E-BIKE (90分) 1000円

↑騎腳踏車在高原兜風

免準備露營用品與食材也能開心享用
空手享用BBQ

下雨天也安心的附屋頂BBQ空間，烤肉品項包含牛五花、豬里肌、牛舌等。

🕙10:00～14:30 ¥桌席使用費3000円+烤肉套餐1人1800円～

↑也有自攜食材的方案

輕鬆在高原上享受戶外過夜樂趣
拖車露營

可在室內悠閒度過的拖車型住宿設施。附洗手間及空調，女性與小孩都能安心體驗戶外活動。

🕙IN15:00～18:00、OUT10:00～11:00 ¥1棟1晚12000円～（最多3人，寢具、餐費另計）

↑有屋頂的木製甲板露臺

也提供感受大自然的活動！

41

6座美食設施大集合！

朝霧美食公園

這裡集結與地域食物有關聯的六間公司，包括乳製品、酒造、日本茶、甜點、自產自消餐廳等，同時販售商品並可參加食物體驗工房及參觀生產過程。

前往食物的主題公園吧！

朝霧高原
☎0544-29-5101
🕙9:30～16:30（視天候變動）
休12～2月的週四
¥入場免費
所静岡県富士宮市根原449-11 📍JR富士宮站車程34分 P70輛
MAP P.119 B-3

---

❶ 牛乳工房 朝霧乳業
◉ぎゅうにゅうこうぼうあさぎりにゅうぎょう

清新宜人的朝霧高原四周被大自然環繞，使用快樂生長的乳牛生產的原乳並提供販售牛乳、霜淇淋（內用）、起司及奶油製品。
☎0544-52-0333

一定要喝這個！

⬆朝霧牛奶200円、朝霧牛奶咖啡220円

⬆朝霧牛奶霜淇淋450円

使用容器製作軟乎乎的奶油！

製作奶油
將牛乳與鮮奶油放進容器中搖動，5分後便凝結成固體。可以用牛奶麵包沾取現做的奶油享用。體驗時間20分，800円。

---

❹ 日本酒蔵 富士正酒造
◉にほんしゅぐらふじまさしゅぞう

應慶年間營業至今的酒造。開設在朝霧美食公園內的新酒廠，致力於活用富士山的伏流水與朝霧高原的氣候釀酒。
☎0544-52-0313

⬆販售調合純米大吟釀的自製美妝品

---

❸ 上野製菓 あさぎり工房
◉うえのせいかあさぎりこうぼう

這間點心工房自創業以來，就使用直火銅鍋熬煮羊羹，另外也製作使用朝霧高原牛乳的布丁、牛奶羊羹。
☎0544-52-2115

⬆做好的餅乾很適合送人！

製作餅乾
揉好麵糰後製作成自己想要的形狀吧！從烤好到放涼需要1小時左右，等候時間可以去其他設施逛逛。體驗時間60分～，800円。

---

❷ 芋工房 かくたに
◉いもこうぼうかくたに

富士山麓的火山灰土壤排水良好，適合栽種地瓜。使用營養豐富的地瓜做成番薯乾、地瓜條等商品。
☎0544-52-0102

⬆手作地瓜條100g540円

番薯加工
11～5月可體驗製作番薯乾，而地瓜條則是全年皆能體驗製作。1日限定1組（1組2～7名，需預約），完成品可帶回家。體驗時間1～2小時，1組5000円。

---

❻ お茶工房 富士園
◉おちゃこうぼうふじえん

善用富士山的自然環境，製造、販售契合現代生活的傳統日本茶。可在能就近欣賞富士山的午茶座位，品嚐用富士山脈地下水沖泡的茶品。
☎0544-52-0988
🕙9:30～16:00（16:30閉店）
休週四

套餐的點心皆每日更換，令人期待

午茶套餐 700円～

---

❺ Buffet Restaurant Fujisan
◉ビュッフェレストランふじさん

可以盡情品嚐35道菜色與20樣飲品，共計55種以上的日、西、中式種類豐富的百匯餐點，並提供多種使用當地食材的品項。
☎0544-29-5501
🕙午餐11:00～14:30 休不定休

自助百匯70分 2300円

⬆從合作農家進貨滿滿新鮮蔬菜的餐點

一邊眺望富士山，並與可愛羊群們親密接觸吧！

◆從露天座位眺望富士山和花田

◆春天還能遇見羊寶寶

在朝霧高原和動物遊玩吧！

馬飼野牧場

馬飼野牧場位在日本珍貴的酪農地帶朝霧高原上。由牧場主人馬飼野先生和喜愛大自然的員工們共同經營。在夏天也很涼爽的高原牧場，暢享酪農體驗或和動物們親密接觸，並享用牧場美食吧！

人氣活動！
放牧羊群　免費
每天早晨舉辦讓羊兒們從小屋移動到放牧場的活動深受歡迎。羊毛厚重蓬鬆的羊隻們成群行進的模樣十分療癒。
🕙10:00～（冬季為11:00～、遇下雨則取消）

↑蓬鬆柔軟的羊走路的模樣很可愛！

輕鬆體驗露營
不住宿的豪華露營
在時尚的帳篷中悠閒享受不住宿露營，眺望富士山的同時還能體驗戶外活動。（需預約）
🕙11:00～15:00

附餐點（木屋）
成人9800円
兒童5000円

和馬兒交流
親密接觸牧場　免費
踩前腳是撒嬌要求食物的信號。試著輕喚牠的名字並餵食胡蘿蔔吧。

20分 300円
和山羊一起巡遊園內！
山羊散步
握著牽繩和山羊一起散步。雖然羊兒不會隨人的意思前進，但別著急，悠閒地享受吧。

認識牧場的亮點設施！
拖拉機巴士
可以邊眺望富士山邊遊覽園內一圈。員工會介紹新奇有趣的區域，因此推薦入園後先搭乘繞園一周。
成人400円
兒童300円

免費
飽覽美景&攝影景點
《小天使》的盪鞦韆
天氣好的話，可以拍到背景為富士山的上鏡美照。

朝霧高原
馬飼野牧場
●まかいのぼくじょう
☎0544-54-0342　🕙9:30～17:30（10月21日～2月20日為16:30，須至官網確認）
休不定休（12月～3月20日為週三、四休，有不定休，須至官網確認）　¥成人1200円、兒童900円（12～2月為成人1000円、兒童700円）　静岡県富士宮市内野1327
🚃JR富士宮站搭往富士山駅巴士30分，まかいの牧場下車即到　P500輛　MAP P.131 B-3

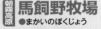

令人食指大動！
牧場美食!!

富士山起司蛋糕
混合2種起司製成，馬飼野牧場人氣第一名的伴手禮。

●1650円

1瓶280円

優酪乳
用自產牛奶製作的優酪乳。味道清爽的超人氣商品。

牛奶（900ml）
榮獲iTQi（國際風味暨品質評鑑所）風味絕佳獎2星等獎項的評價優良自製牛乳。

1瓶630円

牧場冰淇淋
使用牧場牛奶的霜淇淋千萬別錯過，細細品嚐其香濃的奶香滋味。

●500円

農場餐廳
可以用自助吧的形式品嘗大量使用富士山麓食材的料理。

自助百匯 2420円

前往震撼壯觀的**野生動物王國**

富士野生動物園

是日本國內首座森林型自然動物公園，位在標高850m處，善用了富士山麓的自然生態。以各式各樣的風格遊覽園內，盡情享受和動物的相遇吧。

前往以動物為主角的世界，執行一趟潛入任務吧！

應該先決定好遊覽方式！

行前準備
野生動物區的**玩法**

從5種遊覽方式中選擇吧！

必知攻略是當天先到先得的交通工具要立刻在諮詢處的售票機購票，並請注意是否售罄。

A 自駕
不需預約

自駕可以依照喜歡的節奏遊覽野生動物區。由於視線比叢林巴士低，因此也超具震撼力。

所需時間	50分
追加費用	免費

B 叢林巴士
當天先到先得

窗戶裝著鐵網而非玻璃的巴士。可聆聽工作人員的導覽巡遊園內。隔著鐵網餵食獅子和熊的體驗廣受歡迎。

所需時間	50分
追加費用	1500円（3歲以上，附飼料）
運行時間	30分1班（週六日、假日約為約10分1班）

C 超級叢林巴士
當天先到先得

日本首輛連車頂都裝設鐵網的巴士。看著從頭頂上逼近過來的動物，興奮刺激的感覺更加高漲！

所需時間	60分
追加費用	2100円（小學生以上，附飼料）
運行時間	視季節而異

※ 小學生以下不能乘坐

D 野生動物區導航車
當天先到先得

駕駛斑馬花紋的四輪驅動汽車行駛在越野道路上，近距離接近動物。可使用觸控式平板電腦聆聽解說，也能餵食長頸鹿等動物。

所需時間	60分
追加費用	1輛6500円（限乘7名）
運行時間	30分1輛（週六日、假日約為10～15分1輛）

E 漫步野生動物區
不需預約

一邊進行森林浴，一邊在野生動物區的外側遊覽一圈。能隔著鐵網餵食獅子的Lion Lock等觀察地點到處都有。

所需時間	1小時30分～2小時
追加費用	600円（4歲以上，飼料費另計）
運行時間	3月中旬～11月，時間會視季節而異（天候不佳時中止）

在野生動物區**能遇見的動物們**

獅子
生活在非洲疏林草原的萬獸之王獅子。將目光聚焦於牠們威嚴的表情吧

老虎
分布在西伯利亞和中國東北部的東北虎。公老虎的體長有時也會長到將近3m。

大象
大象區是來自東南亞的亞洲象們在此群居生活

熊
可以看到美洲黑熊、亞洲黑熊、棕熊3種品種

長頸鹿
生活在肯亞北部和衣索比亞的長頸鹿，圓滾滾的眼睛和身體的網狀花紋都好可愛

富士野生動物園
ふじサファリパーク
MAP P.120 E-2
☎055-998-1311
🕐9:00～16:30（可能視季節、狀況變動，請至官網確認）
休無休 ¥成人3200円，4歲～國中生2000円
📍静岡県裾野市須山藤原2255-27 🚌JR富士站搭往Grinpa巴士60分，富士サファリパーク下車即到
🅿1400輛

2 風格獨特的午餐時間
在SAFARI RESTAURANT 享用人氣美食！
12:00

以富士山和動物為設計主題的菜單廣受歡迎。在4家餐飲店中最為寬敞。

富士山咖哩
1300 円
仿造富士山的人氣咖哩。分量十足的配菜令人超滿足

蛋包飯
1100 円
與雞肉飯和自製多蜜醬汁完美搭配的一道料理

3 被可愛動物們療癒
在互動區和動物悠閒玩樂
13:00

能與常見的、甚至稀有的動物互動並餵食。找看看你喜歡的動物吧。

互動牧場
能觀察小貓熊和狐獴等動物，也有可以親密接觸的動物。

動物村
不僅有羊駝和天竺鼠，還能看見生活在水邊的河馬。

貓咪館
會有世界各地的珍稀品種貓咪們前來迎接。另也設有狗狗館、兔子館。
追加費用 600円（3歲以上需付費）

半日遊的時間表

下面介紹自駕遊覽野生動物區的經典行程表。

1 以動物較活躍的早晨為目標
自己開車周遊野生動物區
10:30

和散布在7個區域、來自世界各地的動物們相見。早晚都較有活力，趁早前往為佳。

4 帶回旅行的紀念！
在野生動物園的商店購物
15:00

銷售點心、雜貨等各種商品，原創商品也別錯過喔。

BABY 獅子 奶油 & 巧克力餅乾
1460 円
個別包裝的可愛餅乾

獅子寶寶玩偶
2140 円
毛色、模樣及表情都很講究細節的原創玩偶

原創磁鐵
各 790 円
有4種設計的可愛磁鐵，大人小孩都會喜歡！

園內區域地圖

老虎區
500m

一般草食動物區

獅子區
100m 200m 500m
200m
熊區 200m 獵豹區
大象區 500m
漫步野生動物區路線 山岳草食動物區

FRONTIER 野生動物區

700m

互動牧場

叢林巴士自駕入口 叢林巴士自駕出口

漫步野生動物區路線入口

SAFARI RESTAURANT

貓咪館兔子館

互動區

野生動物園賣店

麵包工房

售票處 諮詢處園內巴士售票處

狗狗館

動物村

P

期間限定的活動也不要錯過，一起來了解吧！

週六日、假日舉辦
限定餵食體驗

在限定活動中，可以體驗餵食平常沒有機會餵食的動物們。小孩及大人都能樂在其中的特別活動務必前往參加。

另外付費 300円
舉辦期間 週六日、假日
人　數 各20人／網路預約制

※舉辦日、舉辦時間須至官網確認。有可能視天候、動物身體狀況而停辦

※活動舉辦期間與費用可能有所變動，需洽詢（有可能視天候、動物身體狀況而停辦）

身體也會忍不住跟著動起來玩！

位在富士山2合目的冒險樂園！

Grinpa

●ぐりんぱ

這座位在富士山麓的休閒樂園，有著種類豐富的大型戶外運動設施。除了有立體迷宮、水上運動外，還有多種可與超人力霸王、森林家族等人氣角色一起同樂的設施，並附設有露營場。

裾野 055-998-1111 ⏱9:30～17:00 (視時期而異，最新資訊須至官網確認) 休不定休 (需洽詢) ¥入園費成人1300円，兒童&年長者 (60歲以上) 850円，一日特惠券成人3700円，兒童&年長者 (60歲以上) 2700円 所靜岡県裾野市須山藤原2427 交JR御殿場站搭往遊園地ぐりんぱ方向巴士50分，ぐりんぱ下車即到 P1500輛 MAP P.120 E-1

最受歡迎的遊樂設施

這是哪裡？
機關交錯複雜，邊進行謎題邊收集印章闖關的日本最大規模立體機關迷宮。

忍者的規則
邊進行忍者修行邊集章，是共有5層樓的攀爬遊樂設施。

河童大作戰
設置於水上的巨大攀爬設施，有各種使用竹筏與小船的刺激玩法。

在這裡住宿！
PICA 富士Grinpa
鄰近Grinpa樂園的露營場。有搭建帳篷營座與小木屋等多種住宿設施，租借選項也很豐富。住宿者可享用入園費折扣等優惠。
DATA➡P.54

來吧！準備開始前往冒險王國體驗！

能親身感受山麓自然風貌的戶外運動樂園

富士山兒童王國

●ふじさんこどものくに

在富士山麓的大自然中悠閒玩耍的公園，由「水之國」、「草原之國」、「城市」三大區域組成，可以開心玩公園高爾夫、親近動物、BBQ等。園區規劃成無障礙空間，即使推輪椅或娃娃車也不用擔心。

富士 ●ふじさんこどものくに

0545-22-5555 ⏱9:00～17:00 (10～3月至16:00) 休週二 (5～10月無休) ¥門票成人830円、國中生410円、小學生200円、小學生以下免費 所靜岡県富士市桑崎1015 交JR富士站車程35分 P1600輛 MAP P.120 E-2

在這裡住宿！
有4種住宿設施可以選擇
園區內有4種住宿設施，城市區有無障礙飯店，草原之國區有露營場、汽車露營場及圓形蒙古包帳篷。

稱霸三大區域！

水之國
2歲以上就可以體驗非常受歡迎的水池獨木舟，小孩可以單獨乘船。活動免費，冬季不開放。

草原之國
廣布平緩的草原，可以接觸到小馬、兔子等動物。也有露營場，可體驗多種活動。

城市
街上有廣場、餐廳與飯店，從觀景瞭望台欣賞富士山的視野絕佳。

來搭兒童王國列車吧！
推薦搭乘可在園區內移動的小型巴士及兒童王國列車，1天300円。

時之栖

樂趣無窮的高原度假村！

由住宿設施、溫泉設施、餐廳等構成的複合度假村，不僅有美麗的噴泉、燈光秀，還有抱石、越野自行車等，活動形態十分充實。安排一天來回當然沒問題，但推薦在此住宿好好玩個夠。

常設展示 水中樂園AQUARIUM

展示約200種、4500隻金魚的金魚水族館，可以欣賞金魚在彩燈水槽裡悠然自得的泳姿。

🕙10:00～19:00（視時期而異）
💴中學生以上1100円，小學生550円

期間限定 時之栖燈光秀「光之栖」

10～3月中旬舉辦的活動。從全長300m的「光之隧道」起，盡情欣賞美麗的燈光演出。

🕙10月～3月中旬，16:30～22:00（視時期而異）
💴入場免費（部分區域收費）

御殿場 ●ときのすみか
☎0550-87-3700（時之栖服務中心，9:00～20:00）
🕙休 視設施而異 💴入場免費 📍靜岡県御殿場市神山719 🚃JR御殿場站搭免費接駁巴士25分 🅿2000輛
MAP P.120 G-2

體驗 抱石

不分年齡的新型態運動，也有小孩專用的攀石牆。

☎080-9739-7827（時之栖アリーナ）
💴費用需至官網確認

當地啤酒 御殿場高原Beer Grand Table

以富士山湧水及德國技術釀造的當地啤酒感到自豪，也可以品嘗牛排及披薩等餐點。

☎0550-87-5500

體驗 MTB&RUNパーク

在綠意盎然的運動場進行越野自行車、山徑越野跑。

☎080-4369-3061 💴使用MTB方案費用需至官網確認

體驗 ARICA

時之栖ARICA提供抱石、羽球等以1小時為單位的套裝活動，雨天也能享受運動樂趣。

☎080-9739-7827（時之栖アリーナ）
💴費用需至官網確認

在這裡住宿！ OUTDOOR HILL VILLAGE

可以欣賞富士山及噴水秀的度假露營設施。可選擇在天然草皮的自由營位用餐、在完善的暖氣設備下享用晚餐BBQ或飯店主廚的外燴服務，也有含溫泉的豪華露營套組。

💴豪華露營（1泊附晚餐）1名9000円～

▶P.57溫泉設施介紹

每日舉行 噴水雷射秀 凡爾賽之光

水柱噴起高達150m，伴隨著壯闊的音樂、華麗的雷射光線聯合演奏出一場氣勢磅礴的超人氣活動。

🕙日落1小時後（請至櫃台查詢）💴中學生以上1200円，小學生500円（視時期而異）。

前往光輝閃耀的世界

光與水的藝術演出超具震撼力!!

CANOE

從湖上感受富士山令人屏息的美

Country LAKE SYSTEMS

在河口湖畔划獨木舟、搭乘越野車與樹海洞窟探險等,全年都可以體驗參與種類豐富的方案。

河口湖
DATA☞P.51

MTB

加拿大獨木舟
教練會說明獨木舟的基本操作方法與規則。優惠方案包含租借費與紀念相片。

所需時間 2小時	事前聯絡 需預約
費用 6600円	對象 幼兒～

4輪越野沙灘車
森林中全地形都可以行駛的越野摩托車之旅。建議穿著可以弄髒的衣物前往。

所需時間 1小時30分	事前聯絡 需預約
費用 6600円	對象 16歲以上

越野自行車
可以體驗有教練同行的越野下坡車方案,途中也有富士山觀景點。5～11月舉辦。

所需時間 3小時	事前聯絡 需預約
費用 8800円	對象 國中生以上

BAGGY

8輪越野沙灘車
體驗8輪越野車充滿震撼氣勢地跑完全程。由講師駕駛,5歲以上就可以搭乘。

所需時間 30分	事前聯絡 需預約
費用 2200円	對象 5歲以上

樂享大自然活動!

大自然戶外活動

可以體驗到許多結合富士山腳雄偉自然風光的活動,動動身體感受大自然的魅力吧!

SUP

在濃郁鈷藍色綻放的本栖湖上體驗自然風光

本栖湖Activity Center

もとすこアクティビティセンター

會舉辦本栖湖SUP立式划槳與浮潛等體驗生態旅遊行程,並由精通本栖湖自然環境的導覽員講解。

本栖湖
📞080-8746-8622 🕘9:00～18:00 🈺不定休 📍山梨縣身延町中ノ倉2926本栖湖セントラルロッジ・浩庵 🚃富士急行河口湖站車程30分 🅿20輛 MAP P.129 A-3

立式划槳
站在船上用槳划行的湖上之旅。請自備泳衣活動於5月底～10月舉行。

所需時間 2小時	事前聯絡 需預約
費用 7000円	對象 6歲以上

這裡也很推薦

盡情玩遍MTB！
Trail Adventure FUJI

Forest Adventure FUJI鄰接的小徑公園也經過翻新，在充滿自然綠意且未經人工修建的道路，盡情享受MTB與平衡車（滑步車等）。

☎ 080-2165-9693
🕐 4～11月為9:00～18:00（視時期而異）
休 營業期間不定休
¥ MTB租借＋使用方案（2小時）4800円～，租借安全帽另支付1000円

◎在森林中爽快行駛

◎學齡前兒童也可以報名行程

KIDS
兒童方案

穿著安全背帶遊玩離地1～2m的兒童專區需要有18歲以上的陪同者。

事前聯絡 希望能提早預約
費用 45分1700円（陪同者免費）
對象 小學3年級以下且身高90cm以上

TREK
健行方案

從充滿刺激的高難度行程到初級者都可以體驗的時間制方案。

事前聯絡 希望能提早預約
費用 60分3000円、90分4000円、120分5000円
對象 小學生且身高110cm以上、體重100kg以下

EXCITE
刺激方案

已預約健行方案後才提供追加的方案，能充分體驗超級刺激的活動。

事前聯絡 已體驗健行方案者才可參加
費用 另付1200円
對象 小學4年級以上或身高140cm以上

有如冒險一樣
在樹上進行運動

Forest Adventure FUJI
●フォレストアドベンチャー・フ

在全11個地點可以體驗91項活動的健行方案。2024年春天還新增了兒童專區，在此享有非日常的體驗吧。

鳴澤
☎ 090-3345-0970
🕐 3月下旬～12月中旬（有可能變動）、9:00～15:00（17:00關門，視時期而異）
休 期間中不定休 所 山梨県富士河口湖町船津6662-1 交 富士急行河口湖站車程12分 P 50輛 MAP P.119 D-2

SKY朝霧
スカイあさぎり

在絕佳地點挑戰滑翔翼。這裡以國內最佳飛行率為榮，從初學者到老手都有，吸引許多粉絲前來造訪。

朝霧高原
☎ 0544-52-0304
🕐 9:00～17:00 休 週四（逢假日則營業，雨天暫停） 所 靜岡県富士宮市麓499 交 JR富士宮站搭往河口湖駅方向巴士30分，朝霧高原下車即到 P 50輛 MAP P.131 A-1

遊覽飛行 スカイ朝霧

從空中飽覽富士山

PARAGLIDER

協力方案

與教練兩人一起搭乘的空中絕景漫步，初學者也可以擁有真正的飛行體驗。

所需時間 1小時 事前聯絡 需預約
費用 12000円～ 對象 3歲以上

在大自然中
與馬兒成為朋友

HORSE RIDING

課程＋戶外騎乘

經過30分鐘的受訓後即能到外面騎乘的方案。初學者也可以在高原騎馬散步。

所要時間 1小時
事前聯絡 需預約
費用 鄉村套組17600円
對象 小學4年級以上

Paddy field
パディーフィールド

位在富士山麓的西部騎馬俱樂部。從牽馬體驗開始到可享受富士山絕景的室外騎馬方案，提供多種選擇。

鳴澤
☎ 0555-85-3274
🕐 10:00～日落（可能視季節變動） 休 週一 所 山梨県鳴沢村11100-86 交 富士急行河口湖站搭往本栖湖方向巴士22分，富士緑の休暇村下車，步行10分 P 10輛 MAP P.128 G-3

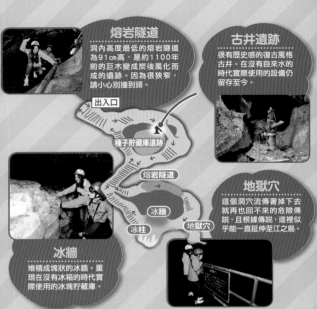

熔岩隧道
洞內高度最低的熔岩隧道為91㎝高，是約1100年前的巨木變成炭後風化而成的遺跡。因為很狹窄，請小心別撞到頭。

出入口

種子貯藏庫遺跡

古井遺跡
很有歷史感的復古風格古井。在沒有自來水的時代實際使用的設備仍留存至今。

熔岩隧道

冰牆

冰柱

地獄穴

地獄穴
這個洞穴流傳著掉下去就再也回不來的危險傳說，且根據傳說，這裡似乎能一直延伸至江之島。

冰牆
堆積成塊狀的冰牆。重現在沒有冰箱的時代實際使用的冰塊貯藏庫。

冰柱
從洞頂滲出的水滴在滴落後結冰，日積月累就堆積成了冰柱。特別是在2～7月的期間能看見大冰柱。

開展在洞窟中的
冰之世界令人驚嘆

好涼爽！天然的清涼景點！！

輕鬆地參觀

鳴澤冰穴&富岳風穴

洞窟是因富士山的火山活動而產生的天然紀念物，裡面是涼爽的神祕世界。出發前往有如天然冰箱般的地下空間吧！

⚠ 注意事項！
1. 最好穿著運動鞋。特別是冰穴，由於地面結冰，容易滑倒，穿高跟鞋很危險。
2. 風穴的入口階梯下面和冰穴內部也有洞頂很低的地方。請彎腰慢慢行走，以免撞到頭。
3. 冰穴／風穴的洞窟內平均氣溫都是3度。即使是夏天，也建議備好外套。

也有導覽行程！
受理報名與指導員一起巡遊的預約制導覽行程。有專為較少人數或團體設計的行程，路線從介紹冰穴和風穴的簡單行程到能享受紅葉台等的健行路線應有盡有。

預約報名
森林導覽導遊課
☎0555-85-3089
🕘9:00～17:00 休無休

鳴澤

鳴澤冰穴
●なるさわひょうけつ
所需時間 30分

熔岩的水蒸氣噴出後形成的豎穴式洞窟。穿過高91cm的熔岩隧道，往下走到地下21m處，那裡就是平均溫度3度的冰之世界。冰牆和冰柱散布各處，即使是盛夏也很涼快。

MAP P.128 F-3
☎0555-85-2301 🕘9:00～17:00
（視時期而異） 休無休（冬季不定休）
¥350円 所山梨縣鳴沢村8533 ⊞富士急行河口湖站搭往本栖湖方向巴士35分，冰穴下車，步行5分 P100輛

順路前往

鳴沢冰穴商店
位於冰穴出口附近的商店，可以盡情挑選伴手禮，也可以享用放有山梨名產信玄餅的和風聖代「信玄聖代」。

➜名產！信玄聖代 600円

西湖

富岳風穴
●ふがくふうけつ
所需時間 30分

因熔岩流淌而產生的橫穴式洞窟，多為平坦道路，能輕鬆享受探險的氣氛。熔岩所打造的罕見光景，在1～8月（會有變動）也能看見天然的冰柱，非常夢幻。

MAP P.128 E-3
☎0555-85-2300 🕘9:00～17:00
（視時期而異） 休無休（冬季不定休）
¥350円 所山梨縣富士河口湖町西湖青木ヶ原2068-1 ⊞富士急行河口湖站搭往本栖湖方向巴士37分，風穴下車即到 P150輛

順路前往

森の駅「風穴」
販售山梨、靜岡的伴手禮和原創商品、健行用品等。限定的「玉米霜淇淋」廣受歡迎。

➜名產！玉米霜淇淋 400円

以罕見的光苔為目標進行探索

鷺・種子的貯藏庫遺跡
實際使用至1955年左右的貯藏庫。曾用於保存蠶卵和樹木的種子。

洞內通道
洞內是由氣泡很多的玄武岩所形成，因此聲音不容易反射。地面雖然平坦，卻很濕滑，請小心前進。

出入口

溶岩棚
在熔岩冷卻凝固之前，柔軟的表面部分剝落，捲成圓木般的熔岩棚。

熔岩樹型

冰柱

繩狀熔岩

溶岩棚

支洞

光苔

繩狀熔岩

鷺・種子的貯藏庫遺跡

溶岩池
融化的熔岩累積後形成了像是座水池的樣子，然後漸漸冷卻凝固，一片波浪起伏般的獨特模樣在眼前展開。

光苔
黏在岩壁上閃耀著綠白色光芒的珪酸華，通稱為「光苔」，碰到光就會反射成碧綠色。

50

樹海之森

在樹海之森感受大自然的奧祕♪

在寧靜的原生林中接觸大自然吧

遊程開始！

③ 不可思議的樹木
發現形狀奇特的樹！注意觀看在表土輕薄的嚴峻環境中堅強生存的各種植物姿態吧！

② 觸摸樹木
聆聽與生活在樹海的動植物們相關的說明，同時沿著路線悠閒地散步。一起實際觸摸樹木，嗅聞木頭香氣！

① 路線說明
首先搭配導覽板取得地圖聽取遊程路線的說明。因為不是登山，所以只要是方便行走的服裝都OK。

④ 暢遊樹海
熔岩台地上的樹海表土相當薄。群樹的樹根赤裸裸地往旁邊延伸，創造出獨特的景觀。

透過導遊的帶領在樹海散步

自然導覽遊程

此遊程會有導遊解說樹海的形成和大自然的相關知識。有不需預約的定時導覽遊程、能配合需求提供導覽的預約導覽遊程2種。

定時導覽		所需時間 1小時
費用	1人500円(2人～)	
申請方法	報名至出發5分鐘前，時段為10:00～、11:15～、13:00～、14:15～、15:30～)	
行程	西湖蝙蝠穴周邊樹海 ※視季節與天候有變動可能，需洽詢	

預約導覽		所需時間 1～4小時
費用	若為5人以下，一個團體每小時3000円	
申請方法	最晚於參加日2天前需告知時段與人數	
行程	可配合需求客製化行程	

預約申請 西湖 **西湖自然中心事務管理所**
さいこネイチャーセンターかんりじむしょ MAP P.128 F-2
☎0555-82-3111
🕐9:00～16:00 休無休(12～2月需洽詢) 所山梨縣富士河口湖町西湖2068 富士急行河口湖站搭西湖周遊巴士34分，西湖コウモリ穴下車即到 P41輛

西湖自然中心也設有秋田大麻哈魚(Oncorhynchus kawamurae)的展示館

位在富士山麓的神祕景點!!

青木原樹海

あおきがはらじゅかい MAP P.128 E-2

遊程

⤴從西湖的湖畔眺望青木原樹海

青木原樹海

青木原樹海位在富士山西北方的山腳，且是在864年長尾山火山爆發中流出的熔岩上面形成的自然景觀。在表土很薄且樹根難以延展的熔岩台地上開展出一片神祕的世界，一起去探險吧！

遊程開始！

① 在小屋辦理報到
遊程當天在位於河口湖畔的小屋集合。上完廁所，換上租借的連身工作服之後，探險的準備就OK了！

樹海洞窟

藉由頭燈的光在洞窟內探險

發現閃閃發亮的冰柱！

② 在樹海散步
在樹海中步行，朝向洞窟前進。工作人員會在路途中解說樹海和熔岩洞窟的形成等知識。

③ 往漆黑的洞窟
洞窟裡面是沒有光的漆黑世界。依靠頭燈的光線一步一步地前進。等候在前方的東西會是!?

在全球罕見的熔岩洞窟探險

青木原樹海和自然熔岩洞窟探險遊程

戴著頭燈在熔岩洞窟中行走的正宗探險遊程。裝備全都包含在費用裡面，因此不需要特別準備。因為有工作人員導覽，所以新手和小學生也能放心參加。

		所需時間 3小時
費用	小學生以上，1人6600円(包含連身服、安全帽、頭燈、手套的租借費) 舉辦期間 全年	
舉辦時間	9:00～、13:30～ 行前準備物品 方便活動的服裝跟鞋子	

預約申請 河口湖 **Country LAKE SYSTEMS**
カントリーレイクシステムズ MAP P.122 E-1
☎0555-20-4052 🕐8:00～18:00(20:00閉店) 休無休 所山梨縣富士河口湖町大石2954-1 富士急行河口湖站搭河口湖周遊巴士24分，北浜荘下車即到 P10輛

豪華露營

矚目度上升中！

豪華露營既能享受親近大自然的戶外活動樂趣，又結合高級度假飯店的款待，一起創造美好的度假回憶吧！四周環繞富士山麓的自然美景，

豪華露營是什麼？
取Glamorous（魅力的）Camping（露營）之意，在自然環境中也能追求高級的舒適感，是近來備受關注的度假風格。在感受自然豐富綠意的同時，度過奢侈的時光。

能眺望富士山的戶外度假勝地

河口湖

PICA Fujiyama
●ピカフジヤマ

☎0555-30-4580（PICAヘルプデスク）
MAP P.119 D-2

以豪華露營為概念，提供種類豐富的住宿設施。感受富士山麓四季變化的同時，體驗高級又舒適的戶外活動時光。

IN 14:00～19:00 OUT 7:00～11:00（露營位為IN13:00～、OUT～12:00）休週三、四（旺季無休）¥露營位1晚純住宿3500円～、驚奇圓頂帳篷1泊2食12000円～ 所山梨縣富士河口湖町船津6662-10 交富士急行富士站車程15分（富士急行河口湖站有免費巡迴巴士）P 70輛

◆床鋪及吊床等設備皆很完善

◆圓頂帳篷旁可以進行歡樂BBQ

◆與自然融為一體的圓頂帳篷

住宿於奢侈別墅 體驗安心舒適的豪華露營

河口湖

PICA 山中湖
●ピカやまなかこ

☎0555-30-4580（PICAヘルプデスク）
MAP P.126 F-5

除了可以悠閒舒適度過的住宿型小木屋外，還有餐廳、吊床咖啡廳等度假設施。依喜好選擇可點營火或可與愛犬一起住宿的小木屋。

IN 14:00～19:00 OUT 7:00～11:00 休週三、四（旺季無休）¥小木屋‧豪華別墅1泊2食19000円～ 所山梨縣山中湖村平野506-296 交富士急行富士山站搭往旭日丘方向巴士30分，旭日丘下車即到 P 20輛

◆玻璃落地窗讓人能感受與自然融為一體的豪華小木屋別墅

◆在小屋露台上享用BBQ晚餐

◆舒適的臥室，清爽的藍白配色

HOSHIFULL DOME FUJI
●ホシフルドームフジ

☎090-5160-8350
MAP P.125 B-3

四周被當富士山麓原生林環繞的豪華露營設施。在澄淨的空氣中，天氣晴朗的夜裡可以觀賞滿天星斗。有許多為女性、孩童設計的服務，戶外活動新手也不用擔心。

IN 15:00 OUT 10:00 休無休 ¥1晚純住宿14520円～ 所山梨縣富士河口湖町船津5653 交富士急行河口湖站車程8分 P 18輛

◆位在標高900m的僻靜森林之中

◆直徑寬6m的圓頂帳篷內空調也很完備

◆到了夜晚可欣賞美麗星空

在星光熠熠的森林中 體驗靜謐豪華露營

附設生活風格品牌的雜貨商店

← POST GENERAL的官方商店

→ 各帳篷都有設置讓大人小孩一起同樂的運動設施

→ 被綠意環繞的圓頂帳篷

THE DAY POST GENERAL GLAMPING VILLAGE
ザデイポストジェネラルグランピングヴィレッジ

☎0555-25-7175　MAP P.126 E-4

可以輕鬆體驗露營魅力的豪華露營設施，於富士五湖中最靠近富士山的山中湖度過特別的一天，場內也附設有大浴場及桌球檯等遊戲室。

IN 15:00～18:00　OUT 10:00
休不定休　¥1晚純住宿8500円～
所山梨県山中湖村山中217-1
電富士急行富士山站搭往平野方向巴士26分，一の橋下車，步行3分
P10輛

富士山麓遊玩趣！

河口湖

TOCORO. Mt.Fuji CAMP＆GLAMPING
トコロマウントフジキャンプアンドグランピング

☎0555-72-9031　MAP P.123 C-1

從河口湖車程5分左右即可抵達綠意盎然的露營＆豪華露營設施，提供北歐BARREL三溫暖及帳篷三溫暖2種選擇。盡享一趟整頓身心靈並獲得極致休息放鬆的體驗。

IN 15:00　OUT 11:00　休無休
¥Luxury Dome1泊2食29900円～、露營位1泊2食14900円～
所山梨県富士河口湖町大石2533-1　電富士急行河口湖站車程18分（河口湖站有免費接駁巴士，預約制）P10輛

← 蓋在森林中的富士山景觀北歐BARREL三溫暖

← 可看到富士山全部的圓頂帳篷都

在大自然中享受三溫暖

← 三溫暖須另外付費並自備泳衣

飽覽如畫般美麗的富士山絕景

富士吉田

杓子山Gateway Camp
しゃくしやまゲートウェイキャンプ

☎070-4333-9740　MAP P.118 F-2

位在富士山景觀絕佳的地點，可享受美景豪華露營。5種類型的圓頂帳篷分別皆有飯店般的高質感內裝，可以在此好好放鬆。2022年也新設置了大套房規格的客房。

IN 15:00～20:00
OUT 10:00　休無休　¥圓頂帳篷1棟1晚36000円～（餐費另計）所山梨県富士吉田市大明見古屋敷4101　電富士急行富士山站車程11分
P14輛

← 有包租露天浴池與三溫暖

↓ 可住4人的圓頂帳篷「Luxury4床」

← 設施內各處都可以看到富士山

↗盡享選用朝霧高原食材燒烤的BBQ
↙方便愛狗人士住宿的附寵物運動公園的圓頂帳篷

以朝霧高原自然風景
與特色客房自豪

↑與濱松市家具廠商「XYL」聯名打造的客房

朝霧高原
GRAN REGALO ASAGIRI
● グランレガロアサギリ

☎0544-66-6707 MAP P.131 B-4

廣大腹地內有8座圓頂帳篷，全都廣闊寬敞且擁有個人花園。與家具廠商合作打造的木質客房充滿溫暖氣息，也提供可與愛犬一同過夜的附寵物運動公園之圓頂帳篷。

IN 15:00～18:00
OUT 8:00～10:00 休不定休
¥1泊2食24310円～
所静岡県富士宮市上井出2460 交JR富士宮站車程25分 P有(1營區可停2輛)

↷小屋不僅備有床鋪，洗手間、淋浴設施也很完善

從具有開放感的小屋
盡情飽覽富士山

御殿場
藤乃煌 富士御殿場
● ふじのきらめきふじごてんば

☎050-3504-9933 (予約センター) MAP P.130 C-4

地理位置絕佳，可望見富士山的正面。有19棟木造小屋，提供附寵物運動公園的房間或輪椅也可停放的無障礙小屋。其中有5棟為豪華露營專用。

IN 15:00 OUT 11:00
休不定休 ¥1泊2食27500円～ 所静岡県御殿場市東田中3373-25
交JR御殿場站車程10分
P24輛

↗距離御殿場IC很近，交通方便

↗全餐形式的豪華露營晚餐

↓附個人花園的「拖車小木屋・Grand Villa」

裾野
PICA 富士Grinpa
● ピカふじぐりんぱ

☎0555-30-4580 (PICAヘルプデスク) MAP P.120 E-1

鄰接Grinpa遊樂園的汽車露營場。「拖車小木屋・Grand Villa」備有木材暖爐、附屋頂露臺，可充分享受奢華露營。

IN 14:00～19:00 OUT 7:00～11:00 (帳篷營位IN13:00～、OUT～12:00) 休週二、三 (旺季無休) ¥拖車小木屋純住宿1晚5000円～ (小木屋的形式、時期有可能變動) 所静岡県裾野市須山藤原2427 交JR御殿場站搭往遊園地ぐりんぱ巴士50分，ぐりんぱ下車即到 P120輛

在附屋頂的露臺
欣賞富士山麓的自然風景

↗有床鋪與沙發，空間相當寬敞

→限制人數6位的「拖車小木屋・comfort」

④ 戶外活動

⋯豪華露營／露營場

沒有遮蔽物的
雄偉風景

在絕佳地理位置盡情玩樂！ 露營場

富士山麓有許多可輕鬆使用、設備充實的露營場。在日本
一高山的懷抱中盡情享受戶外活動吧！

朝霧高原

Fumotoppara

📞0544-52-2112 MAP P.119 A-3

視野所及皆是日本第一高山

善用廣大草原的汽車露營場，就位在富士山的
山腳一帶，可一覽山頂。飲水處、洗手間散布其
間，可度過舒適的戶外生活。

🏠静岡県富士宮市麓
156 🚗新東名高速道
路新富士IC車程32㎞

露營場資訊 ⏰IN8:30～
17:00、OUT～
14:00 🈳無休
💴需洽詢

↷小池倒映著逆富士

↷附導遊的獨木舟活動，新手也能安心參加

↷周圍是青木原樹海、西湖等美好的自然風光、

西湖

PICA 富士西湖
●ピカふじさいこ

📞0555-30-4580 (PICAヘルプデスク)

獨木舟與釣魚可玩一整天

在西湖可以享受獨木舟樂趣，另外還設有能租借
MTB的專用公園、釣魚池等多樣活動設施。在大
浴場也能洗去一身疲憊。

🏠山梨県富士河口湖町西湖2068-1 🚗中央自動車道
河口湖IC車程14㎞ 🅿110輛 MAP P.128 G-2

露營場資訊 ⏰IN13:00～19:00、OUT7:00～12:00
(建築IN14:00～、OUT～11:00) 🈳週
三、四(旺季無休) 💴露營位1區2000円
～、拖車小木屋1棟25000円～、小木屋1棟
9000円～(視人數、時期而異)

富士吉田

PICA 富士吉田
●ピカふじよしだ

📞0555-30-4580 (PICAヘルプデスク)

在森林中舒適露營

帳篷度假屋、小木屋、拖車小屋等多種住宿設施
都有，接待所二樓備有能洗去一身疲憊的浴池。

🏠山梨県富士吉田市上吉田4959-4 🚗中央自動車道
河口湖IC車程4㎞ 🅿120輛 MAP P.125 C-5

露營場資訊 ⏰IN13:00～19:00、OUT7:00～12:00 (建築
IN14:00～、OUT～11:00) 🈳週三、四(旺
季無休、冬季僅部分設施營業) 💴露營位1
區2500円～、露營蒙古包1頂10000円～、小
木屋1棟8000円～(視人數、時期而異)

↷帳篷度假屋備有床舖

↷在大自然中休閒放鬆

↷小木屋有7種型態，富士景觀絕佳

↷從BBQ場地可以看到河口湖與富士山

河口湖

夢想的河口湖 小別墅戶澤中心
●ゆめみるかわぐちこコテージとざわセンター

📞0555-76-8188 (受理時間9:00～18:30)

從小木屋望去的富士山景致更棒！

河口湖畔有汽車停車位，富士山正面更是近在眼
前的絕佳地理位置。眾多設備充足，也有附景觀
浴池的小木屋類型。

🏠山梨県富士河口湖町大石2578 🚗中央自動車道河
口湖IC車程9㎞ 🅿40輛 MAP P.122 E-2

露營場資訊 ⏰IN15:00～、OUT～10:00
🈳不定休
💴露營位1區4400円～、小木屋13000
円～(視人數、時期而異)

↷場內可以買到燃料、酒類及調味料

朝霧高原

朝霧ジャンボリーオートキャンプ場
●あさぎりジャンボリーオートキャンプじょう

📞0544-52-2066 MAP P.131 A-1

面積廣大的高原型自由營位

能就近欣賞富士山且美麗草原寬廣遼闊，立地絕
佳。各營地都有完備的洗手間與自炊場，可配合
許多活動租賃相關用品。

🏠静岡県富士宮市猪之頭1162-3 🚗新東名高速道路
新富士IC車程30㎞ 🅿210輛

露營場資訊 ⏰IN8:30～、OUT～16:00 (AC電源營
位IN13:00～、OUT～12:00、豪華營
位IN13:00～、OUT～10:00) 🈳無休
💴入場費1100円、帳篷1頂1870円～
(視時期變動)

280頂

裾野

PICA 富士Grinpa
●ピカふじぐりんぱ

📞0555-30-4580 (PICAヘルプデスク)

租賃設備完善，兩手空空前來也OK

汽車露營營有14個車位並附AC電源。另外還有
小木屋、拖車小屋、「森林家族」小木屋等可以
選擇。

🏠静岡県裾野市須山2427 🚗東名高速道路裾野IC車
程17㎞ 🅿120輛 MAP P.120 E-1

露營場資訊 ⏰IN13:00～19:00、OUT7:00～12:00
(小木屋IN14:00～、OUT～11:00)
🈳週二、三(旺季無休、帳篷冬季不開放)
💴露營位1區3000円～、拖車小木屋1晚
純住宿5000円～

↷森林家族小木屋「木莓林的可愛小屋」

↷邊露營邊欣賞富士山，氣氛超讚！

↷立式划槳體驗1人6600円

↷露營場可容納100人的寬闊

本栖湖

本栖湖いこいの森キャンプ場
●もとすこいのもりキャンプじょう

📞0556-38-0559 MAP P.129 A-5

在透明度絕倫的本栖湖上體驗獨木舟

位於本栖湖畔，被大自然包圍的靜謐露營場。在
閃耀著鈷藍色的超級透明湖泊上可以體驗獨木
舟、SUP立式划槳等運動，用品也都提供租借。

🏠山梨県身延町釜額2035 🚗中央自動車道河口湖IC
車程25㎞ 🅿10輛

露營場資訊 ⏰IN13:00、OUT11:00
🈳不定休、12～3月不營業
💴使用費550円、露營位1區3300円～、
單層小屋5500円～

🚽沖水馬桶 🚿溫水淋浴 🛁浴池 🌀洗衣機 🏪商店 ⛔無

眺望富士山，泡湯好享受

在不住宿溫泉舒服地放鬆

位在富士山腳緩坡的高原地帶，優質的溫泉源源不斷地湧出。一邊眺望日本最高峰，一邊享受奢華的時光吧！

山中湖
山中湖溫泉 紅富士之湯
●やまなかこおんせんべにふじのゆ

MAP P.127 D-3

從露天浴池和室內浴池都能眺望富士山。室內浴池除了全身浴以外，還具備寢湯、氣泡湯、源泉溫湯等充實豐富的設備。額外付費還能享受岩盤浴。

☎0555-20-2700
所 山梨縣山中湖村山中865-776
交 富士急行富士山站搭富士湖巴士30分，紅富士の湯下車即到
P 220輛

入浴資訊
L 11:00～18:15（19:00閉館）、週六日、假日至19:15（20:00閉館）
休 週二（逢7～9月、假日則營業）
¥ 900円
● 營業時間、公休有可能變動，需洽詢

只在日出時分才能看見的紅富士令人感動

冬日早晨有很高的機率能從露天浴池看見紅富士，盡情飽覽朝霞暈染的莊嚴夢幻景色吧！

為了從豐富森林環繞的露天浴池觀賞絕景而造訪的人也很多

飽覽富士山的季節風貌！
在露天浴池能飽覽紅富士、鑽石富士等隨著四季變換表情的富士山。

↑秋天時聳立在紅葉背後的富士山很美

↑山中湖村的冬季風物詩「鑽石富士」
↑即將日出的時刻能看見「紅富士」

暢享絕景瞭望和入浴！

{富士見浴池}

下面會介紹多家不住宿溫泉，眺望著雄偉富士山的同時暖和身心。泡在優質溫泉中，緩緩地療癒身體吧。

→用遠紅外線從體內開始溫暖身體的岩盤浴

↑從室內溫泉能一望美麗的富士山

←位在山中湖的西方，每天都擠滿了人，相當熱鬧

設備齊全 舒適感大提升！
不僅泉質和優越的地理位置，豐富充實的館內設備也超級加分。在舒適的空間內悠閒地放鬆吧。

↑餐廳提供山梨縣獨有的各種美食，例如鰒魠與信玄霜淇淋
↑大廳設有木質地板材的桌椅座位，以及能邊飽覽景色邊休息的吧檯座席

入浴資訊 🔲有源泉放流 🔲有露天浴池 🔲有毛巾 🔲有盥洗用品 🔲有吹風機 🔲有餐廳

■=收費 ■=無
■有源泉放流也包含一部分是源泉放流的情況。

從標高1000m的高地 眺望雄偉的富士山

富士見 info
從「靈峰露天浴池」、「全景浴池」可以飽覽每個季節都會改變表情的富士山絕景。

←在「靈峰露天浴池」能邊泡湯邊眺望富士山

→能賞絕景的「全景浴池」

鳴澤
富士眺望之湯
Yurari ●ふじちょうぼうのゆ ゆらり

MAP P.128 G-3

鄰接「公路休息站なるさわ」的不住宿溫泉設施。有能眺望富士山的露天浴池等16種精心設計的溫泉浴池。在富士見的溫泉悠閒地治癒因開車而疲憊的身體吧。

📞0555-85-3126
🏠山梨縣鳴澤村8532-5
🚌富士急行河口湖站搭乘往本栖湖方向巴士20分，富士綠の休暇村下車，步行3分　🅿130輛

入浴資訊
🕐10:00～20:00(21:00閉館)、週六日、假日至21:00(22:00閉館)
🚫不定休　💰1400円(週六日、假日為1700円、每日19:00後折200円)

小山
足柄溫泉 小山町町民休憩之家
●おやまちょうちょうみんいこいのいえあしがらおんせん

MAP P.120 H-1

是一家以對身體溫和、較不具刺激性的鹼性淡泉為特色的溫泉設施，泡湯時還能欣賞富士山的壯麗景色。位在東名足柄巴士站附近，從首都圈往返也很便利。

📞0550-76-7000
🏠靜岡縣小山町竹之下456-1
🚃JR足柄站車程3分　🅿73輛

入浴資訊
🕐10:00～20:00(21:00閉館)　🚫週二(逢假日則翌日休)　💰3小時600円

富士見 info
不僅是露天浴池，從室內浴池的大窗戶眺望的景色也很迷人。人少時，還可以欣賞倒映在溫泉上的逆富士。

欣賞轟立在眼前的富士山優雅景色

→從露天溫泉能眺望坐落於森林深處的富士

→享受泡湯的同時還可遠眺雄偉景色

盡享優雅的療癒時光
源泉 茶目湯殿 ●げんせん ちゃめゆどの

有開闊的大浴池及可正面望見富士山的露天浴池「天空之湯」。18歲以下不得入館。

入浴資訊
🕐10:00～20:00(21:00閉館)　🚫不定休
💰1日券2000円、夜間券1700円(週六日、假日為1日券2500円、夜間券2200円)

📞0550-87-6426

多種浴池皆很受歡迎
天然溫泉 気楽坊 ●てんねんおんせんきらくぼう

男女的露天浴池都可看見富士山

入浴資訊
🕐10:30～23:00(24:00閉館)　🚫無休
💰1小時814円、1日券1540円(週六日、假日為1小時1034円、1日券2090円)

有各種不同功效的浴池，例如有備長炭遠紅外線效果，能慢慢發汗的低溫三溫暖，也有高濃度碳酸泉等。

📞0550-87-5126

前往「時之栖」享受泡湯樂趣！

位在御殿場的複合式度假村「時之栖」（→P.47），有兩棟不住宿溫泉設施，都可以在感受舒爽自然氣息的同時邊泡湯。

從露天浴池及木屋風格的「富士檜之湯」、把火山爆發時的熔岩做成圓頂型的「富士熔岩浴池」都能眺望富士山。

從豐富多彩的浴池飽覽富士風景

↑一邊吹著高原的清風，一邊泡湯

↑休憩所能品嘗當地食材製作的料理

〔御殿場〕
御殿場市御胎内溫泉健康中心
● こてんばしおたいないおんせんけんこうセンター

MAP

能享受四季自然之美和優質溫泉的設施。精心設計的各種浴池採取每月男女輪替制。

☎0550-88-4126　所静岡縣御殿場市印野1380-25　交JR御殿場站搭往印野本村方向巴士20分，富士山樹空の森下車即到　P110輛

入浴資訊
⏰10:00～21:00　休週二（逢假日則翌日休）　¥3小時600円（週六日、假日為3小時800円）

〔御殿場〕
富士八景之湯
● ふじはっけいのゆ

MAP P.130 D-4

此處絕景溫泉建在乙女峠的山腰、眼前能眺望富士山的標高600m高地上。在注入室內溫泉和露天浴池的100%源泉溫泉中放鬆之後，還會想要在餐廳或休息處、小睡室度過療癒時光。

☎0550-84-1126　所静岡縣御殿場市深沢2564-19　交JR御殿場站車程10分　P80輛

眺望全景富士山的溫泉
100%源泉湧出

入浴資訊
⏰10:00～20:00（21:00閉館）　休第2、4週四（7～9月無休）　¥3小時1000円（週六日、假日為1300円）

能從露天浴池看到靈峰富士山的遼闊全景，景色非常壯觀，並且御殿場街景就在眼前展開。

↑身體緩緩地沉入溫泉中，盡情地享受周圍的自然之美吧

〔裾野〕
以富士山到箱根山的一望無際景致而自豪

すその美人の湯
Healthy Park Susono
● すそのびじんのゆヘルシーパークすその

MAP P.120 F-2

露天浴池及室內溫泉皆使用100%自家的源泉美人湯。在露天浴池中，可以邊泡澡邊欣賞富士山的壯麗景色，輕鬆享受泡湯樂趣。

☎055-965-1126　所静岡縣裾野市須山3408　交JR岩波站車程10分　P150輛

↑能眺望富士山和箱根群山的「ほうえいの湯」

以男女每天輪替的方式享受的露天浴池「富士之湯」和「ほうえいの湯」。兩者都能從正面眺望雄壯的富士雄姿。

入浴資訊
⏰10:00～20:30（21:00閉館）　休無休（維修日休）　¥850円

出浴後
眺望富士山，
悠閒放鬆！

位在「富士山溫泉」的展望休息室因能一望富士山而深受好評。入浴之後，能邊眺望靈峰並悠悠地過平靜的時光。

↑悠閒地享受獲評為肌膚會變得光滑的溫泉吧

↑在館內的「富士餐廳」，可以邊欣賞富士山美景邊享用美食

〔富士吉田〕
富士山溫泉
● ふじやまおんせん

MAP P.125 D-3

☎0555-22-1126　所山梨縣富士吉田市新西原4-17-1　交富士急行富士山站搭免費巡迴巴士在ハイランドリゾートホテル前下車，步行5分　P157輛

入浴資訊
⏰6:30～8:30（9:00閉館，早晨浴池）、10:00～22:00（23:00閉館）　休不定休（維修日休）　¥1600円（週六日、假日、過年期間、黃金週、夏季為2000円），早晨浴池為800円

入浴資訊　有源泉放流　有露天浴池　有毛巾　有盥洗用品　有吹風機　有餐廳　■=收費　■=無　※有源泉放流也含一部分是源泉放流的情況。

58

寬闊又有開放感的露天浴池，夜幕低垂時很有氣氛

…富士見浴池／住宿設施的順路溫泉

邊欣賞富士山邊享受美肌之湯

Let's go!!

↑位在山中湖畔的絕景飯店

這裡也有富士山&溫泉！

住宿設施的順路溫泉

富士山麓散布著不住宿也能泡溫泉的飯店。連同住宿設施特有的招待服務，暢享富士山的優美身影吧！

富士見info
從露天浴池欣賞富士山的視野絕佳。浴池由富士熔岩石鋪設而成，泉質及熔岩石的成分都能溫暖身心。

入浴資訊
所 15:00～19:00　休 不定休
¥ 1500円

可以同時欣賞富士山和山中湖美景的度假酒店。pH值8.2的鹼性淡泉觸感柔滑，在奢華湯屋更可盡情享受出湯量豐富的天然溫泉。

【山中湖】
富士松園飯店
○ふじまつぞのホテル
MAP P.127 D-4

☎ 0555-62-5210
所 山梨県山中湖村山中195
富士急行富士山站搭往旭日丘方向巴士24分，山中湖郵便局入口下車，步行3分　P 50輛

↑位在河口湖的東岸、諸多住宿設施比鄰而建的區域

【山中湖】
富士山酒店
○ホテルマウントふじ
MAP P.126 E-3

開業60年以上並持續受到喜愛的度假飯店。有景色秀麗的中庭和能享受賞鳥樂趣的自然散步道，因此散步後泡泡溫泉來消除疲勞也不錯。

DATA→ P.104

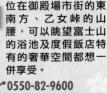
↑飯店建在山中湖西北方、標高約1100m的高地上

富士見info
飯店最自豪的是能眺望山中湖和富士山的展望浴池「はなれの湯」。能一邊眺望眼前的遼闊全景，一邊悠閒地放鬆。

在佇立於寧靜山林的紅富士名勝休息

【河口湖】
美富士園酒店
○ホテルみふじえん
MAP P.122 H-3

為位於河口湖區域少數接受不住宿溫泉入浴的飯店，令人想在從地下1500m湧出的優質溫泉療癒身心。

☎ 0555-72-1044
所 山梨県富士河口湖町浅川207　富士急行河口湖站往甲府・芦川方向巴士5分，浅川溫泉街下車即到　P 40輛

富士見info
大浴池位在7樓，眺望富士山與河口湖景色最有魅力，右手邊能一望河口湖到富士吉田間的街景。

同時欣賞富士山與河口湖的風景

入浴資訊
⌚ 13:00～20:00
休 不定休
¥ 1200円

入浴資訊
⌚ 花成之湯12:00～16:00、滿天星之湯14:00～18:00
休 不定休　¥ 2200円

↑從具有開放感的展望浴池眺望絕景

【御殿場】
Rembrandt Premium Fuji Gotemba
○レンブラントプレミアムふじごてんば
MAP P.130 D-4

位在御殿場市街的東南方、乙女峠的山腰，可以眺望富士山的浴池及度假飯店特有的奢華空間都想一併享受。

☎ 0550-82-9600
所 静岡県御殿場市深沢2571　JR御殿場站搭往仙石方向巴士16分，溫泉会館前下車，步行5分　P 32輛

當日往返也能享受度假氣氛

富士見info
溫泉大浴場位在4樓，往御殿場市街的對面能看見富士山從山頂到山腳的平緩曲線之美。

↑能一望御殿場市區和富士山

↑十分迷人的奢華
氛圍

入浴資訊
⌚ 10:00～14:00(15:00閉館)　休 無休
¥ 880円，週六日、假日為1100円

適合作為旅途中的午餐!!
一起品嘗 當地美食吧!

富士山麓的美食種類非常豐富,有全國知名的富士宮炒麵與富士吉田鄉土料理吉田烏龍麵等,來吃看看當地限定的獨特飲食文化吧!

Q彈嚼勁令人停不下來

吉田烏龍麵

自製手打麵不斷吸引回頭客拜訪!

高麗菜
甜煮高麗菜為經典配菜

馬肉
放上甜煮馬肉屬於傳統風格

適合特別的日子,品嘗富士吉田的傳統美食

富有嚼勁的粗麵是最明顯的特色,配料大多會放水煮高麗菜及甜辣燉煮馬肉。不可或缺的是再撒上唐辛子及芝麻混合的辛香料「Suridane」(すりだね)。

口味溫和的元祖蔬菜烏龍麵

烏龍湯麵
450円
使用簡單食材便能品嘗到吉田烏龍麵的精髓

肉烏龍麵
550円
手打麵與馬肉滋味、清爽湯頭堪稱絕配

[富士吉田]
みうらうどん

MAP P.124 G-1

週末會有當地民眾大排長龍的人氣店家。手打的自製麵條滋味深厚,也很有嚼勁。醬油混合味噌的清爽湯頭,與山椒味明顯的Suridane辛香料十分合拍。推薦品嘗肉烏龍麵。

📞0555-30-2377 🕙10:00～14:00 休週三(達假日則營業) 📍山梨縣富士吉田市下吉田1-22-5 🚉富士急行下吉田站步行10分 🅿25輛

↑店內總是門庭若市

↑這家店是許多當地人認為吃烏龍麵的首選

再更詳細一點!

[富士吉田]
桜井うどん
さくらいうどん

MAP P.124 F-2

吉田烏龍麵創始者般的存在,菜單只有「清湯」與「沾麵」。配料的高麗菜及油豆腐怎麼吃都不會膩。

📞0555-22-2797 🕙10:00～14:30(售完打烊) 休週日 📍山梨縣富士吉田市下吉田5-1-33 🚉富士急行月江寺站步行9分 🅿5輛

配菜	**湯頭**	**Suridane** (すりだね)	**麵**	**吉田烏龍麵的特色是?**
甜煮過的爽脆高麗菜與甜辣調味的肉品為經典組合	大多為味噌與醬油搭配的湯頭,也有以醬油為底或以味噌為底的各種變化。	唐辛子、山椒、芝麻混合製成的特製辛香料。每間店的配方皆不太一樣。	基本都是手打的極粗烏龍麵,即使燙過仍十分有嚼勁,味道濃厚也是一大特色。	**吉田烏龍麵 好吃的理由** 富士吉田有來自富士山豐沛的泉水,使用此泉水打製成的麵條能品嘗到小麥的樸實美味。 吉田的烏龍麵ぶりちゃん

適合作為旅途中的午餐!! 一起品嘗當地美食吧！

吉田烏龍麵

連體內都能潔淨!?

清湯烏龍麵
（湯もりうどん）

↑在淺間神社參拜歸途可順道一訪

往昔富士講的登山者為了潔淨身體，會把浮在沸水上的麵條吃掉，因此而誕生了清湯烏龍麵（700円）。富士山食堂仍可品嘗到傳統滋味。

富士吉田

ふじ山食堂。
● ふじさんしょくどう

MAP P.124 E-3

距離北口本宮富士淺間神社很近的餐廳。彈性十足的扁粗捲麵與柴魚、鰹魚煮成的醬油味湯頭很搭。附小烏龍麵的定食菜單也提供多種可選。

☎ 0555-23-3697
🕚 11:00～14:00　休週二
所 山梨縣富士吉田市上吉田6-9-6
🚃 富士急行富士山站步行15分
🅿 15輛

富士山型的炸什錦與豬肉分量都超級多！

店長 刑部先生

↑古民宅改裝的店內，保留了具歷史感的梁柱

味道與分量都是富士山等級的大滿足！

富士登山烏龍麵
（中）800円

上面放了富士山型的炸什錦與豬肉

貪吃烏龍麵
700円

自家製麵條的口感加上放了許多配料，是非常受歡迎的品項

吃豐盛飽飽配料讓肚子飽飽的烏龍麵

肉烏龍麵
650円

清湯烏龍麵配馬肉的經典人氣料理

↑Suridane可視喜好添加

氣勢滿滿的極粗Q彈麵條

富士吉田

麵許皆伝
● めんきょかいでん

MAP P.124 F-3

味噌與醬油為綜合基底的湯頭與些微透明又有彈性的麵條非常搭。酥脆的天婦羅與炸豆皮等配料種類很豐富，讓人十分滿足。

☎ 0555-23-8806　🕚 11:00～14:00（售完打烊）
休週日　所 山梨縣富士吉田市上吉田東1-4-58　🚃 富士急行富士山站步行10分　🅿 20輛

↑寬廣的日式座位可放鬆享用烏龍麵

富士吉田

手打ちうどん ムサシ
● てうちうどんムサシ

MAP P.124 E-3

經過2晚以上熟成的手打麵，口感十足又能吃到小麥的美味。用小魚乾熬製的湯頭味道深厚有層次。

☎ 090-5768-8644　🕚 10:30～14:00
休週四　所 山梨縣富士吉田市上吉田6-10-19
🚃 富士急行富士山站步行16分
🅿 30輛

↑這間店的麵條極粗又有彈性，擁有許多粉絲回頭客

富士吉田

白須うどん
● しらすうどん

MAP P.124 G-3

富有口感的粗麵與高湯芳香的醬油湯底，是從前一代承繼而來的傳統味道。適合帶小孩一同前來的當地名店。

☎ 0555-22-3555
🕚 11:00～15:00（售完打烊）　休週日
所 富士吉田市上吉田東6-1-44　🚃 富士急行富士山站車程10分
🅿 18輛

↑店內有桌席與日式座位

黑富士烏龍麵
1000円

烏龍麵湯頭與竹炭麵非常相配

湯頭以海鮮為底。竹炭黑麵也很健康喔！

堀內先生 店長

揉進竹炭的黑色烏龍麵

富士吉田

吉田うどん ふじや
● よしだうどんふじや

MAP P.124 E-2

持續守護吉田烏龍麵的傳統，也積極挑戰新食材與做法的烏龍麵店。竹炭黑麵令人印象深刻。

☎ 0555-24-3271
🕚 11:00～14:00（售完打烊）
休週二（逢假日則營業）
所 山梨縣富士吉田市松山4-6-9
🚃 富士急行富士山站步行5分
🅿 40輛

↑店內後方也有吧檯座位

口感絕佳的手打麵條與湯頭簡直絕配

肉清湯烏龍麵
（中）550円

店長手打的麵條Q彈有勁，配料肉品使用馬肉。

醬汁溢出
撲鼻香氣～

背脊肉絲渣
榨完豬油後的肉，從以前就是提升口味層次不可或缺的食材

醬汁
有很多當地品牌如「ワサビ印」、「太陽」都有獨自的調味配方

紅薑
酸味可以中和油脂，濃縮整體的味道。配色也好看

當地美食的王者
富士宮炒麵

蒸麵的口感
令人上癮

富士宮炒麵的特徵是帶有獨特口感的蒸麵，除外還使用榨完豬油後的肉絲渣與沙丁魚粉等食材，以富士宮炒麵協會訂定的10條規則為基礎製作而成。

加入五種食材
分量超有飽足感

五目炒麵（中）
750円
最受歡迎的五目炒麵有魷魚、肉、蛋、蝦子及香菇

蒸麵
長年由市區內製麵所生產，是富士宮炒麵最重要的食材。彈性及嚼勁非常出眾

高麗菜
新鮮度與品質都很講究，會根據季節調整切法等在各方面下工夫。有些店家甚至還自己栽種

魚粉
將沙丁魚、鯖魚等乾貨刨削而成。是靜岡全部鄉土料理的美味基礎

也很推薦中份炒麵與時雨燒

富士宮
お好み食堂 伊東
●おこのみしょくどういとう
●假日會大排長龍，建議於店外等候

MAP P.121 B-2

1975年創業的人氣店家，考慮味道與香味平衡調製而成的醬汁，滋味清爽溫和。在御好燒中間加進炒麵的「時雨燒」一定要吃看看。

☎0544-27-6494
⌚10:30～17:00　休週一、二
所靜岡縣富士宮市淀師468-2
JR富士宮站搭往上條方向巴士15分，富丘下車，步行3分
P13輛

參拜完淺間大社（P.22）之後…

富士宮
富士宮炒麵學會特產直銷商店
●ふじのみややきそばアンテナショップ

MAP P.130 B-2

可以吃到使用彈力十足的蒸麵、味道醇厚的肉絲、凝聚美味的魚粉等簡單又經典的富士宮炒麵。也很推薦加上唐辛子辣味的系列，美味更上層樓。

☎0544-22-5341　⌚10:00～16:30（17:00閉店）　休無休
所靜岡縣富士宮市宮町4-23 お宮横丁內　JR富士宮站步行8分　P無

↑基本的富士宮炒麵（中）600円、（大）800円。辣度可從唐辛子的種類及分量做三段調整

富士宮炒麵的 ① ② ③

① 店家種類

在許多店家都可以吃到富士宮炒麵，為其一大優點。其中支撐富士宮炒麵文化的核心就是「鐵板燒店」，如同傳統零食店在富士宮人的心中根深蒂固。無論喫茶店、食堂、中華料理店、大眾酒場等任一餐廳都是招牌料理。

② 令人開心的重點

店長與顧客中間隔著鐵板，採面對面的料理風格，可以欣賞眼前充滿臨場感的表演。請務必前來跟帶著溫柔笑容的阿姨們快樂地聊聊天！

③ 變化

可一次吃到富士宮炒麵與富士宮御好燒的「時雨燒」，與關西等地的「摩登燒」有點類似，這也是當地人熟悉的味道。

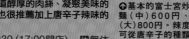

適合作為旅途中的午餐!!一起品嘗當地美食吧!

富士宮炒麵

濃稠半熟蛋與醬汁的絕妙交織

綜合炒麵
700円
將味道深厚的醬汁攪拌後,撒上大量魚粉和青海苔

內臟炒麵
1160円
嚐起來味道與大量內臟非常搭

富士宮
ひまわり
MAP P.130 C-1

也提供飲酒的御好燒店,營業至今已歷時40餘載。豬肉、魷魚、麵條與高麗菜一同翻炒,再放上濃稠半熟荷包蛋的「綜合炒麵」是這間店的招牌料理。

加進深厚情感一起炒

📞0544-26-3279
🕐11:00~21:00 休週二
所靜岡県富士宮市若の宮町32 🚉JR富士宮站步行15分 Ｐ4輛

↑因為店面較小也能外帶

魷魚豬肉炒麵
700円
在第1屆富士宮炒麵鐵人Grandprix獲勝的人氣料理

使用講究的食材與炒法製作出絕品炒麵

店內氣圍活潑的人氣餐廳

富士宮
ゆぐち
MAP P.121 B-2

擁有忠實粉絲,可以吃到加進泡菜、內臟等配料的15種炒麵,分量也超有飽足感。

📞0544-58-4092
🕐11:30~13:30 (週四~日,假日17:00~19:30也有營業) 休週一、二 (逢假日則翌日休) 所靜岡県富士宮市万野原新田4032-3 🚉JR富士宮站車程8分 Ｐ30輛

↑菜單上的鬆軟御好燒也很受歡迎

富士宮
虹屋ミミ
にじやミミ
MAP P.130 C-2

使用自製麵條與特製醬汁,可以吃到堅持不加水及豬油做成的炒麵。

📞0544-24-0791
🕐11:00~19:00 休週二 所靜岡県富士宮市中央町3-9 🚉JR富士宮站即到 Ｐ2輛

富士宮炒麵綜合口味
730円
經典菜色。炒麵以外的選擇也很多

彷彿家族共同經營一般的輕鬆氛圍

富士宮
五平茶屋
ごへいちゃや
MAP P.131 B-3

會改變高麗菜葉、菜芯的切法,有許多獨門技巧。自家調製的醬汁爽口。

📞0544-54-0514
🕐11:00~17:30 休週一 所靜岡県富士宮市上井出3776-7 🚉JR富士宮站車程50分 Ｐ10輛

也請享用五平麻糬~

↑距離富士牛奶樂園很近,開車前往朝霧高原途中若想要順道拜訪很是方便

63

味道的關鍵是鮑魚肝醬

黃金餺飥麵
1430円
口感Q軟的麵條和慢慢熬煮的高湯很美味

以扁寬麵為特徵的甲州鄉土料理

據說因曾被武田信玄公當成軍糧，之後便普及開來。這道佳餚是以味噌熬製的高湯為基底並加入扁平的生麵和蔬菜一起燉煮。蔬菜使用帶有甜味的南瓜最受大眾喜愛。

傳承自信玄公時代的傳統美食

餺飥

燉煮蔬菜的美味在高湯中蔓延開來

不動餺飥麵
1210円
南瓜、白菜、山菜等豐富配料讓人心滿意足

河口湖
ほうとう蔵 歩成 河口湖店
●ほうとうくらふなりかわぐちこてん

位及寬敞的店內有和式座椅座席

MAP P.125 B-2
使用嚴選蔬菜和彈性十足的粗麵，用特製味噌和鮑魚肝醬熬煮的黃金餺飥麵是當地代表美食。以倉庫為主題風格的店內也有富士山景觀的座位。

☎0555-25-6180　⏰11:00～20:30（21:00閉店，視時期而異）　休無休　所山梨縣富士河口湖町船津6931　🚃富士急行河口湖站車程4分　🅿130輛

南瓜餺飥麵
1400円
蔬菜大塊大塊地放入湯中，很有飽足感

河口湖
甲州ほうとう小作 河口湖店
●こうしゅうほうとうこさくかわぐちこてん

MAP P.125 B-1
能在民俗工藝風格的沉靜店內品嘗餺飥麵。不僅有樸素香濃的南瓜餺飥麵，還有能用甜點心情享用的紅豆餺飥麵等，備有大約10種菜色。

☎0555-72-1181　⏰11:00～20:20（21:00閉店）　休無休　所山梨縣富士河口湖町船津1638-1　🚃富士急行河口湖站搭河口湖周遊巴士3分，役場入口下車，步行7分　🅿70輛

也提供多種變化豐富的菜色

河口湖
名物ほうとう不動 東恋路店
●めいぶつほうとうふどうひがしこいじてん

↑打造成白雲般外型的藝術店面

MAP P.125 B-2
白雲主題的純白外觀令人印象深刻的「ほうとう不動」4號店。為了直接傳達美味，餺飥麵的菜單只有1種，上桌後請細細地品嘗店家自豪的一碗麵吧！

☎0555-72-8511　⏰11:00～20:00（售完打烊，傍晚後需洽詢）　休無休　所山梨縣富士河口湖町船津東恋路2458　🚃富士急行河口站車程7分　🅿70輛

河口湖
ほうとうの店 春風
●ほうとうのみせはるかぜ

豬肉泡菜餺飥麵
1500円

MAP P.122 H-1
自豪餐點是使用自製味噌為基底的高湯加入當季蔬菜的餺飥麵。也有豬肉泡菜口味和咖哩口味。

☎0555-76-6781　⏰11:00～22:00　休週四不定休　所山梨縣富士河口湖町河口770-7　🚃富士急行河口湖站搭河口湖周遊巴士18分，河口湖美術館下車，步行3分　🅿10輛

河口湖
庄屋乃家 ●しょうやのいえ

MAP P.125 A-2
餺飥鍋上桌後能邊煮邊吃。熟成2年的自製味噌是味道的關鍵。餺飥共有6種口味。

☎0555-73-2728　⏰11:00～20:30　休不定休　所山梨縣富士河口湖町小立3958　🚃富士急行河口湖站車程10分　🅿20輛

富士櫻豬肉餺飥鍋
1600円

👆 這裡也很推薦

精進湖
いろいろ料理 ことぶき
●いろいろりょうりことぶき

MAP P.129 C-2
能品嘗添加中藥的藥膳餺飥麵和青竹餺飥冷麵（季節限定）、鹿肉咖哩等獨具個性的麵食。

藥膳餺飥麵
1680円

☎0555-87-2303　⏰10:00～18:00　休週二不定休　所山梨縣富士河口湖町精進1049　🚃富士急行河口湖站搭往本栖湖方向巴士35分，精進下車即到　🅿40輛

遇見富士山麓
特有的美食

在自然條件豐厚的富士山麓，有眾多使用當地特產品的在地美食、突顯創意的知名美味料理，務必親口品嘗一番。

還有還有這些！

富士山 知名美食

適合作為旅途中的午餐!! 一起品嘗當地美食吧！

餺飥／富士山知名美食

超人氣奢侈蓋飯 放上兩種魩仔魚的

半半丼（附味噌湯） 900円
食材為早上現撈的活跳跳新鮮魩仔魚及鬆軟滑嫩的釜揚魩仔魚各半

御殿雞蕎麥麵 990円
製作麵條時僅用山藥當黏著劑，以地雞熬煮的湯頭溫暖浸潤身心

↓別具風格的數寄屋造建築

富士
田子の浦港漁協食堂
●たごのうらこうぎょきょうしょくどう
MAP P.121 C-4
地點在漁業組合的腹地內。可以吃到早上現撈的魩仔魚。漁獲是透過「單船拖網」捕魚法將活魚直接放進加冰海水中冷凍保存(魚類保鮮法的一種，稱為「冰締」)，鮮度絕佳。伴隨著漁港的風景享用吧！

☎0545-61-1004 (田子の浦漁業協同組合)
🕐4月1日～12月28日、10:30～13:30 🈺8月13～16日 (天候不佳時，須洽詢) 🏠靜岡縣富士市前田新田866-6 🚃JR新富士站車程10分 🅿50輛

↑海風吹拂的漁港也能望見富士山

加進山藥揉製的 傳統御廚蕎麥麵

與河童傳說有淵源的 超營養美食

↑昭和懷舊氛圍迷人的喫茶店

河童飯 1750円
香煎富士櫻豬、調味山藥泥以及放滿蔬菜的原創菜色

河口湖
味処 まんぷく
●あじどころまんぷく
MAP P.122 H-2
爽快擺盤的天婦羅丼與餺飥很受歡迎的和食店。能品嘗以河口湖的河童傳說為靈感並放上滿滿山藥泥的「河童飯」。

☎0555-76-7424 🕐11:30～14:00、18:00～20:00 🈺週二，晚上營業有不定休 🏠山梨縣富士河口湖町河口517-4 🚃富士急行河口湖站搭河口湖周遊巴士18分，河口湖美術館下車，步行10分 🅿30輛

↑提供桌席及和式座位

御殿場
駿河流手打そば 金太郎
●するがりゅうてうちそばきんたろう
MAP P.130 B-4
在這間店可以吃到使用山藥當作蕎麥麵的黏著劑，並用雞肉熬製高湯的御殿場(御廚)鄉土料理「御廚蕎麥麵」。麵條使用頂級的國產蕎麥粉，由熟練的職人打製而成，以獨特口感為特色。

☎0550-83-6608 🕐11:00～14:45、17:00～20:00 🈺週二、第3週一 🏠靜岡縣御殿場市二の岡1-4-8 🚃JR御殿場站車程5分 🅿40輛

↓長濱旅館附設的咖啡廳&用餐處

富士三吃御膳
虹鱒 1500円 姬鱒 2000円
炊煮得鬆軟的富士三吃並附3道小菜

可享用番茄湯頭的 新口感沾麵

以天然水質養育的 鱒魚做成炊飯料理

富士拿坡里沾麵（中） 1680円
放入櫻花蝦的加蔬500円
可加入檸檬變化口味

富士
喫茶 アドニス
●きっさアドニス
MAP P.121 C-4
本店是用番茄與雞架熬出雙口味高湯湯頭，可用Q彈麵條沾來吃的「拿坡里沾麵」創始店。這道美味料理至今仍是富士市當地的代表美食。

☎0545-52-0557 🕐11:00～21:00 (售完打烊) 🈺週二～四 (逢假日則營業) 🏠靜岡縣富士市吉原2-3-16 🚃岳南電車吉原本町站步行10分 🅿40輛

河口湖
Cafe&Dining さくら
●カフェアンドダイニングさくら
MAP P.123 A-4

鱒魚先沾裹米粉炸過再加入米飯中製成炊飯，是河口湖知名的「富士三吃」，須事先預約。請自由享用以辛香料及茶泡飯來變化口味的樂趣。

☎0555-82-2128 (長濱旅館) 🕐11:00～15:30、18:00～21:30 (晚餐須預約) 🈺不定休 🏠山梨縣富士河口湖町長浜795-1 🚃富士急行河口湖站搭西湖周遊巴士22分，長浜下車即到 🅿10輛

精選

好多想要的東西！

富士山麓伴手禮

下面將介紹富士山主題的點心和商品、山梨＆靜岡的人氣伴手禮等經過嚴選的富士山麓伴手禮！

D 富士山羊羹 抹茶
1條 1700円
堅持使用北海道生產的紅豆等食材，並表現出雄偉富士山的羊羹。除了抹茶風味以外，也販售季節限定的羊羹

D 富士の錦
1條 2800円
每月22日（富士日）限量販售223條。活用顏色和味道在單條羊羹中表現出春夏秋冬的富士山

A 富士山布丁
453円
使用當地生產的蜂蜜和雞蛋，以及添加葡萄酒的焦糖。能享用白色層的滑順柔嫩和黃色層的Q彈口感

商品

E 富士山汽水
330円
商品靈感來自於富士山麓清澈空氣的在地品牌汽水，口感很清爽、不過於甜膩，過喉感十分暢快

B 富士戚風蛋糕
大1490円
使用富士山麓的食材細心烘烤而成的鬆軟戚風蛋糕。甜度適中的樸素味道廣受歡迎

A 世界的富士山
3618円
使用富士嶺牛奶和富士山蜂蜜的蛋糕。以世界遺產的登錄為契機，從日本的富士山改名為世界的富士山！

B RUSK
756円
將切成富士山形狀的戚風蛋糕烤得香味四溢的脆餅乾。可愛的富士山形狀很有人氣

F FUJIYAMA COOKIE
1片 160円～
使用日本國產麵粉和富士山蜂蜜等嚴選素材的人氣餅乾。有紅茶和抹茶風味等超豐富品項

C FUJISAN SHOKUPAN
864円
不僅外觀令人印象深刻，香氣與高雅的甜味亦博得人氣的富士山形狀吐司。藍色部分為使用加進縣產巨峰葡萄汁的麵團

河口湖
E Gateway Fujiyama 河口湖站店
ゲートウェイフジヤマかわぐちこえきてん
以富士山獨家商品為中心，嚴選許多適合當伴手禮的產品。
MAP P.122 G-5
☎0555-72-2214
🕘9:00～18:00（可能視季節變動）
休不定休 所山梨縣富士河口湖町船津3641 富士急行河口湖駅構內
🚉直通富士急行河口湖站
🅿116輛（使用FUJIYAMA停車場）

河口湖
D 金多留滿 本店
きんだるまほんてん
使用富士山的水並嚴選食材的和菓子店，店內陳列著色彩繽紛的點心。
MAP P.125 B-2
☎0555-72-2567
🕘9:00～18:30（10～3月至17:30）
休無休 所山梨縣富士河口湖町船津7407 富士急行河口湖駅車程10分
🅿5輛

河口湖
C FUJISAN SHOKUPAN
フジサンショクパン
使用富士山天然水的吐司專賣店，販售4種吐司。
MAP P.122 G-5
☎0555-72-9908
🕘11:00～18:00 休週四
所山梨縣富士河口湖町船津3462-11 富士急行河口湖站步行5分
🅿4輛

富士吉田
B Chiffon Fuji
シフォンふじ
堅持手做，提供各種尺寸大小的戚風蛋糕專賣店。
MAP P.124 G-3
☎0555-24-8488
🕘10:00～18:00 休週二、第4週三（逢假日則營業）
所山梨縣富士吉田市大明見2-23-44 富士急行富士山站車程5分 🅿5輛

河口湖
A La Verdure 木村屋
ラヴェルデュールきむらや
Forest Mall富士河口湖內的西點店，也可在此享用下午茶。
MAP P.125 A-2
☎0555-73-1511
🕘10:00～19:00（1～3月至18:00）
休週二（逢假日則翌日休）
所山梨縣富士河口湖町小立8017-1 フォレストモール河口湖 富士急行河口湖站車程8分
🅿830輛（Forest Mall富士河口湖）

精選 富士山麓伴手禮

I 口金包
1320円

滿滿富士山設計花樣的口金包。也可以放進卡片、飾品等各種物品，非常好用

I 御守小袋
4180円

織物品牌kichijitsu以「每日都是吉日」為概念推出的小袋子。可放進手機、數位相機等物品

E 逆富士便條紙
530円

以白雪富士山、赤富士、鑽石富士、紅富士此4種富士山為意象的便條紙

好想特地去買！

富士山

精心嚴選出可愛富士山造型的伴手禮！買回去當作送給家人和朋友的禮物吧！

J 香 富士嶺
1760円

令人聯想到富士山清冽空氣的線香。每個季節的圖案不同，共有13種

J 富士山御朱印帳
1650円

めでたや原創。以富士山的四季為印象。也有相同花樣的筆記本

G こ・こ・ろ
540円

以野生魚漿製成的魚板。包裝是用染物製法的型染來設計。富士山圖樣為御殿場店限定

F FUJIYAMA SEKKEN
1個 500円

使用天然精油的富士山造型香皂。有迷迭香、薰衣草、檸檬草三種味道，洗起來很溫和

J 三角富士便條紙
1045円

對折就會變成富士山形狀的便條紙，想寫些文字當成禮物送人

H 富士夢乾菓子
540円

除了富士山形狀，還有花草等表現季節感的繽紛乾菓子組合。富士山形狀的外盒好可愛
※乾菓子內容視季節而異

河口湖	富士吉田	富士吉田	御殿場	河口湖
J めでたや	**I ヤマナシ ハタオリ トラベル MILL SHOP**	**H 東京屋製菓**	**G 鈴廣かまぼこ 御殿場店**	**F FUJIYAMA COOKIE**
	●ヤマナシハタオリトラベルミルショップ	●とうきょうやせいか	●すずひろかまぼこごてんばてん	
位在「富士大石 HANATERASU」（→P.37）的和紙商品店，集結各種和風小物。	產品均在當地生產的織物製造商所開設的展示販售直營店。	透過職人手藝製成的美麗生菓子與乾菓子等和菓子廣受好評。	嚴選天然食材，保留了魚類原本的鮮味，持續守護傳統滋味。	使用嚴選素材並精心製成的商品，色彩繽紛又可愛。
DATA➡ P.79	MAP P.124 E-3	MAP P.124 E-2	MAP P.130 C-4	MAP P.122 H-4
	☎0555-23-1111	☎0555-22-1547	☎0550-81-4147	☎0555-72-2220
	（富士急百貨店）🕙10:00～20:00 🈺不定休 📍山梨縣富士吉田市上吉田2-5-1 Q-STA 1F 🚃直通富士急行富士山站 🅿400輛(Q-STA)	🕙9:00～19:00（週日至18:00）🈺週二 📍山梨縣富士吉田市竜ヶ丘1-5-1 🚃富士急行月光寺站步行7分 🅿8輛	🕙9:00～17:00 🈺不定休 📍靜岡縣御殿場市東山1074-12 🚃JR御殿場站車程5分 🅿25輛	🕙10:00～17:00（視時期而異）🈺第2、4週二 📍山梨縣富士河口湖町淺川1165-1 🚃富士急行河口湖站步行12分 🅿3輛

精選 富士山麓 伴手禮

好多想要的東西！

COUNTRY MA'AM 桔梗信玄餅

A **864円**

在揉入黃豆粉和黑糖的麵糰中加入白巧克力的桔梗信玄餅風味。入手山梨縣特有的限定商品吧！

桔梗信玄餅

A **8塊裝 各1617円**

山梨代表性的知名點心。把桔梗屋的黑糖滿滿地淋在裹著黃豆粉的柔軟麻糬上再品嘗吧！

伴手禮

桔梗信玄餅萬壽

A **4個裝 600円**

添加黃豆粉麻糬的內餡和黑糖的小麥麵糰既濕潤又柔軟。經過油炸後外層相當酥脆

桔梗信玄餅生乳捲

A **216円**

在鮮奶油中放入桔梗信玄餅，再用海綿蛋糕輕輕捲起的新風味甜點

超值桔梗 信玄餅冰淇淋

A **367円**

加入礦物質豐富的黑糖和香濃的黃豆粉。把桔梗信玄餅的風味直接做成冰淇淋！

はまなし

C **6個裝 1500円**

很美的淡粉紅色葡萄酒果凍。內餡包入了在富士山五合目自然生長的高山植物濱梨玫瑰果實

こっこ

D **2個裝 270円**

在大量使用雞蛋的鬆軟蛋糕中加入特製牛奶奶油的靜岡知名伴手禮

鰻魚派

B **12片裝 1090円**

50年以上持續受到喜愛的靜岡知名點心。以鰻魚粉和奶油、大蒜等食材調配而成

黑玉

E **4顆裝 648円**

用黑砂糖包裹的羊羹包裹青豆餡的山梨知名點心。不只適合配茶，也適合搭配咖啡。漆黑一團的外觀超級吸睛

富士吉田	富士	河口湖	小山	富士吉田
E 公路休息站 富士吉田	**D** 公路休息站 富士川樂座	**C** 金多'留滿 本店	**B** 公路休息站 須走	**A** 桔梗屋東治郎 富士吉田店
みちのえきふじよしだ	みちのえきふじかわらくざ	きんだるまほんてん	みちのえきすばしり	ききょうやとうじろうふじよしだてん
位在富士山山麓標高900m處，適合闔家前往的公路休息站。	直通富士川休息服務區，可以品嘗駿河灣漁獲&購物的公路休息站。	販售以富士山的玫瑰果實做成的果凍等，提供種類豐富的富士山伴手禮。	可充分享受天然水、足湯等來自富士山的自然恩賜，讓身心煥然一新。	一提到山梨的銘菓非「桔梗信玄餅」莫屬，可享用進化系桔梗信玄餅。
DATA➡ P.106	DATA➡ P.107	DATA➡ P.66	DATA➡ P.111	MAP P.124 E-2 ☎0555-21-1500 ⏰9:00～18:00 休無休 山梨縣富士吉田市松山5-8-14 富士急行富士山站步行15分 P25輛

68

葡萄汁（甲州）

F

1755円（360ml）

使用葡萄酒專用的葡萄製成的果汁，外觀也像葡萄酒一樣。適合當作禮品

顎砕きMAX

E

508円

富士吉田市的名產吉田烏龍麵。當地高中生所研發，追求極限的粗度和十足彈性的生烏龍麵

富士宮炒麵

D

3包裝 997円

Q軟的麵條會附醬汁、高湯粉、yakisobaの友（肉渣），最適合當作伴手禮的商品

没買這個表示没來過富士山！

超經典

代表山梨和靜岡的當地伴手禮千萬別錯過！來認識必買的伴手禮吧！

レペゼンフジ甘酒

E

486円

當地高中生所提案，由富士吉田市引以為傲的「牛奶皇后米」製作而成。是代表富士山恩惠的甜酒

激辛ゴマんぞく

E

540円

吉田烏龍麵不可或缺的佐料，公路休息站 富士吉田內的餐廳也在使用的食材。能在自家重現正宗的吉田烏龍麵

ふもとのジャージー牧場 牧草飼育優格

G

210円

使用自由放牧的健康娟珊牛的牛奶製成，對身體及環境都很友善的優格

推薦給那些瞭解其中差異的人

名水美食！

品嘗富士山經年累月淨化並充滿恩惠的好水！

富士櫻高原麥酒

I

1瓶528円

以富士山的天然水「富士櫻命水」釀造的精釀啤酒。有4種基本口味

Fuji Premium Sparkling Water

J

250円

以富士山的天然水製成，質地細緻的氣泡水。口感柔和，味道清爽，因此適合搭配和食

富士山的水凍

J

150円

可以直接品嘗清水美味的水凍。長時間冰鎮後，加工淋上黑糖或檸檬等食材也很好吃

波隆那香腸

H

100g 250円〜

使用嚴選食材，滿滿都是豬肉原本的美味。以火腿聞名的御殿場老店所製作的香腸

富士吉田

Gateway Fujiyama
J 富士山站店

ゲートウェイフジヤマふじさんえきてん

店內陳列各種富有當地特色的商品，不論何者都很適合當成伴手禮。

MAP P.124 E-3

☎0555-23-1120

🕙10:00〜20:00（可能視季節變動）　休不定休　所山梨縣富士吉田市上吉田2-5-1 Q-STA 1階　直通富士急行富士山站　P400輛（使用Q-STA停車場）

都留

公路休息站
I つる

みちのえきつる

農產直銷所除了販售當地蔬菜、富士湧出豬肉以外，還可買到伴手禮。

DATA ➡ P.108

御殿場

二の岡フーヅ
H

にのおかフーヅ

繼承傳統，堅持手工製作不使用合成防腐劑的火腿。

MAP P.130 B-4

☎0550-82-0127

🕙9:00〜18:00　休週二（逢假日則營業）　所靜岡縣御殿場市東田中1729　JR御殿場站車程5分　P20輛

富士宮

公路休息站
G 朝霧高原

みちのえきあさぎりこうげん

朝霧高原得天獨厚的新鮮牛乳與手工火腿很有人氣，甜點也很美味。

DATA ➡ P.110

河口湖

葡萄屋KOFU
F HANATERASU咖啡店

ぶどうやコーフハナテラスカフェ

販賣各種水果加工品，回家後也能享用山梨縣的美味水果。

DATA ➡ P.37

享受爽朗的湖畔度假勝地!!

河口湖畔散步

初夏的河口湖，薰衣草競相綻放，散發著香草氣味，湖畔旁散布的景點、美術館、咖啡廳皆充滿樂趣，慢慢散步走走逛逛吧！

眺望雄偉的富士山與美麗庭園

原來是這樣的地方！

河口湖
●かわぐちこ

因觀光客而熱鬧非凡的湖畔度假勝地

河口湖在富士五湖中是度假色彩最為濃烈、湖畔沿岸又有美術館等設施坐落的人氣區域。薰衣草開花時節會舉辦祭典而知名的大石公園等景點非常多。

沉浸在中世紀歐洲街景

③ 河口湖 音樂森林美術館
●かわぐちこおんがくとものもりのびじゅつかん

收藏19世紀末～20世紀初的音樂盒與自動演奏樂器的美術館。館內必訪亮點為能從歐洲街景望見富士山及世界規模最大的舞蹈風琴。

☎0555-20-4111　MAP P.122 G-2

⏰10:00～17:00(17:30閉館)　休週二、三　¥1800円，週六日、假日為2100円，旺季為2300円(詳情需於官網確認)　所山梨縣富士河口湖町河口3077-20　交富士急行河口湖站搭河口湖周遊巴士19分，音楽と森の美術館・ほとりのホテルBan下車即到　P300輛

1風琴禮堂收藏了約100年前製造的自動風琴，也會舉辦沙畫藝術表演搭配現場音樂演奏的活動　2庭園中的四季不同花卉繁華盛開

車程5分

被溫和香草的香氣所療癒

② 河口湖香草館
●かわぐちこハーブかん

設有商店與體驗教室的觀光設施，鄰近的咖啡廳可以吃到薰衣草霜淇淋。製作聖誕花圈與植物標本瓶活動也廣受好評。

☎0555-72-3082　MAP P.122 F-4

⏰9:00～18:00　休無休　¥入館免費(各體驗另行付費)　所山梨縣富士河口湖町船津6713-18　交富士急行河口湖站搭河口湖周遊巴士7分，河口湖ハーブ館下車即到　P50輛

1植物標本瓶製作體驗30分2100円
2咖啡廳非常受歡迎的薰衣草霜淇淋400円

車程4分

完全就是戰國武將氛圍

① 河口湖觀光船「天晴」
●かわぐちこゆうらんせんあっぱれ

以隸屬甲斐武田軍的水軍為設計主題的觀光船。從船津濱每隔30分出航，航行一圈約需20分的湖上漫步。

☎0555-72-0029(富士五湖汽船)　MAP P.122 G-4

⏰9:00～16:30(每隔30分出航)※視時期而異　休維修時、天候不佳時休　¥1000円　所山梨縣富士河口湖町船津4034　交富士急行河口湖站步行10分　P無(使用縣營停車場)

1若天氣條件良好，可看見富士山
2與榻榻米及白木相襯的日式客房

洽詢處　☎0555-72-3168(富士河口湖町觀光課)
MAP P.119 D-1

鐵道	特急「富士回遊」	
	新宿站 ━━━━ 河口湖站	
	●所需時間／1小時55分　●費用／4130円	

巴士	BUSTA新宿(新宿站新南口) 富士急巴士、京王巴士 河口湖站	
	●所需時間／1小時45分　●費用／2200円	

車	首都高速、中央自動車道	
	永福入口 ━━ 河口湖IC	
	●所需時間／1小時15分　●費用／3310円　●距離／97km	

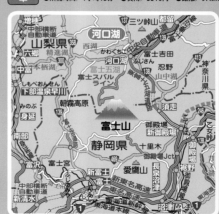

河口湖

P.70
山中湖·忍野
P.80
富士吉田
P.84
西湖·本栖湖·精進湖
P.92
朝霧高原·富士宮
P.94
御殿場·十里木
P.98

還有這個喔~

湖畔的霜淇淋

左起開始為葡萄屋kofuHANATERASU咖啡店的水果霜淇淋550円、大石公園的綜合霜淇淋500円、河口湖音樂森林美術館的濃厚牛乳霜淇淋600円

也前往咖啡廳看看吧！

在茶房一竹庵能邊欣賞庭院中的瀑布，邊享用抹茶與上生菓子

獲頒米其林★★★的原因！

獲得米其林觀光指南3星，融合多種文化的獨特世界觀是展示亮點。

車程5分

2

伴隨薰衣草香氣 飽覽湖畔美景

5 大石公園

●おおいしこうえん

風和日麗時，能隔著河口湖一覽富士山，是人氣攝影景點。薰衣草往年於6月中旬～7月中旬開花，可愛的模樣與芬芳香氣非常療癒。

→P.19

1 薰衣草開花的季節，遊客絡繹不絕。從湖畔欣賞富士山也很美
2 湖畔周圍有花叢環繞，最適合在此散步

❷設有商店及咖啡館的河口湖自然生活館就在旁邊

2

3

1 主梁柱使用16根檜葉大黑柱的金字塔型本館作品展示室
2 設有玻璃珠藝廊的新館，使用琉球石灰岩的嶄新設計
3 以「一竹傾注畢生心血的光響」系列作品為首，展示其代表作

沉醉於「一竹辻が花」的華麗感

4 久保田一竹美術館

●くぼたいっちくびじゅつかん

車程4分

夢幻的染織技法「辻が花」以「一竹辻が花」之名重新復活，可欣賞到久保田一竹的作品。新館同時附設咖啡廳與商店。

📞0555-76-8811 **MAP** P.122 F-1
🕐10:00～16:30(12～3月至16:00) 休需於官網確認 ¥1500円 🏠山梨県富士河口湖町河口2255 🚌富士急行河口湖站搭河口湖周遊巴士21分，久保田一竹美術館下車即到 🅿60輛

來這裡挑選伴手禮！

富士大石 HANATERASU

盡情享受購物樂趣！

位在大石公園旁的人氣景點，栽種許多花草的園區內集結9間商店，能盡情購買山梨特色美食與商品。

→P.37

1

2

1 白色外牆的建築與石板小路被花朵映襯得更加顯眼，與湖畔景觀也很協調
2「めでたや」店內陳列季節感的和紙小物。以富士山為主題的商品也很豐富多樣

搭乘巴士周遊湖畔更加方便

河口湖周遊巴士

→P.131

河口湖畔MAP

久保田一竹美術館 4
5 大石公園
河口湖自然生活館
富士大石 HANATERASU
河口湖 音樂森林美術館 3

Red Line 河口湖周遊巴士

河口湖

河口湖香草館 2

Green Line 西湖周遊巴士

富士河口湖町

1 河口湖觀光船「天晴」

河口湖駅
富士河口湖町觀光總合案內所 (河口湖駅前)

在白牆砌成的洋館度過下午茶時光

カフェ ミミ

這間咖啡廳因自豪於「能在自然中帶給客人療癒時光」與露臺富士山景觀而將自宅開放營業。提供有機蔬菜與嚴選食材做的手工義大利麵與蛋糕、40種香草茶款待來客。

☎0555-76-6669 **MAP** P.122 G-1

⏰10:00～17:00(17:30閉店) 休不定休 所山梨縣富士河口湖町河口3033 交富士急行河口湖站河口湖周遊巴士20分，河口湖猿まわし劇場・木の花美術館下車，步行5分 P5輛

➡美味義大利麵2200円是店家招牌

➡用摘自庭院的留蘭香沖泡的清新香草茶

View Point
露臺景觀
可以望見美麗的富士山與河口湖。步道的櫻花樹也隨季節更迭將露臺點綴得更加美麗

① 穿過散步道後，富士山就在眼前
② 從露臺可欣賞四季不同的風景

一整年都可以享用
草莓餐點

Olsson's Strawberry

オルソンさんのいちご

河口湖木之花美術館所附設的咖啡廳兼餐廳，建築外觀如童話故事般。使用草莓的甜點美味無庸置疑，店內供應的和牛漢堡牛排（1518円）等餐點品項也很豐富。

☎0555-76-6789 (河口湖木ノ花美術館)
MAP P.122 G-1

⏰10:00～16:30(12～2月至15:30) 休不定休 所山梨縣富士河口湖町河口3026-1 河口湖木ノ花美術館內 交富士急行河口湖站搭河口湖周遊巴士20分，河口湖猿まわし劇場・木の花美術館下車即到 P40輛

View Point
從庭園望見的景色
可從如童話般的圓錐形屋頂建築後方窺見富士山

① 草莓鮮奶油茶693円，店家特選布丁（附飲料880円）
② 摩登的店內
③ 室外露臺

奢侈使用草莓的聖代880円很受歡迎

72

View Point

店內景觀

露臺為開放式的遼闊咖啡廳，能欣賞華美的庭園與富士山景

於富士山景觀露臺優雅小憩片刻

森のレストラン

●もりのレストラン

位在河口湖 音樂森林美術館內的咖啡廳&餐廳，是以會令人聯想到中世紀歐洲街道的豪華建築打造而成。能邊眺望雄偉的富士山與美麗庭園，邊享用主廚自豪的特製午餐及聖代。

📞0555-20-4111（河口湖 音楽と森の美術館）

MAP P.122 G-2

⏰10:00～16:30（下午茶從15:00～）　休週二、三　所山梨県富士河口湖町河口3077-20 河口湖 音楽と森の美術館内　交富士急行河口湖站搭河口湖周遊巴士19分，音楽と森の美術館ほとりのホテルBan下車即到　P300輛　※河口湖 音楽森林美術館的入場費另計（詳見→P.70）

❶使用當季食材的聖代（1300円～，視時期而異）
❷國產牛臀肉佐波特酒風味的紅酒醬　❸散發中世紀歐洲的氛圍

美麗景致也如同一場盛宴！

能一邊飽覽富士山及河口湖周邊自然美景，邊沉澱心情度過平靜的時光。

View Point

館內景觀

由於是一整面的落地玻璃窗，全部的座位都能看到河口湖

俯瞰河口湖
視野絕佳的露臺

Happy Days Café

●ハッピーデイズカフェ

這間咖啡廳為馬口鐵玩具蒐集家北原照久的博物館所附設，欣賞湖畔美景的同時，店內也用許多可愛玩具裝飾。咖哩、義大利麵等餐點種類很多。

📞0555-83-3321　MAP P.122 F-4

⏰11:00～15:00（16:00閉店）
休無休　所山梨県富士河口湖町小立1204-2　交富士急行河口湖站搭河口湖周遊巴士7分，河口湖ハーブ館下車即到　P150輛（使用大池公園公共停車場）

❶僅在咖啡廳用餐也令人心情愉悅
❷人氣多蜜醬汁鐵板漢堡排

※照片為示意圖

在美術館咖啡廳內
欣賞平靜的湖面

CAFE KAWAGUCHIKO VIEW

●カフェカワグチコビュー

河口湖美術館附設的咖啡廳，地點絕佳。欣賞四季皆不同風貌的河口湖景觀時，也能享受充滿藝術感的觀後餘韻。提供可用咖啡、紅茶等飲品與甜點搭配成套的「季節推薦品項」（內容有可能變動）。

⏰9:30～16:00（16:30閉店）
休準同河口湖美術館，不定休（需洽詢）

❶季節推薦品項1000円～（甜點隨季節更換）　❷若僅到咖啡廳用餐請向櫃台告知

DATA➡河口湖美術館 P.77

店內景觀　View Point

位在高台上，坐在店內就能將河口湖一覽無遺。天氣好時建議選露臺座位

可品嘗季節食材的餐廳
CUISINE R
◉キュイジーヌアール

雖然店內氛圍休閒輕鬆，卻可享用到以季節食材入菜的正統法式料理餐酒館。單點或全餐都有，可依喜好選擇。建議事前預約。

☎0555-72-8776　MAP P.122 F-4
🕐18:00～23:00　休週三，每月有1次連休
所山梨縣富士河口湖町船津288-1 大橋通テナント2F　富士急行河口湖站搭河口湖周遊巴士4分，大木下車即到　P18輛

⬅和牛後腎肉牛排3960円（照片為半份）

從店外階梯往上至2樓
2樓有其他餐飲店入駐，也推薦前往消費

１有如映襯舊金山藍天的白色外觀很醒目
２芳香手沖咖啡500円與聯合街三明治1100円

搭配來自舊金山的咖啡
享受幸福時光
CISCO COFFEE
◉シスココーヒー

位在河口湖南側的咖啡店。在舊金山烘焙的咖啡豆，每杯皆以手沖方式提供。在綠意環繞的靜謐湖畔來杯咖啡吧！

☎0555-73-4187　MAP P.122 E-3
🕐9:30～17:00　休週三　所山梨縣富士河口湖町小立927-1　富士急行河口湖站搭西湖周遊巴士13分，ミュース館下車即到　P7輛

Location
鄰近八木崎公園
周邊除了舉辦祭典期間，平日氣氛都較為安靜沉穩

湖畔隱藏版餐廳
不僅重視料理口味，若也很講究店內氛圍的話，推薦前往河口湖畔的隱藏版餐廳。

店鋪位置遠離主要街道
位在離縣道707號有段距離的小巷內獨棟餐廳，氛圍沉靜

２主餐有4種可選，季節午間套餐1650円
１栗子冰淇淋佐蘋果派

端上無農藥蔬菜
幸福的料理
ROMARIN
◉ロマラン

擁有1000坪以上的農地，完全採用主廚以無農藥方式栽種蔬菜的法式餐廳，此外，主廚十分了解蔬菜特性，料理深具創意，無論肉或魚料理味道都很豐富。

☎0555-73-3717　MAP P.122 F-4
🕐11:30～13:30、18:30～21:00（夜晚僅提供全餐且為預約制）　休週三（逢假日則營業）　所山梨縣富士河口湖町船津6713-73　富士急行河口湖站搭河口湖周遊巴士7分，河口湖ハーブ館下車即到　P10輛

⬆有多種選擇的午餐定食1500円～

沉浸在法國的小食堂氣氛
Café de Boulogne
◉キャフェ ドゥ ブローニュ

居家氛圍的法式餐廳。精心挑選的料理食材可以享受到法國日常餐點簡單卻又不膩口的正統味道。附設「la boulangerie」販賣法國麵包與熟食。

☎0555-73-3236　MAP P.125 B-3
🕐10:00～21:00（午餐為11:30～）　休週三、第3週二（8月則營業）　所山梨縣富士河口湖町船津5521-2　富士急行河口湖站車程10分　P4輛

Location
河口湖綜合公園的後巷
位在河口湖綜合公園旁邊，自然綠意豐富。紅色遮陽棚很容易辨識

河口湖

P.70

山中湖·忍野

P.80

富士吉田

P.84

西湖·本栖湖·精進湖

P.92

朝霧高原·富士宮

P.94

御殿場·十里木

P.98

Recommend

1

絕景露臺座位

從附設的咖啡廳露臺座位可以邊欣賞河口湖與富士山,悠閒消磨時光。

1 用自家製酵母及嚴選小麥烤製的麵包味道豐富
2 以西班牙洞穴為意象的店內陳列著多種麵包

以自家製酵母麵包自豪的絕景麵包店

湖畔のパン工房 Lake Bake Cafe

● こはんのパンこうぼう レイクベイク

地點在河口湖自然生活館附近的麵包店,堅持使用自家製天然酵母做成的麵包很受好評,每日出爐40〜50種。可於咖啡廳內點飲品或湯品搭配麵包一起享用。

☎0555-76-7585　**MAP** P.122 E-1

🕙10:00〜16:30　🈺週三、第2、4週四(黃金週、假日無休)　📍山梨縣富士河口湖町大石2585-85　🚌富士急行河口湖站搭河口湖周遊巴士27分,河口湖自然生活館下車,步行3分　🅿11輛

烘焙坊咖啡廳

當地人也喜愛的麵包適合作為旅行良伴或帶回家當伴手禮,在此為大家介紹河口湖的人氣烘焙坊!

2　**1**

3

1 使用法國產發酵奶油的可頌1個334円
2 品項超豐富的法國傳統派類點心
3 人氣的拿破崙派一定要吃吃看

提供眾多從發源地法國進口原料的麵包與烘焙點心

Le pain de Daniel

● パン・ダニエル

富士湖畔飯店的主廚Daniel Paquet監修的麵包店。由職人燒烤而成的法國麵包、可頌等的無添加麵包很受歡迎。店內設置有內用空間與露臺座位。

☎0555-72-2213　**MAP** P.122 G-4

🕙8:00〜16:00　🈺週四(逢假日則營業)　📍山梨縣富士河口湖町船津3991　🚗富士急行河口湖站車程5分　🅿13輛

一整年都能來訪

這裡也很推薦

和風甜點咖啡廳

信水堂 ● しんすいどう

蓬鬆刨冰很受歡迎的甜品店。在使用富士山天然水製成的刨冰淋上手作糖漿增添風味,另外也有季節限定的刨冰、善哉、葛餅等甜品。

☎0555-73-8548　**MAP** P.125 A-3

🕙11:00〜17:00(視時期而異)　🈺週一　📍山梨縣富士河口湖町船津7673-1　🚗富士急行河口湖站車程9分　🅿13輛

特製刨冰

用富士山天然水做的刨冰,是會在口中瞬間融化的絕品

Trivia

1

2

1 寫有「冰」的招牌為標誌,外觀充滿日式氛圍　**2** 店內有日式座位與桌席,洋溢著和風摩登感,十分舒適

位在河口湖北側

充滿富士山麓魅力的人氣景點

↓能眺望自然風光與田園的terrace kitchen

擁有4000坪廣大腹地的人氣商業設施。asama market售有山梨縣特產品及原創商品，可在此享受購物樂趣，而terrace kitchen則可品嘗甲州牛等堅持以當地生產肉類入菜的料理。腹地內還有河口湖地區第一間葡萄酒莊7c seven cedars winery的直營店。

☎0555-72-9955
🕐asama market為9:30～17:30，terrace kitchen至15:00（外帶至16:00）※視季節或週間變動　休不定休　所富士河口湖町河口521-4　🚃富士急行河口湖站車程10分　P181輛
MAP P.122 H-2

旅行休息站
河口湖的全新旅行據點
kawaguchiko base

terrace kitchen

↓將鮪魚堆成富士山模樣的富士山丼3980円

備有開放感露臺的餐廳，可以盡情享用以當地食材入菜的創作料理

旅之站御膳2780円，內容有烤甲州牛肉、富士櫻豬肉角煮、富士海鮮生魚片等菜色　※品項視時期而異

KAWAGUCHIKO BAKERY

以20種以上的粉類進行長時間發酵。販售能嚐到小麥原有美味的麵包

wine corner

羅列實力派酒莊的葡萄酒。人氣商品也提供試飲

PLANET&ME

以山梨縣為首，可以買到世界各地符合永續發展目標商品的選貨店。

asama market

↓陳列眾多經典商品與新品

店內擺放帶有當地特色的農產品與土產。堅持「道地美味」概念的商品有2000樣以上。

位在相同地點的人氣店！

Grill USHIOKU
◎グリルウシオク

↑炸豬排肉餅等品項可以外帶
↑甲州牛牛排套餐3960円～

享用上等在地品牌牛排

1927年創業的精選肉店鋪「牛奧商店」的直營餐廳。使用山梨縣產品牌牛的漢堡排與牛排可以盡情大快朵頤一番。

☎0555-28-4633
🕐10:30～16:00　休不定休

享受山梨縣才有的甲州白葡萄酒等

↑同時提供咖啡與霜淇淋等

↑可以買到當地人氣手作起司

7c store&lounge
◎セブンシーズストアアンドラウンジ

公開葡萄栽種者的葡萄酒

河口湖第一間葡萄酒莊7c seven cedars winery附設的商店&咖啡廳。可以試喝、購買配合葡萄栽種者個性打造的葡萄酒，其他還可買到適合搭配葡萄酒的食材以及雜貨。

☎0555-25-7668
🕐9:30～17:30（會有變動）　休不定休

山梨寶石博物館

河口湖　MAP P.122 G-4　景點

●やまなしほうせきはくぶつかん

地球創造的神奇藝術

山梨縣擁有作為水晶加工產地的悠久歷史。館內展示1270kg的巨大水晶以及從全世界收集而來的貴重寶石，從原石到飾品應有盡有。

☎0555-73-3246　⏰9:00～17:30 (11～2月為9:30～17:00)　休週三 (假日、黃金週、7～8月無休)　¥600円　所山梨縣富士河口湖町船津6713　圖富士急行河口湖站搭河口湖周遊巴士8分，山梨宝石博士館·河口湖下車即到　P40輛

●震撼力十足的巨大水晶原石

河口湖木之花美術館

河口湖　MAP P.122 G-1　景點

●かわぐちここのはなびじゅつかん

體驗達洋貓不可思議的世界觀

展出繪本《達洋貓》作者池田晶子的原畫手稿，入館後可以體驗達洋所居住的虛構國度「瓦奇菲爾德」的不可思議世界。

☎0555-76-6789　⏰9:00～17:00 (12～2月為10:00～16:00)　休不定休　¥500円　所山梨縣富士河口湖町河3026-1　圖富士急行河口湖站搭河口湖周遊巴士20分，河口湖猿まわし劇場·木の花美術館即到　P45輛

●彷彿是直接從繪本世界中躍出來的美術館

想要知道更多！矚目景點

河口湖

●かわぐちこ

詳細MAP P.122·123

富士山遙拜所

河口湖　MAP P.118 E-1　景點

●ふじさんようはいじょ

天空鳥居與富士山形成的絕景

位在富士山淺間神社後山山腰，是可以遙拜作為神體的富士山的神聖場所。為維持、整備環境，拍照需支付100円奉獻金，參觀、拍照請遵守禮儀喔。

☎090-3400-6768　⏰9:00～16:00　休天氣不佳時關閉　所山梨縣富士河口湖町河口1119-2　圖富士急行河口湖站車程18分　P6輛

●與自然協調的絕美景色

河口湖藝猴雜技劇場

河口湖　MAP P.122 G-1　景點

●かわぐちこさるまわしげきじょう

一回過神，大家都笑開懷

獲指定為無形民俗文化財，日本唯一能欣賞動物雜技的劇場。猴子們的精湛演技讓大人小孩都看得目不轉睛。

☎0555-76-8855　⏰10:00～16:00 (會有變動)　休不定休 (需確認官網的公演時刻表)　¥1700円　所山梨縣富士河口湖町河河2719-8　圖富士急行河口湖站搭河口湖周遊巴士20分，河口湖猿まわし劇場·木の花美術館下車即到　P100輛

●展現出療癒可愛的表情和英勇的姿態
●每個人都被逗樂的猴子劇場

河口湖美術館

河口湖　MAP P.122 G-2　景點

●かわぐちこびじゅつかん

在湖畔享受藝術的時光

館內常設展以富士山為題材的繪畫、版畫、照片為主，還會舉辦各種類型的企劃展。看完展後期待在景色優美的咖啡廳稍作休息。

☎0555-73-8666　⏰9:30～16:30 (17:00閉館)　休週二 (逢假日則開館)、換展期間　¥800円　所山梨縣富士河口湖町河口3170　圖富士急行河口湖站搭河口湖周遊巴士18分，河口湖美術館下車即到　P50輛

●在寬敞的館內悠閒地鑑賞作品
●也有眺望河口湖的咖啡廳，風景秀麗

大石紬傳統工藝館

河口湖　MAP P.123 D-1　景點

●おおいしつむぎでんとうこうげいかん

能體驗傳統技藝

介紹江戶時代在大石地區誕生的大石紬的歷史和特徵，以及從製線到織布的作業，館內也附設賣店。

☎0555-76-7901　⏰9:00～17:45 (10～2月至～17:15)　休週二　¥入館免費　所山梨縣富士河口湖町大石1438-1　圖富士急行河口湖站搭河口湖周遊巴士27分，河口湖自然生活館下車，步行即到　P20輛

●也可在賣店入手絲質商品

河口湖 北原博物館 Happy Days～幸福時代的東西們～

河口湖　MAP P.122 F-4　景點

●かわぐちこきたはらミュージアムハッピーデイズしあわせなじだいのものたち

北原照久先生的博物館

展示北原先生收集的懷舊物品，像是馬口鐵和賽璐珞的玩具、黑膠唱片、騎乘玩具、珍貴的寶藏等多不勝數。

☎0555-83-3220　⏰10:00～15:30 (16:00閉館)　休無休　¥800円　所山梨縣富士河口湖町小立1204-2　圖富士急行河口湖站搭河口湖周遊巴士7分，河口湖ハーブ館下車即到　P150輛

●電視節目很常採訪北原先生的收藏品

河口淺間神社

河口湖　MAP P.118 E-1　景點

●かわぐちあさまじんじゃ

擁有千年歷史的世界遺產神社

為鎮壓9世紀後半發生的火山爆發，據說是第一次在富士山北麓公開祭祀的神社。從境內步行約30分可到的富士遙拜所，越過朱色鳥居就能望見富士山絕景。

☎0555-76-7186　⏰境內自由參觀　所山梨縣富士河口湖町河口1　圖富士急行河口湖站車程10分　P50輛

●境內有棵推測樹齡1200年的「七本杉」(山梨縣天然紀念物)

富士山パンケーキ
`河口湖` **MAP P.125 B-2** `美食`
● ふじさんパンケーキ

入口即化的無上幸福口感
用富士山熔岩窯烤製的鬆餅，因有遠紅外線效果，水分不會蒸發，能吃到蓬鬆柔軟的口感。除使用熔岩窯燒烤而成的披薩、牛排以外，自製咖哩也很受歡迎。
☎0555-28-5310 🕘11:00～17:00 (18:00閉店)，週六日、假日為10:00～19:00 (20:00閉店) 🈺不定休 📍山梨縣富士河口湖町船津6832 THE NOBORISAKA HOTEL新館1F 🚃富士急行富士河口湖站車程5分 🅿20輛

山鬆餅1298円 ☞清爽風味在口中散開的富士

富士斯巴魯樂園
`河口湖` **MAP P.125 B-5** `玩樂`
● ふじすばるランド

富士山腳下的休閒樂園
提供親子同樂且善用自然環境的遊樂設施種類繁多，也可以跟愛犬一起玩。首次登陸日本的「高空滑索」也很有人氣。
☎0555-72-2239 🕘10:00～17:00 (視時期而異) 🈺週三、四 (黃金週、7月中旬～8月下旬無休) 🈺1日通券成人3700円，孩童3100円 (冬季會有變動)，陪伴犬1隻免費 📍山梨縣富士河口湖町船津剣丸尾6663-1 富士急行河口湖站前 (富士觀光開發大樓停車場) 有接駁巴士 (定時制) 🅿350輛

☞透過「高空滑索」在大自然的環境下進行空中散步
☞在大自然中與愛犬一同讓身心煥然一新

紅葉隧道
`河口湖` **MAP P.123 C-3** `景點`
● もみじトンネル

火紅楓葉與富士山的共舞
位在湖北美景線的紅葉景點，染色的紅葉覆蓋住道路，形成隧道，往河口湖方向望去，富士山便會出現在眼前。因一旁就是道路，務必小心避免發生事故。
☎0555-72-3168 (富士河口湖町觀光課) 🕘自由參觀 📍山梨縣富士河口湖町大石 🚃富士急行河口湖站車程20分 🅿20輛

☞賞景季節為11月上旬～中旬

山麓園
`河口湖` **MAP P.125 C-1** `美食`
● さんろくえん

在合掌屋建築享用爐端燒
古民宅改造的爐端燒店。料理全為套餐，可吃到紅點鱒、蔬菜等串烤美食且均附麭飥。
☎0555-73-1000 🕘11:00～17:30 🈺週三 📍山梨縣富士河口湖町船津3370-1 🚃富士急行河口湖站車程5分 🅿40輛

☞可圍坐地爐旁盡情享用炭火燒烤。全餐5500円～

KBH河口湖Boat House
`河口湖` **MAP P.122 F-1** `玩樂`
● ケービーエイチかわぐちこボートハウス

乘船盡情欣賞河口湖
在絕美的富士山觀景點，可以租借釣具、小船及自行車。會有導遊仔細教學，新手與女性都可以安心參加。
☎090-9328-9422 🕘9:00～17:00 (預約優先，需確認) 🈺不定休 🈺天鵝船20分2000円～ 📍山梨縣富士河口湖町河口2308-1 🚃富士急行河口湖站搭河口湖周遊巴士21分，久保田一竹美術館下車即到 🅿30輛

☞天氣好的日子可以看見逆富士

香草庭園旅日記 富士河口湖庭園
`河口湖` **MAP P.125 B-1** `景點`
● ハーブていえんたびにっきふじかわぐちこていえん

富士山與美麗香草的合奏
約200種以上香草與花卉燦爛盛開的大庭園，有五感皆能享受的體驗型設施。從富士山甲板可一覽富士山、河口湖及庭園。
☎0555-83-3715 🕘9:00～17:30 (18:00閉園)，富士山甲板為10:00～17:00 🈺無休 🈺入園免費 (富士山甲板500円) 📍山梨縣富士河口湖町船津1996 🚃富士急行河口湖站搭河口湖周遊巴士5分，役場入口下車，步行5分 🅿300輛

☞擁有1萬坪腹地的遼闊「香草與花大庭園」

`旅行要點`
太宰治也曾眺望過的富士山

太宰治曾停留在天下茶屋進行創作，從「富士山和月見草最為相宜」一段而成為知名的《富嶽百景》舞台。從天下茶屋所在的御坂峠望去，正中間是富士山，下方是河口湖，簡直是絕景。邊欣賞自太宰治時代至今未曾改變的景色，邊品嘗甜酒休息一下吧！

從御坂峠的天下茶屋可以望見

↑2樓為復原當時房間陳設的太宰治紀念室

↑如畫一般的精彩富士山美景

天下茶屋 ●てんかちゃや
MAP P.118 E-1
☎0555-76-6659 🕘10:00～日落 🈺不定休 (天候惡劣時休) 📍山梨縣富士河口湖町河口2739 🚃富士急行河口湖站搭往天下茶屋方向巴士28分，終點下車即到 🅿10輛

➡麭飥1250円，自製麵條以在地味噌燉煮入味。自製甜酒500円

自在ガラス工房
`河口湖` **MAP P.125 B-5** `玩樂`
● じざいガラスこうぼう

森林中的玻璃工房
可以體驗製作飾品的玻璃工房，藝廊內則展示、販售工房原創作品及國內外藝術家的作品。
☎0555-72-5670 🕘9:30～16:00 (體驗至15:30) 🈺週三 🈺玻璃珠製作體驗1個2200円～ 📍山梨縣富士河口湖町船津6590-5 🚃富士急行河口湖站車程10分 🅿10輛

☞來自己做玻璃珠吧！
➡使用威尼斯玻璃的熔玻璃體驗3300円～

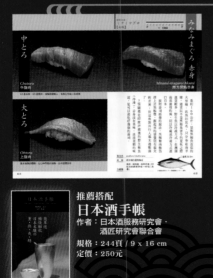

河口湖　**MAP** P.122 H-4　購物

河口湖起司蛋糕花園
● かわぐちこチーズケーキガーデン

嚴選適合製作甜點的起司

使用優質奶油起司烘焙成的「富士完熟起司蛋糕」很受歡迎，內用時會免費招待1杯咖啡。

☎ 0555-72-3654
🕐 9:00～17:00 (視時期變動) 休 無休
所 山梨縣富士河口湖町淺川1173-1
🚌 富士急行河口湖站下車，步行10分
🅿 6輛

↩有烘烤或舒芙蕾形式等豐富選擇

↩起司蛋糕愛好者無法抗拒的專賣店

河口湖　**MAP** P.122 G-5　購物

おはぎ屋 もともち
● おはぎやもともち

對食材講究堅持的無添加萩餅

就在河口湖站旁邊的手做萩餅專賣店。精心挑選北海道產大納言紅豆並仔細製作成萩餅販售，也可以內用。

☎ 0555-73-8370
🕐 11:00～18:00 (12～3月至～17:00) 休 週三、四 所 山梨縣富士河口湖町船津3628-5 2F 🚌 富士急行河口湖站即到 🅿 2輛

↩富士的春夏秋冬～四季～4個1組1782円，抹茶726円
↩可以看見富士山的內用座位

河口湖　**MAP** P.122 G-5　購物

富士山ぷりん
● ふじさんぷりん

當地牛乳做成的可愛布丁

這間布丁專賣店用了富士山麓生產的富士山優質牛奶。添加新鮮牛乳的布丁滑嫩、味道又濃厚。可愛外觀最適合帶回去當伴手禮。

☎ 0555-72-9908 (FUJISAN SHOKUPAN)
🕐 11:00～18:00 (售完打烊)
休 週四 所 山梨縣富士河口湖町船津3462-11
🚌 富士急行河口湖站步行5分
🅿 4輛

↩招牌商品就是富士山布丁450円

河口湖　**MAP** P.123 D-2　購物

めでたや

傳統和紙製品琳瑯滿目

傳遞市川三鄉町地方產業「和紙」魅力的山梨縣品牌。可以感受和紙輕柔的觸感，風格洗鍊的設計品也十分多樣豐富。

☎ 0555-72-8313
🕐 9:30～17:00 休 無休 所 山梨縣富士河口湖町大石1477-1 大石ハナテラス內 🚌 富士急行河口湖站搭河口湖周遊巴士27～32分，河口湖自然生活館下車即到 🅿 90輛

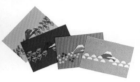

↩用和紙做的SIWA迷你包5500円
↩富士山明信片各176円

河口湖　**MAP** P.122 F-5　購物

Funari GELATERIA
● フナリジェラテリア

使用大量山梨產水果的義式冰淇淋

多種口味的義式冰淇淋吃起來就像直接咬下果實般的多汁感。另外還有使用富士山優質牛乳的牛奶義式冰淇淋、使用富士湧水的琥珀糖都很受歡迎。

☎ 0555-75-2617
🕐 10:00～19:00 休 無休 所 山梨縣富士河口湖町船津1337-1 🚌 富士急行河口湖站搭河口湖周遊巴士3分，役場入口下車即到 🅿 20輛

↩從露臺座位可以望見富士山
↩笛吹市產的桃子口味 (右) 與鳴澤村產的藍莓口味 (左)

河口湖　**MAP** P.122 G-5　購物

FUJISAN PLAZA
● ふじさんぷりん

河口湖站前的物產店

以富士山為靈感的咖哩調理包、飲料等商品選擇豐富的複合型物產店。附設的咖啡廳可以嚐到吉田烏龍麵霜淇淋等獨特美味。

☎ 0555-28-7165
🕐 9:00～18:00 (咖啡廳的L.O.為17:00) 休 無休
所 山梨縣富士河口湖町船津3631-2 🚌 富士急行河口湖站即到 🅿 無

↩也提供觀光諮詢或舉辦MTB活動
↩適合當禮物的藍色富士山奶油蘇打

滿滿當地生產蔬菜的新鮮健康餐點

附季節沙拉、主菜、麵包or米飯、咖啡or紅茶

推薦菜色
午餐
1780円～（視時期變動）

是這樣的地方！

山中湖在富士五湖當中最接近富士山，面積也是最大。此區域散布著能邊眺望雄壯富士山身影邊暢遊的遊樂場。名水之鄉忍野八海也不容錯過。

PICA 山中湖 FUJIYAMA KITCHEN
●ピカやまなかこフジヤマキッチン

位在住宿設施「PICA 山中湖」（→P.52）內的自然派餐廳，所提供的健康料理是使用富士山麓周邊的新鮮食材，並活用素材的純粹滋味，廣受好評。在綠意豐沛的大自然中享用素材的單純美味吧。

☎0555-62-4155（PICA山中湖）
MAP P.126 F-5

🕐11:00～14:00（15:00閉店），17:00～20:00（21:00閉店，視時期期而異）　休週三、四（旺季無休）　🏠山梨縣山中湖村平野506-296 PICA山中湖內　🚌富士急行富士山站搭往旭日丘方向巴士30分，旭日丘下車即到　🅿20輛

➡甲州葡萄酒牛臀肉牛排2980円

➡開放感十足的店內

四周皆是山中湖畔自然景色

午餐 & 森林 咖啡廳

以高原別墅區聞名的山中湖，邊做森林浴、邊悠閒享用午餐&甜點吧！

洽詢處
☎0555-62-9977（山中湖村觀光課）
☎0555-84-3111（忍野村觀光產業課）
MAP P.118 F-3

鐵道巴士	特急「富士回遊」		富士急巴士	
	新宿站 ━━ 富士山站 ━━ 山中湖 旭日丘			
	●所需時間／1小時50分	●費用／4000円	●所需時間／30分	●費用／740円

巴士	BUSTA新宿（新宿站新南口）━━ 富士急巴士、京王巴士 ━━ 山中湖 旭日丘
	●所需時間／2小時15分　●費用／2600円

車	首都高速、中央自動車道、 東富士五湖道路
	永福入口 ━━ 山中湖IC
	●所需時間／1小時25分　●費用／3850円　●距離／107km

用特製砂鍋保持熱度！專賣店的熟成燉煮料理

推薦菜色
燉煮牛肉套餐
3000円

煮込みStewの店 Casserole
●にこみシチューのみせキャセロール

反覆加湯熟成後製作的自豪燉菜。味道凝縮著肉和蔬菜的美味及濃郁滋味，口感清爽，讓人印象深刻。用特製的法國砂鍋供餐，直到最後一口都能溫熱品嚐，令人心滿意足。

☎0555-65-6311　MAP P.126 H-4

🕐11:30～20:00　休週一（8月無休，1～2月不定休）　🏠山梨縣山中湖村平野548-104　🚌富士急行富士山站搭往平野方向巴士47分，平野下車步行15分　🅿6輛

➡店家最受歡迎的菜單。燉煮得入口即化的柔軟肉塊分量十足
➡溫暖木質調的店內有愛犬陪同也OK

河口湖
P.70

山中湖・忍野

P.80

富士吉田

P.84

西湖・本栖湖・精進湖

P.92

朝霧高原・富士宮

P.94

御殿場・十里木

P.98

PAPER MOON
●ペーパームーン

不接待10歲以下孩童，是專為大人開設的咖啡廳。每天早上自家烤的蛋糕與麵包深受好評，常備有15種以上。

☎0555-62-2041 MAP P.126 G-4
⏰11:00～18:00 休無休 所山梨県山中湖村平野481-1 交富士急行富士山站搭經旭日丘往平野方向巴士33分，湖山莊前下車即到 P20輛

→有大片窗戶的店內裝飾著乾燥花

推薦菜色
蘋果派
1100円

以家常風味的大人咖啡廳為賣點的大人蛋糕

慢烤蘋果派佐冰淇淋

在家常的溫馨氣氛中享受無拘無束的午餐招待

推薦菜色
義大利麵套餐(沙拉/飲料費)
1900円
格子鬆餅(添加蘋果/肉桂香草冰淇淋)
850円

在女性間很受歡迎的義麵套餐

Cafe & Auberge里休
●カフェアンドオーベルジュりきゅう

佇立在山中湖寧靜湖畔的咖啡廳。不只致力於地產地消的料理，連甜點也是手工製作，能隨性地進去喝杯咖啡。如同在故「里」「休」息的店名，能一邊眺望眼前的山中湖一邊悠閒地度日，魅力十足。同時營業著民宿，1天限2組住宿。

☎0555-65-7870 MAP P.126 G-3
⏰11:00～16:30 休週三、第4週四 所山梨県山中湖村平野2408-1 交富士急行富士山站搭往平野方向巴士47分，平野下車，步行20分 P6輛

邊享用鬆餅並小憩一會兒

從露臺座位欣賞山中湖

能眺望山中湖的休閒義式餐廳

推薦菜色
瑪格麗特披薩
1290円～(M)
卡布里沙拉
1150円～(M)

→披薩和義大利麵也能選擇尺寸，因此也推薦共享

CHIANTI CoMO
●キャンティコモ

建在湖畔氣氛閒適的義式餐廳。帶有濃郁滋味和美味特製沙拉醬的沙拉、前菜、披薩、義大利麵等固定菜色有110種以上。葡萄酒也有120種以上，相當豐富。

☎0555-62-9010 MAP P.126 E-4
⏰11:30～22:00 (週六日、假日為11:00～) 休無休 所山梨県山中湖村山中213-7 交富士急行富士山站搭平野方向巴士26分，一の橋下車即到 P50輛

→從窗戶能眺望山中湖

Ristorante Parco Del Cielo
●リストランテパルコデルチェロ

店名在義大利文中是「空中庭園」的意思。整間店被照葉樹林圍繞，白天陽光會從樹葉間灑落下來。除了前菜和義大利麵等單點料理以外，也有全餐料理。中午和晚上都推薦事先預約。

☎0555-62-0603 MAP P.126 F-4
⏰11:30～13:30、18:00～21:00 (須預約) 休週一晚餐、週二 所山梨県山中湖村平野2468-1 交富士急行富士山站搭富士湖號42～58分，ままの森下車即到 P20輛 (預約優先)

猶如繪本中會出現的被綠意環繞的森林餐廳

推薦菜色
義大利麵(附前菜沙拉)
3000円
披薩(附前菜沙拉)
3000円

在大自然中品嘗頂級義大利美饌

照片為「海鮮小番茄義大利麵」

山中湖 | MAP P.126 F-5 | 玩樂
觀光船「白鳥之湖」
● ゆうらんせんはくちょうのみずうみ

搭「白鳥之湖」號遊覽山中湖

從旭日丘棧橋出航，用約20分鐘繞行山中湖半圈的遊覽船。船內活用木紋營造出溫馨感，廣獲攜家帶眷的遊客們好評。

☎0555-62-0130（富士汽船）
🕙9:30～16:30（視時期而異）🈺不定休
💴1100円 🏠山梨縣山中湖村平野506-1
🚃富士急行富士山站搭往旭日丘方向巴士30分，山中湖 旭日丘下車即到 🅿使用村營免費停車場

➡寵物也能一起搭船，令人開心

山中湖 | MAP P.126 H-4 | 景點
全景臺
● パノラマだい

雄偉富士山的絕景勝地

位在山中湖通往三國峠縣道途中的瞭望名勝。能眺望山中湖開展於眼前、原野一望無際的秀麗富士山，同時也是知名的攝影景點。

☎0555-62-3100（山中湖觀光協會）
🕙自由參觀 🏠山梨縣山中湖村平野 🚃富士急行富士山站車程30分 🅿10輛

➡可在1張照片中同時捕捉山中湖和富士山的絕景景點

忍野 | MAP P.126 G-1 | 景點
二十曲峠露臺
SORA no IRO
● にじゅうまがりとうげてんぼうテラスソラノイロ

忍野村的絕景景點

鍾愛富士山的攝影師岡田紅陽拍攝了「忍野富士」而讓二十曲峠聲名大噪，此處設有露臺、長椅與吊床，待在此欣賞美麗的富士山很容易讓人忘卻時間流逝。

☎0555-84-4221（忍野村觀光協會）
🕙自由參觀 🏠山梨縣忍野村內野 🚃富士急行富士山站車程30分，臨時駐車場下車，步行3分 🅿18輛（臨時停車場）

⬆從標高1150m的山嶺眺望富士山

山中湖 | MAP P.126 G-4 | 玩樂
クラフトの里DALLAS VILLAGE
● クラフトのさとダラスヴィレッジ

提供13種體驗內容

能享受吹玻璃、陶藝、玻璃珠等手作體驗。設施內也有餐廳，能坐在眺望富士山的露天座位品嘗BBQ。

☎0555-62-2774 🕙10:00～18:00（餐廳為11:00～，週六、黃金週、8月至22:00）🈺週四（假日、黃金週、8～9月無休）💴視體驗而異 🏠山梨縣山中湖村平野479-29 🚃富士急行富士山站搭往平野方向巴士59分，三国山ハイキングコース入口下車即到 🅿100輛

➡吹玻璃體驗為15分鐘2750円～

忍野 | MAP P.127 C-1 | 景點
岡田紅陽寫真美術館・
小池邦夫繪畫信紙美術館
● おかだこうようしゃしんびじゅつかんこいけくにおえてがみびじゅつかん

能欣賞富士山攝影展和繪畫信紙

由畢生都在拍攝富士山照片的岡田紅陽及繪畫信紙第一人小池邦夫合營的美術館。從庭園能眺望雄偉的富士山。

☎0555-84-3222 🕙10:00～16:30 🈺週二（逢假日則翌日休）💴500円（2館通用）🏠山梨縣忍野村忍草2838-1 🚃富士急行富士山站搭往內野・平野方向巴士12分，忍野 しのびの里下車即到 🅿20輛

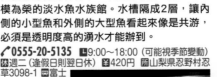

➡美術館前方是具有開放感的庭園，還能眺望富士山

山中湖 | MAP P.126 E-4 | 玩樂
山中湖Marine House momo
● やまなかこマリンハウスモモ

搭輕艇體驗爽快感

包租一艘輕艇邊欣賞富士山，享受約30分鐘的遊船之旅。特別是日暮時分，風景染成一片橘紅時最為推薦。

☎080-2072-3939 🕙約5～9月，7:00～日落（預約制，當日OK）🈺期間不定休（天候不佳時休）💴5000円～（2～7名）🏠山梨縣山中湖村山中212-5 🚃富士急行富士山站搭往旭日丘方向巴士27分，一之橋下車即到 🅿30輛

➡輕鬆享受非日常的體驗

忍野 | MAP P.127 C-1 | 景點
森之中水族館・
山梨縣立富士湧水之里水族館
● もりのなかのすいぞくかんやまなしけんりつふじゆうすいのさとすいぞくかん

觀察在名水中長大的淡水魚

位在忍野村的森林中，以全日本數一數二的規模為榮的淡水魚水族館。水槽隔成2層，讓內側的小型魚和外側的大型魚看起來像是共游，必須是透明度高的湧水才能辦到。

☎0555-20-5135 🕙9:00～18:00（可能視季節變動）🈺週二（逢假日則翌日休）💴420円 🏠山梨縣忍野村忍草3098-1 🚃富士急行富士山站搭往內野・平野方向巴士14分，さかな公園下車，步行3分 🅿100輛

➡能觀賞約100種、數量約1萬隻的淡水魚

山中湖 | MAP P.126 F-3 | 景點
長池親水公園
● ながいけしんすいこうえん

也能看到逆富士的公園

面對山中湖的公園，設置了自行車步道。從園內望去的富士山美景無與倫比，小丘上還有涼亭。

☎0555-62-3100（山中湖觀光協会）
🕙自由入園 🚃富士急行富士山站搭富士湖號40分，長池親水公園前下車即到 🅿80輛

➡提供遊客在湖畔散步的公園步道已整備完成

河口湖 P.70

山中湖・忍野

P.80

富士吉田 P.84

西湖・本栖湖・精進湖 P.92

朝霧高原・富士宮 P.94

御殿場・十里木 P.98

山中湖 森の駅 旭日丘 購物

MAP P.126 F-5

●もりのえきあさひがおか

交通便利的伴手禮店&咖啡廳

旭日丘的巴士轉運站所附設，陳列豐富的富士山麓恩惠及山梨伴手禮。2樓有可以品嘗當地知名美食的咖啡廳。

☎0555-62-4177 ⏰10:00～17:00(週六日、假日為9:00～，視時期而異) 休週三、四(逢假日則營業) 所山梨縣山中湖村平野506-296 旭日丘バスターミナル1・2F 交富士急行富士山站搭往山中湖・旭日丘方向巴士30分，山中湖 旭日丘下車即到 P40輛

○2樓的出口有水陸兩用巴士「山中湖的河馬」搭乘處

○正統茶燒酎富士山紫蘇 三七六(180㎖) 2400円

忍野 牛舎 美食

MAP P.127 C-2

●ぎゅうしゃ

用實惠的價格享用高級烤肉

能品嘗老闆親自採購的和牛五花肉和甲州地雞、全國知名和牛。店內供應的葡萄酒、韓國的「生馬格利米酒」等也廣受老饕歡迎。

☎0555-84-7556 ⏰16:30～20:30(有可能變更閉店時間) 休週二(逢假日則營業) 所山梨縣忍野村忍草3233-4 交富士急行富士山站搭往內野・平野方向巴士14分，さかな公園下車，步行10分 P40輛

○和牛五花肉1人份1485円等讓人嘖嘖稱讚，甲州地雞1人份1595円

山中湖 山中湖平野溫泉 石割の湯 溫泉

MAP P.126 H-3

●やまなかこひらののんせんいしわりのゆ

位在石割山山腳的不住宿溫泉

不僅有大浴場，石造的露天浴池、寢湯也整備完善。溫泉據說有消除疲勞和美肌的效果。在休息室也能品嘗輕食。

☎0555-20-3355 ⏰休詳情需確認官網 ¥900円 所山梨縣山中湖村平野1450 交富士急行富士山站搭往平野方向巴士1小時，石割の湯下車即到 P150輛

○鹼性溫泉具有消除疲勞和美肌的效果

山中湖 燻製工房 古志路 購物

MAP P.126 G-5

●くんせいこうぼうこじ

販售手工香腸和燉菜的店鋪

在提味祕方中添加鮮奶油等食材的無添加香腸適合買來作為伴手禮。帶露臺的附設餐廳提供的燉煮牛肉也深獲好評。

☎0555-62-3187 ⏰11:00～19:00 休週四(逢假日則營業、黃金週、8月無休) 所山梨縣山中湖村平野508-375 交富士急行富士山站搭經由旭日丘往平野方向巴士58分，撫岳莊前下車，步行15分 P9輛

○原創口味香腸1包600円～

山中湖 THE PARK 咖啡廳

MAP P.126 E-3

●ザパーク

以柔軟且入口即化的鬆餅自豪的咖啡廳

食材經過精挑細選，耗費時間烤製的鬆餅擁有在舌尖融化的輕盈口感。咖啡廳面對山中湖，可飽覽富士山絕景。

☎0555-28-6570 ⏰10:00～15:00(15:30閉店)，週六日、假日至16:30(17:00閉店) 休不定休 所山梨縣山中湖村平野3752 交富士急行富士山站搭往平野方向巴士40分，長池親水公園前下車即到 P10輛

○自製鬆餅1280円

○眺望山中湖與富士山休息片刻

山中湖 湖麵屋 Reel Cafe 美食

MAP P.126 F-5

●こめんやリールカフェ

在山中湖畔享用極美味拉麵

能同時欣賞富士山與山中湖的絕景咖啡廳。選用甲州地雞與山梨縣產葡萄酒等縣產食材，使拉麵更添醇厚美味而備受好評。週末有許多外縣市來的老主顧。

☎0555-20-2800 ⏰11:30～14:30(15:00閉店) 休週一、四 所山梨縣山中湖村平野493-111 交富士急行富士山站搭富士湖號54分，クリスマスの森入口下車，步行3分 P20輛

○加進山梨縣產葡萄酒的醬油拉麵1000円

忍野 NEWYORK STICK ファクトリーアウトレット 購物

MAP P.127 D-1

●ニューヨークスティックファクトリーアウトレット

可購得划算的絕品起司蛋糕

能以工廠直售的優惠價格買到條狀蛋糕邊角及NG品，同時提供只有在此能買到的新鮮蛋糕。

☎0555-84-3276 ⏰9:30～18:00(冬季為11:00～16:00，視時期而異) 休不定休 所山梨縣忍野村內野190 交富士急行富士山站搭富士湖號34分，內野赤坂下車即到 P10輛

○人氣黑起司蛋糕302.4円

○NG起司蛋糕831.6円

山中湖 Hammock Café 咖啡廳

MAP P.126 F-5

●ハンモックカフェ

可悠閒躺在吊床上搖呀搖

位在PICA山中湖內(→P.54)的咖啡廳。躺在森林中的吊床輕搖，好好放鬆。也可帶愛犬一同前來度過開心時光。

☎0555-62-4155(PICA 山中湖) ⏰11:00～15:30(16:00閉店) 休週三、四(冬季休，夏季無休，黃金週有營業需洽詢) 所山梨縣山中湖村平野506-296 交富士急行富士山站搭往旭日丘方向巴士30分，旭日丘下車即到 P20輛

○能盡情享受大自然的咖啡廳

忍野 天祥庵 美食

MAP P.124 H-5

●てんしょうあん

品嘗用富士名水捍製的蕎麥麵

使用日本國產蕎麥粉和富士湧水的手打蕎麥麵，帶有彈性，口感滑順非凡。配自家栽培的佐料、烤味噌、醬汁品嘗的「醬汁乾拌蕎麥麵」是絕品。

☎0555-84-4119 ⏰11:00～售完打烊 休第3週三(逢假日則營業) 所山梨縣忍野村忍草2848-2 交富士急行富士山站搭往內野方向巴士13分，忍野溫泉前下車，步行5分 P22輛

○把烤味噌融入醬汁中再品嘗的醬汁乾拌蕎麥麵1390円

富士吉田

●ふじよしだ

是這樣的地方！

北口本宮富士淺間神社是富士信仰的重要核心，同時也是登山道的起點。許多遊客造訪的人氣休閒遊樂景點富士急樂園，以及作為當地美食名聞遐邇的吉田烏龍麵也廣受矚目。

Check it!
⇨確認黑板上標示的織物工廠位置！

Look!

↓也羅列各工廠製作的布料，並可購買

⇨同時販售富士山型的自製小物袋1540円

QR Code

Route 1

若要收集資訊，就先來這裡！

先到位於富士山站的HATAORI-MACHI觀光服務處獲取街道的織物資訊。從手冊和布料樣品尋找喜歡的織物工廠吧！

HATAORI-MACHI觀光服務處 ●ハタオリマチあんないじょ

📞0555-22-2164（富士吉田織物協同組合）🕐10:00～16:30 休不定休 山梨縣富士吉田市上吉田2-5-1 🚃直通富士急行富士山站 P424輛 MAP P.124 E-2

知道就賺到的資訊

⇧也有用手機就能獲得各工廠資訊的布料樣品

富士吉田為什麼是織物之街呢？

因為在富士山麓能獲得染色所需的充沛清水。色彩鮮豔的布料在日本國內外都受到高度讚揚。

zoom up

為什麼織物之町服務處的看板畫著猴子呢？

猴子是富士山信仰常使用的圖樣。源自於富士山誕生於西元前301年的傳說。

時尚漫遊

Route 2 參觀亞麻布誕生的工廠！

傳承富士山麓郡內織技術的亞麻工廠，參觀工廠和工廠直營店需提前預約。提供各種觸感溫和的亞麻製品。

pick up!

TENJIN-factory ●テンジンファクトリー

📞0555-22-1860 🕐11:00～17:00（需事先預約）休不定休（需事先洽詢）山梨縣富士吉田市下吉田7-29-2 🚃富士急行月江寺站車程6分 P4輛 MAP P.124 G-2

factory

工廠是這樣的地方

只要在預約時提出詢問，也能參觀工廠。工匠專注工作的模樣、梭織機悦耳的聲音，都讓人對織物更加戀戀不忘。

⇧水洗亞麻毛巾1980円～

⇨麻葉紋樣的亞麻布背包10780円～

HATAORI★活動

⇧道具市集是在小室淺間神社和新世界乾杯通舉行

2024年10月19/20舉行

HATAORI-MACHI FESTIVAL

富士吉田的品牌工廠、雜貨店、骨董店會出來設攤，也會舉辦工作坊。

📞0555-22-1111（富士吉田市富士山課）山梨縣富士吉田市下吉田本町通り周邊 MAP P.124 F-1

EVENT information

⇧開店的月份視工廠而異，請事先洽詢

每月第3週六營業

Factory Shop

富士吉田和西桂町的工廠直營店只在每月第3個週六開門營業。或許有機會買到限定商品。

📞0555-22-2164（富士吉田織物協同組合）🕐11:00～17:00 視店鋪而異

洽詢處 📞0555-21-1000（富士吉田觀光振興服務處）
MAP P.118 E-2

鐵道	特急「富士回遊」
	新宿站 ━━━ 富士山站
	●所需時間／1小時50分 ●費用／4000円

巴士	富士急巴士、京王巴士
	BUSTA新宿（新宿站新南口）━━━ 富士山站
	●所需時間／1小時55分 ●費用／2200円

車	中央自動車道　國道139·137號
	河口湖IC ━━━ 富士山站
	●所需時間／7分 ●距離／3km

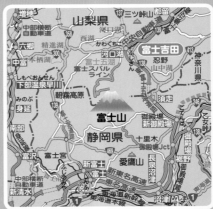

河口湖
P.70

山中湖・忍野
P.80

富士吉田

P.84

西湖・本栖湖・精進湖
P.92

朝霧高原・富士宮
P.94

御殿場・十里木
P.98

走遠一點 富士山站車程**16分**

創業超過150年！工匠親手製造的美傘

槇田商店 ●まきたしょうてん

把線染色後，以高密度編織的郡內織技術為基礎，製造出獨特時尚的傘。在工廠附設的商店入手喜歡的商品吧。

☎0555-25-3113 🕘9:00～18:00（週六為10:00～17:00）🈺週日、假日 🏠山梨縣西桂町小沼1717 🚉富士急行三峠站步行5分 🅿10輛
MAP P.118 F-1

BERSA
19800円
由北歐巨匠設計師冠名的「Stig Lindberg」，是對花色圖樣設計很講究的人氣系列。

在當地才有的發現！ 月江寺站步行即到

紅豆餡愛好者難以抗拒♥

倉沢製餡所的紅豆餡自動販賣機
●くらさわせいあんじょのあんこじどうはんばいき

因為罕見而在SNS等處蔚為話題。僅能使用100日圓硬幣，因此請事先準備零錢，或是在製餡所（營業時間不固定）換幣。

☎0555-22-3346
🕘24H 🈺無休 🏠山梨縣富士吉田市富士ケ丘1-1-17 🚉富士急行月江寺站步行即到 🅿無
MAP P.124 F-1

和最中餅組合「最中ちゃん」（全商品400円）

→1樓販售雜貨，2樓販賣古董家具

Route **4**

肯定會找到能長時間愛用的雜貨！

匯集能長時間使用的生活用品的選物店。R&D.M.Co和ALDIN等當地織物也一應俱全。

←因其優質觸感而廣受歡迎的披肩8580円

ALDIN鄉村風側背包6050円

LONGTEMPS ●ロンタン

☎0555-22-0400 🕘10:00～19:00 🈺週二 🏠山梨縣富士吉田市下吉田3-12-54 🚉富士急行下吉田站步行7分 🅿7輛
MAP P.124 F-2

5830円
→ALDIN雙層紗布浴巾

來去尋找喜歡的物品吧！

在 織物之街

持續傳承1000年以上的織物產地「富士吉田」。街上散布著工廠，並仍不間斷地製造各種類織物。在復古的街道散步，尋找自己喜歡的商品吧！

Route **3**

Cafe time!

在茶屋稍作休息

當地居民經常前往的茶飲專賣店。使用高級抹茶的抹茶霜淇淋350円，相當適合在散步的休息途中享用。將芳香可口的茶葉當作伴手禮也很推薦。

お茶の春木屋 ●おちゃのはるきや

☎0555-24-1603 🕘9:00～18:00 🈺無休 🏠山梨縣富士吉田市下吉田3-19-12 🚉富士急行月江寺站步行5分 🅿5輛
MAP P.124 F-2

→除了抹茶以外，焙茶（每週更換）霜淇淋也廣受好評

↙位在懷舊氛圍的新世界乾杯通。可以在此慢慢用餐

Route **5**

Meal time!

時蔬超美味的餐廳

位在新世界乾杯通的餐廳。能品嘗採用當地蔬菜和香草的新鮮義大利麵和小皿料理。也好想品嘗和甲州葡萄酒完美結合的滋味。

新世界乾杯通

在過去作為繁華街道而繁榮的西裏地區的巷弄中，餐飲店和酒吧陸續開幕。重生為新世界乾杯通後，洋溢著熱鬧氣氛。

レストラン かぎしっぽ

☎0555-73-8858
🕘11:30～14:00、18:00～22:00 🈺週日、一中午 🏠山梨縣富士吉田市下吉田3-12-69 🚉富士急行月江寺站步行6分 🅿無（使用本町通市營停車場）
MAP P.124 F-2

Welcome!

↓瑪格麗特披薩1000円、凱薩沙拉800円

老闆 高橋先生

Route **6**

有保佑結緣的益處

以秋季占卜的流鏑馬祭而聞名的神社。有長著心形樹瘤的御神木，加上作為結緣的能量景點因而參拜客年年增加。

小室淺間神社 ●おむろせんげんじんじゃ

☎0555-22-1025 🕘境內自由參觀 🏠山梨縣富士吉田市下吉田3-32-18 🚉富士急行下吉田站步行3分 🅿50輛
MAP P.124 F-1

↑作為「結緣神木」受到祭祀的櫻花樹

↖有4種御朱印，每月更換的御朱印很受歡迎

俏立在吉田口登山道的入口

↑社殿右後方的鳥居是登山道的入口

↑掛著敬獻給神明的巨大天狗面具

世界遺產

↑拜殿的莊嚴氣氛十分有歷史感

GOAL!

北口本宮富士淺間神社
○きたぐちほんぐうふじせんげんじんじゃ

祭祀富士的女神，擁有1900年歷史的古老神社。曾作為富士講的據點和登山者祈求登山平安的場所而繁榮。日本最大木造鳥居的富士山大鳥居和一片岩的手水缽、光彩絢麗的本殿等，無一不傳達著當時的繁榮。

DATA→ P.23

↓莊嚴氣氛彌漫的杉樹參道

步行 17分

御師町 お休み処
○おしまちおやすみどころ

附設富士吉田觀光資訊中心的免費休息處。用立體模型重現御師町往日街景並展示富士講信徒的衣服。

☎0555-24-8660
🕐9:00〜16:00　🈺週二　📍山梨縣富士吉田市上吉田3-14-10　🚃富士急行富士山站步行10分　🅿11輛
MAP P.124 F-3

透過立體模型體驗小鎮的歷史

↑再現上吉田地區的模型

↓佇立在富士道的御師町象徵

↓雄偉的富士山聳立在金鳥居的中間

金鳥居
○かなどりい

佇立在國道139號和137號的交叉路口，是富士山信仰的象徵。因為是位在吉田口登山道上的首座鳥居，所以也稱為「一之鳥居」。
MAP P.124 F-3

步行 4分

探訪富士山信仰的源頭

御師町 巡遊
おしまち

御師是神職，指那些為富士山的登拜者提供寺內住宿的人。散步在據說從前有80多家御師房舍的富士吉田街道，親近富士山信仰的歷史吧！

START! 走吧！

步行 4分

富士山站
○ふじさんえき

詳情見→P.87

若想更加了解富士山的話

富士山博物館

展示許多與富士山信仰頗具淵源的貴重資料，可快樂學習與富士山有關知識的博物館。而在「富士山VR戲院」則能欣賞富士山的壯麗美景。

☎0555-24-2411
🕐9:30〜16:30（17:00閉館）
🈺週二（黃金週、夏季無休）
💴400円　📍山梨縣富士吉田市上吉田東7-27-1　🚃富士急行富士山站搭往山中湖方向巴士15分，ふじさんミュージアムパーク前下車即到　🅿90輛
MAP P.124 F-5

→可以體驗高精細度又充滿魄力的影像

翻修御師住宅的咖啡廳

古民家咖啡 KONOHANA
●こみんかカフェコノハナ

活用國家重要文化財「小佐野家復原住宅」（御師住宅）的咖啡廳。御師住宅為江戶時代信仰富士的登山者住宿的地方。可在和式空間舒展放鬆一下。

☎0555-28-5737
🕐10:00〜16:00（17:00閉店）
🈺不定休　📍山梨縣富士吉田市上吉田東7-27-1　🚃富士急行富士山站搭往山中湖方向巴士15分，ふじさんミュージアムパーク前下車即到　🅿90輛
MAP P.124 F-5

→提供諸多使用當地食材的餐點

用食物體驗富士講文化

ふじ山食堂。
●ふじさんしょくどう

可在此吃到以強勁口感自豪的當地美食「富士吉田烏龍麵」，過往是參訪富士山的登山者會在登山前為清淨身體準備的湯烏龍麵。

DATA→ P.61

↑外觀也很清爽的湯烏龍麵700円

順道前往這裡！

GOAL!
北口本宮富士淺間神社

富士山博物館
古民家咖啡 KONOHANA
西念寺

●ふじ山食堂。

139

道路兩旁至今仍有十幾家御師住宅比鄰而建

139
河口湖駅、大月駅

START!
富士山站

御師町 お休み処

金鳥居公園

金鳥居

137

富士急行

河口湖 P.70

山中湖・忍野 P.80

富士吉田

P.84

西湖・本栖湖・精進湖 P.92

朝霧高原・富士宮 P.94

御殿場・十里木 P.98

拜訪直通車站的 Q-STA

Q-STA Fujikyu Mt.Fuji station bldg.

直通富士山站的車站大樓「Q-STA」販賣許多伴手禮和當地美食、也能從展望平臺眺望富士山，樂趣十足。務必安排順路前往喔！

Q-STA

6F 展望平臺 FREE

位在頂樓的展望平臺。從這裡眺望的富士山是左右對稱的模樣，特別漂亮。

2~5F 醫療・流行服飾・雜貨區

這裡有玩具、遊戲中心並規劃小朋友也可以玩的運動。

1F Gateway Fujiyama 富士山站店

若要買伴手禮務必安排順路前往。嚴選的富士山伴手禮有豐富多樣的商品陣容。
詳情請見→P.69

1F&富士山站月台

1F ヤマナシ ハタオリ トラベル MILL SHOP

販售富士吉田市周邊的特產品、織物製品。傘、領帶等優質商品一應俱全。
詳情請見→P.67

β1F とがわ Q-STA 美食！

能品嘗當地美食「吉田烏龍麵」。將自行調配的麵粉加入富士山湧水製成麵條。高湯是海鮮基底，味道香濃。

☎0555-23-9858
🕙10:00～18:15 休週四

840円
富士山烏龍麵
配料豐富。酥脆的富士山形狀炸什錦只有這裡才吃得到

以十足的彈性和Q軟口感自豪

店長 外川先生

富士山駅

車票
車票的切口也是富士山的形狀，千萬別錯過了！

月台
月台前端有富士山的絕景景點

候車室
帶有木頭溫馨氣氛的候車室也是水戶岡銳治先生設計

前往**富士山**的交通據點！
在**富士山站**
玩樂！

水戶岡銳治先生設計的車站充滿精彩看點。快來暢遊滿溢著對富士山熱愛的車站吧！

富士山站 ●ふじさんえき

🏠山梨縣富士吉田市上吉田2-5-1 🅿400輛(Q-STA)
MAP P.124 E-3

紅色鳥居迎接來客 魅力十足的車站

因為觀光或富士登山而有許多人利用的富士急行富士山站。車站正面塗裝成紅色的鳥居是仿造北口本宮富士淺間神社的大鳥居所打造的建築。大量使用木材的站內是明亮閒靜的空間。從月台眺望的富士山、電車出發和抵達時的音樂旋律都令人滿懷期待。美食和富士山伴手禮聚集的車站大樓「Q-STA」也別忘記拜訪喔。

富士山車站內 ふじやま屋 車站商店美食！

販售知名的鯛魚燒和霜淇淋、有機栽培的咖啡等美食。位在剪票口旁。

☎0555-72-8900
🕙10:30～18:00 (視時期而異) 休不定休

600円～
富士山香草長崎蛋糕
富士山形狀的小巧長崎蛋糕，有砂糖、肉桂等6種口味可選擇

400円
富士山霜淇淋
用藍色和白色2層呈現出富士山，藍玫瑰風味的霜淇淋

富士吉田　**MAP** P.125 D-2　景點

富士山美術館
● フジヤマミュージアム

鑑賞知名畫家的富士山作品

片岡球子、東山魁夷等近現代著名畫家所描繪的各種樣貌富士山作品齊聚一堂。也可以欣賞麗莎和卡斯柏的原稿。

☎0555-22-8223　⏰10:00～17:00（17:30閉館）
休不定休　¥1000円　所山梨縣富士吉田市新西原5-6-1　交富士急行富士山站搭免費巡迴巴士在ハイランドリゾートホテル前下車　P180輛

↑以富士山為背景的美術館本館

富士吉田　**MAP** P.124 F-4　景點

新屋山神社
● あらややまじんじゃ

以財運神社聞名的能量景點

1534年創立的神社，因可祈求財運提升而吸引許多外縣市參拜者前來造訪。本宮位於富士山二合目。

☎0555-24-0932
⏰自由參拜　所山梨縣富士吉田市新屋4-2-2　交富士急行富士山站搭往御殿場・內野方向巴士7分，新屋公民館入口下車，步行5分　P100輛

←供奉著為當地人所信仰的事業之神

富士吉田　**MAP** P.124 F-1　景點

富士MICHI本町通
● ふじみちほんちょうどおり

富士山聳立眼前的懷舊商店街

可以通往富士吉田市中心，往富士山方向延伸的富士MICHI。通稱為「本町通」的商店街深受喜愛，可以看到昭和懷舊風商店街與富士山同框並令人印象深刻的風景。

☎0555-21-1000（ふじよしだ観光振興サービス）
⏰自由參觀　所山梨縣富士吉田市下吉田　交富士急行下吉田站步行7分　P無

↑欣賞在社群網路蔚為話題的美景

富士吉田　**MAP** P.118 F-2　玩樂

富士山牧場
● ふじさんぼくじょう

可與動物近距離接觸的小牧場

能體驗接觸並餵食小綿羊等，附設的咖啡廳售有霜淇淋與用富士山葡萄酒渣（酒糟）飼養的羔羊入菜的餐點，很受歡迎。

☎0555-24-4144　⏰10:30～16:30　休不定休　¥入場免費（各體驗另外付費）　所山梨縣富士吉田市大明見1-57-11　交富士急行富士山站車程10分　P50輛

↑建在綠色森林中的寧靜牧場

←用新鮮牛奶做的FUJIBOKU霜淇淋500円

富士吉田　**MAP** P.124 F-1　景點

月江寺一帶
● げっこうじかいわい

街景滿溢昭和懷舊感

以織物產業興盛的1950~60年代，吉田街道曾是商人雲集享受娛樂的紅燈區，今日仍保留著濃濃的往昔痕跡。

☎0555-21-1000（ふじよしだ観光振興サービス）
所山梨縣富士吉田市下吉田　交富士急行月江寺站即到　P無

↑保有絹屋町氛圍的街道

↑以焦永招牌為標誌的月之江書店

富士吉田　**MAP** P.125 D-3　溫泉

富士山溶岩の湯 泉水
● ふじさんようがんのゆせんすい

使用富士山熔岩的不住宿溫泉

浴場的牆壁和地板均採用富士山熔岩。不僅提供具備促進血液循環效果的微氣泡產生器的露天浴池，也有效能豐富的室內溫泉。

☎0555-24-2438
⏰10:00～22:30（23:00閉館）　休無休（維修檢查時間休）　¥800円　所山梨縣富士吉田市上吉田4261　交富士急行富士山站車程5分　P130輛

→對美肌、手腳冰冷、消除疲勞等方面很有效的露天浴池

走遠一點，順道前往位在都留市的山梨縣立磁浮展示中心吧。這裡是日本唯一不僅能參觀世界最快磁浮列車的行駛測試，還能透過豐富多彩的裝置體驗學習磁浮列車構造的設施。鄰接的わくわくやまなし館販售著限定的磁浮列車商品。

↑進行行駛測試的超導磁浮列車L0系改良型試驗車。非行駛測試的日子可事先上官網確認日程

↑可以體驗透過磁力飄浮行駛的迷你磁浮列車。可浮起約2cm

↑適合當作伴手禮的原創印花餅乾

山梨縣立磁浮展示中心　●やまなしけんりつリニアけんがくセンター
MAP P.116 E-1

☎0554-45-8121　⏰9:00～16:30（17:00閉館）　休週一（逢假日則翌日休，若週二為假日則開館）・假日翌日（若翌日為週五～日則開館）　¥入館費成人420円、高中生310円、中小學生200円、學齡前兒童免費（わくわくやまなし館免費）　所山梨縣都留市小形山2381　交JR大月站搭巴士往リニア見学センター15分，終點下車即到　P140輛

河口湖 P.70
山中湖・忍野 P.80
富士吉田
P.84
西湖・本栖湖・精進湖 P.92
朝霧高原・富士宮 P.94
御殿場・十里木 P.98

富士吉田 MAP P.124 F-1 咖啡廳
FabCafe Fuji
○ファブカフェフジ

地點在本町通的時髦咖啡廳
位在以昭和懷舊風商店街與富士山美景知名的本町通。堅持提供安心餐點，店內還有藝術或文字書等圖書區。

☎無 ⏰8:00～17:00
休週二 所山梨縣富士吉田市下吉田3-5-16
🚃富士急行下吉田站步行5分 🅿2輛

→店內氛圍悠閒，還有面向馬路的露天座位

→也供應早餐

富士吉田 MAP P.125 D-2 美食
FUJIYAMA TERRACE
○フジヤマテラス

望著眼前的富士山享用自助百匯
提供80種以上均衡使用山梨在地和當季食材的料理，推薦自助吧午餐3500円。從大窗戶能眺望富士山。

☎0555-22-1000（ハイランドリゾート ホテル＆スパ）⏰7:00～9:30，午餐第一時段11:30～13:00；第二時段13:15～14:45，17:30～20:00 休不定休 所山梨縣富士吉田市新西原5-6-1 ハイランドリゾート ホテル＆スパ內 🚃富士急行富士山站搭免費接駁巴士在ハイランドリゾートホテル前下車 🅿180輛

→→能邊眺望富士山，邊享用豐盛料理

富士吉田 MAP P.124 F-2 美食
手打ちそば 而今庵
○てうちそばにこんあん

加入富士山湧水製作的蕎麥麵
老闆每天都用八岳山麓生產的蕎麥粉手工製作蕎麥麵的名店。香味和甜味會擴散的「竹籠蕎麥麵」超受歡迎。務必前來一嘗講究細節的味道。

☎0555-22-9737
⏰11:30～13:30（14:00閉店，售完打烊）休週四，每月一次公休日前後休 所山梨縣富士吉田市下吉田2-14-27 🚃富士急行月江寺站步行10分 🅿7輛

→香氣濃郁的手打蕎麥麵800円

富士吉田 MAP P.124 F-2 購物
富士吉田金精軒 富士茶庵
○ふじよしだきんせいけんふじさあん

可以品嘗超人氣水信玄餅
這是白州點心店「台元金精軒」的姊妹店。除了可以買到水信玄餅（夏季限定）、生信玄餅、銅鑼燒等點心外，在2樓的咖啡廳還可以邊欣賞富士山邊喝咖啡。

☎0555-23-2525
⏰商店9:00～18:00，早餐7:00～9:30，咖啡廳10:00～16:00，視時期而異
休週三 所山梨縣富士吉田市下吉田2-4-28 🚃富士急行月江寺站步行7分 🅿5輛

→加進富士山伏流水的水信玄餅

富士吉田 MAP P.124 E-3 咖啡廳
Abend
○アーヴェント

講究素材的和洋菓子好評如潮
也能購買富士山相關點心的咖啡廳。老闆原本是和菓子師傅，生菓子和燒菓子、聖代等原創甜點全是自己製作。

☎0555-24-5888
⏰8:00～20:00（餐點為11:00～19:00）
休無休
所山梨縣富士吉田市新西原1-8-1
🚃富士急行富士山站步行3分
🅿10輛

→與人氣商品水凍使用相同名水的奶油餡蜜800円

富士吉田 MAP P.124 E-4 美食
浅間茶屋 本店
○せんげんちゃやほんてん

品嘗精心料理的餺飥
距離北口本宮富士淺間神社不遠的餐廳，除了店家自豪的餺飥外，還有雞雜煮等種類豐富的餐點，很多家庭客與團體會來此用餐。

☎0555-30-4010
⏰11:00～15:30（16:00閉店）休不定休
所山梨縣富士吉田市上吉田5562-7 🚃富士急行富士山站搭往旭日丘方向巴士6分，淺間神社前下車，步行5分 🅿30輛

→富有風情的建築

→蕈菇餺飥1800円

富士吉田 MAP P.124 F-3 購物
リカーステーションNADAYA
○リカーステーションナダヤ

使用富士山湧水的精釀琴酒
這間酒鋪販售堅持使用富士山之水釀造的燒酎及日本酒。自家公司擁有蒸餾所，使用富士山伏流水與山梨縣產植物原料製成的精釀琴酒，非常適合當作伴手禮。

☎0555-23-1311 ⏰9:00～18:00
休週日、假日
所山梨縣富士吉田市上吉田3-13-18 🚃富士急行富士山站步行3分 🅿7輛

→富士之神〔寒酒〕2420円／500㎖，200㎖／4400円

富士吉田 MAP P.124 F-2 咖啡廳
カフェ月光
○カフェげっこう

位在月光寺的懷舊摩登咖啡廳
古民家改裝而成的人氣咖啡廳，使用無農藥栽培的咖啡豆做成月光特調，還可在此享用手工蛋糕。

☎0555-28-7277
⏰12:00～17:00 休週二～四 所山梨縣富士吉田市下吉田3-12-11 🚃富士急行月江寺站步行7分 🅿無

→從本通很快就能到月江寺通

→南瓜楓糖起司蛋糕650円

富士吉田 MAP P.124 F-5 美食
當地啤酒&咖啡餐廳 富士山啤酒
○じビールアンドカフェレストランふじやまビール

新鮮蔬菜分量飽滿的午餐
因與釀酒廠相連，能暢飲以富士山名水釀造的鮮榨當地啤酒。不只有適合搭配啤酒的菜單，還能品嘗嚴選當季食材的料理。

☎0555-24-4800 ⏰11:00～閉店時間視日期而異（需於官網確認）休週三 所山梨縣富士吉田市新屋3-7-1 🚃富士急行富士山站搭往山中湖方向巴士15分，ふじさんミュージアムパーク前下車即到 🅿150輛

→傳承德國製法的當地啤酒

→推薦Harves午餐1460円

在富士湧水小鎮 都留市 享用美食&療癒之旅

~山梨縣都留市~

雖然有高速公路與鐵道通過,但這座小鎮擁有得天獨厚的富士湧水並以優美的風景及美味店家迎接我們到來。

MAPPLE編輯部
YOSHIDA

被選為平成名水百選
湧水交織成的絕景

A 十日市場・夏狩湧水群

特別推薦
SPOT

湧水群之一的太郎、次郎瀑布從朝向夏狩公民館的小巷進入,沿著河川步行約5分鐘就可以看到。湧水從斷崖岩石間滴落的樣子令人震撼,沁人心脾。

都留市位在山梨縣東部,有10處以上的富士山湧水池,十日市場・夏狩湧水群自平成時期就被選為「名水百選」。可以拜訪以太郎、次郎瀑布為首的湧水所創造的清涼感滿溢之景。在此一清水之町,有遵循古法製作的醋釀造所、縣外粉絲會特地來造訪的人氣美食店、氛圍與地點都非常優秀的咖啡廳等等,許多旅行目的地,充滿讓人想特地前往拜訪的魅力。

自家製麵 しゅん作
じかせいめんしゅんさく

無添加、無化學物質的自然食材拉麵

無添加的自製麵條口感強勁又滑順。使用國產海鮮及山梨縣信玄雞混合的綜合湯頭,風味香醇深厚,相當美味。

📞070-1520-9045 ⏰11:00～14:00、17:30～19:30 ⊗週日、第1・3週一 🏠山梨県都留市四日市場91 🅿25輛 MAP P.116 E-1

招財貓很醒目的人氣拉麵店

● 醬油拉麵650円,餃子450円

café tobira
カフェトビラ

草莓季節登場的聖代

盡情品嘗善用各季節食材的餐點

位在都留文科大學附近的家常氛圍咖啡廳。可以吃到使用當地食材並順應時節推出的聖代、甜點與單盤午餐。

📞090-4604-3967 ⏰11:30～17:00 ⊗不定休 🏠山梨県都留市田原3-3-28 🅿5輛 MAP P.118 G-1

推薦!順道前往景點

都留市的玩法

推薦利用富士急行線搭到各個離目的地最近的車站後再步行前往。特急線在都留市內僅停靠「都留文科大學前」站,而巴士行駛路線的中心則是都留市站,務必靈活運用。若是自駕,雖從都留IC挺方便,但走市內北側的大月IC也可以。

©都留市

🚃 鐵道	🚗 車
大月站	調布IC
富士急行線 約20分/470円	中央自動車道 70km 所需時間50分
都留市站	
富士急行線 約6分/180円	
都留文科大學前站	都留IC

A 十日市場・夏狩湧水群
とおかいちば・なつがりゆうすいぐん

☎0554-43-1111（都留市観光協会）　📍山梨県都留市十日市場・夏狩　MAP P.118 F-1

B 公路休息站 つる
みちのえきつる

☎0554-43-1110　🕐9:00~17:30（視時期而異），餐廳的午餐為10:30~15:00，下午茶為15:00~16:00，僅週六日、假日提供早餐8:00~10:00　休無休（冬季有休館日）　📍山梨縣都留市大原88　🅿78輛　MAP P.116 E-1

C 戸塚釀造店
とつかじょうぞうてん

☎0554-56-7431　🕐9:00~17:00　休週六日、假日　📍山梨縣都留市夏狩253　🅿10輛　MAP P.118 F-1

D cafe織水
カフェおりみず

☎0554-37-0277　🕐11:00~17:00　休週一、不定休　📍山梨縣都留市井倉234-1　🅿11輛　※詳情需確認IG　MAP P.116 E-1

E 山もとうどん
やまもとうどん

☎0554-45-8733　🕐10:30~14:00　休週二、三　📍山梨縣都留市古川渡397-1　🅿40輛　MAP P.116 E-1

D cafe織水

此咖啡廳能望見適合拍照的眼鏡橋

素食奶昔、甜點、香氣逼人的織水咖哩很有人氣。從店內可以眺望被登錄為國家有形文化財的落合水路橋，為了絕佳位置來店的客人眾多。

口感強勁的手打麵
會令人回味再三的吉田烏龍麵

E 山もとうどん

來客絡繹不絕的人氣店。反覆用腳踩踏熟成的麵條，口感Q彈又光澤滑順，最受歡迎的是在肉烏龍麵加蛋的肉蛋烏龍麵。馬肉、燙高麗菜與蛋的美妙絕配，是相當美味的餐點。

P 公路休息站 つる

餐廳供應的餐點大量使用農場直銷所也有販售的當地食材，日本山藥豬使用當地產的『富士湧水豬』及日本山藥，是非常受歡迎的餐點。

嚴選用富士山湧水培育的新鮮食材

C 戸塚釀造店　特別推薦SPOT

採用傳統釀造法精心手工釀製的醋。未設有販售區，不過若按對講機表明購物來意仍可購買。1個月前透過預約還可以參觀倉庫。

採用富士山伏流水釀造
風味柔和的醋

用故鄉納稅來支援！

都留市故鄉聲援捐獻金

支付給都留市的故鄉稅是為了振興產業、整備基礎設施、支援孩童養育及教育，充實健康、長壽與醫療體制、保全自然環境等。

山梨縣產富士湧水豬組合A

捐款金額：62,000円

使用富士湧水養育的品牌豬，口感清爽又甘甜，帶有上等油脂。有里肌、五花肉、腿肉等豐富的組合。

獲優秀味覺賞 逸品「純米 心之醋」與橘醋 禮品1組（4瓶）

捐款金額：16,000円

戸塚釀造店遵循古法並耗費工夫與時間熟成的純米醋「心之醋」，以及使用嚴選原料製作的柚子醋套組。

半熟起司蛋糕2盒

捐款金額：11,000円

手工西洋甜點店ならや的蓬鬆柔軟一口尺寸舒芙蕾起司蛋糕（1盒12個入）。未添加防腐劑，可以安心食用。

申請方法
・前往都留市的故鄉納稅網頁
・根據捐款金額申請回饋贈品
・如要扣除稅金，請依規定手續辦理

山梨泊まれる温泉 より道の湯
やまなしとまれるおんせん よりみちのゆ

以源泉式放流的露天浴池為賣點

⤴都留市站步行即到的好地點

除了不住宿溫泉，也可以在餐廳用餐及住宿（1泊附早餐8480円~）的設施。內具有開放空間的露天浴池與3種岩盤浴。

☎0554-56-8600　🕐10:00~23:00，餐廳為11:00~21:30，週六日、假日至21:45（平日的14:30~16:30僅提供輕食）　休無休　¥1400（週六日、假日為1500円，附館內服裝、毛巾）　📍山梨縣都留市つる1-13-31　🅿110輛　MAP P.116 E-1

果的溫泉　促進血液循環、肌膚保濕效

⤴奶油可頌各140円

手づくり和洋菓子 ならや
てづくりわようがしならや

販售逐一手作且口味柔和的點心

當地人也很熟悉的西點店。人氣可頌有原味、楓糖、抹茶口味，點餐後才將奶油填入。也很推薦半熟起司蛋糕。

☎0554-43-6307　🕐9:00~18:00　休週一　📍山梨縣都留市中央3-4-7　🅿8輛　MAP P.118 G-1

西湖 本栖湖 精進湖

●さいこ・もとすこ・しょうじこ

原來是這樣的地方！

富士山麓西北一帶面積遼闊的區域。可以在神祕的原生林—青木原樹海的大自然中漫步、洞窟探險，也能品嘗湖畔周圍美食或體驗兜風樂趣，有多種玩法。

琉璃色湖面映照的優雅富士山風景

本栖湖 DATA P.22

富士五湖中最西邊的湖。水深達121.6m，極為透明的琉璃色湖水相當美。

步行單程 30分！

去一睹千円紙鈔上面的風景吧！

洽詢處 📞0555-72-3168（富士河口湖町觀光課）
📞0555-85-2311（鳴沢村企画課）
MAP P.119 B-2

中之倉峠 觀景地

なかのくらとうげてんぼうち

攝影景點 📷

位在登山道上的五段景觀露臺

舊版一千円紙鈔的圖案以攝影家岡田紅陽拍攝的中之倉峠照片為本。可在其拍攝的同個地點盡情賞景。

舊版一千円紙鈔上印製的乃是本栖湖與富士山的風景。從西岸的停車場周邊也可望見，不過登山途中的中之倉峠觀景地設有木造賞景台，可以欣賞到與鈔票上同樣的景色。

📞0556-62-1116 **MAP** P.129 A-3
（身延町觀光課）
🆓自由參觀
🚉山梨縣身延町中ノ倉
🚌富士急行河口湖站開往登山口，車程35分，登山口步行30分 🅿20輛

鐵道巴士

	特急「富士回遊」		富士急巴士	
新宿站	→	**河口湖站**	→	**西湖民宿**
●所需時間／1小時55分	●費用／4130円		●所需時間／35分	●費用／800円

鐵道巴士

	特急「富士回遊」		富士急巴士	
新宿站	→	**河口湖站**	→	**本栖湖**
●所需時間／1小時55分	●費用／4130円		●所需時間／50分	●費用／1470円

車

	中央自動車道	國道139號・縣道710號	
河口湖IC	→		**西湖民宿村**
●所需時間／20分		●距離／14km	

車

	中央自動車道	國道139・300號	
河口湖IC	→		**本栖湖**
●所需時間／30分		●距離／20km	

本栖湖的休閒景點

享受湖上運動！

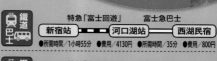

↑露營詳情見→P.55
↑有員工指導令人安心

本栖湖いこいの森キャンプ場

●もとすこいこいのもりキャンプじょう

地點在本栖湖西岸的森林露營場，同時受理體驗型活動的報名，可在透明度很高的本栖湖進行SUP立式划槳及皮艇等活動。

📞0556-38-0559 **MAP** P.129 A-5
📅4～11月，體驗活動需洽詢
🈺期間不定休
🈺SUP立式划槳、皮艇體驗1人6600円（2名起成行）
🏠山梨縣身延町釜額2035
🚉JR市ノ瀬站車程30分 🅿10輛

能眺望富士山的絕景露營

↑可一覽本栖湖與富士山
→申請體驗請至本栖湖活動中心（→P.48）

浩庵露營場

●こうあんキャンプじょう

本栖湖北岸的露營場。湖畔的露營座是富士山賞景的絕佳地點，可在此體驗SUP立式划槳等活動。

📞0556-38-0117 **MAP** P.129 A-3
📅IN8:00、OUT10:00 🈺無休 🈺住宿費700円～，帳篷1頂1100円～，停車場費用另計
🏠山梨縣身延町中ノ倉2926 🚉富士急行河口湖站車程35分 🅿20輛

河口湖

P.70

山中湖・忍野

P.80

富士吉田

P.84

西湖・本栖湖・精進湖

P.92

朝霧高原・富士宮

P.94

御殿場・十里木

P.98

西湖・本栖湖 精進湖
●さいこ・もとすこ しょうじこ

詳細MAP P.128・129

本栖湖 MAP P.129 C-4 美食

松風
●まつかぜ

品嘗富士北麓的自然恩賜

能親嘗擁有50年打獵資歷的店主嚴選入菜的野味與虹鱒等為食材。被稱為最高肉質的富士北麓鹿，以橡實及栗子飼養長大，推薦點道鹿肉咖哩來嚐嚐。

📞0555-87-2501
🕐11:00～15:00 🈲不定休（平日需洽詢）📍山梨縣富士河口湖町本栖120-1 🚌富士急行河口湖站搭往本栖湖・新富士站方向巴士45分，本栖入口下車，步行5分 🅿20輛

↻鹿肉咖哩套餐附龍田炸鹿肉料理（1800円，僅週六日・假日附湯）

精進湖 MAP P.129 C-2 景點

精進湖 他手合濱
●しょうじこたてごうはま

「抱子富士」的絕景景點

位在精進湖北岸的他手合濱為富士山絕景之一。由於看起來就像富士山抱著大室山一樣，因此稱為「抱子富士」。

📞0555-72-3168（富士河口湖町觀光課）
🕐自由參觀 📍山梨縣富士河口湖町精進 🚌富士急行河口湖站搭鳴澤・精進湖・本栖湖周遊巴士38分，子抱き富士ビューポイント下車即到 🅿50輛

提供：富士河口湖町觀光課

精進湖為富士五湖中最小的湖

西湖 MAP P.128 G-2 美食

Sun Lake
●サン・レイク

能輕鬆享用虹鱒料理

該店招牌是使用西湖捕獲的虹鱒、西太公魚等製成的菜餚。只能在限定地點捕獲的虹鱒當中，也只有在捕獲22cm以上才能吃到的鹽烤虹鱒，簡直是絕頂美味。

📞0555-82-2933
🕐8:00～19:00 🈲不定休 📍山梨縣富士河口湖町西湖2204 🚌富士急行河口湖站搭河口湖周遊巴士30分，駒形下車即到 🅿50輛

↻鹽烤虹鱒定食1980円，只在捕獲體型良好且超過22cm時才提供

鳴澤 MAP P.128 G-5 玩樂

富士天滑雪場
●ふじてんリゾート

夏天也可以滑的滑雪場

可以體驗活用滑雪場坡道的特色戶外運動，並提供登山自行車、夏日滑雪、滑雪場BBQ等，樂趣十足。

📞0555-85-2000 🕐5月上旬～10月下旬（夏日滑雪為6月下旬～）、9:00～17:00 🈲期間週四、五（視種類有變動）💴纜椅券3小時3000円～ 📍山梨縣鳴澤村富士山8545-1 🚌富士急行河口湖站車程20分 🅿2500輛

↻2022年新登場的越野小三輪車

↻與冬天滑雪使用相同道具的夏日滑雪

西湖 MAP P.128 F-2 景點

西湖蝙蝠洞
●さいこコウモリあな

富士山麓最大規模的熔岩洞窟

因洞內的氣溫較溫暖，已成為蝙蝠冬眠場所的熔岩洞窟。全長為350m以上，為富士山麓最大等級的規模。參觀繩狀熔岩、熔岩圓頂等生動壯觀的自然造景吧！

📞0555-82-3111（西湖自然中心事務管理所）🕐3月20日～11月、9:00～16:00 🈲期間無休 💴350円 📍山梨縣富士河口湖町西湖2068 🚌富士急行河口湖站搭西湖周遊巴士34分，西湖コウモリ穴下車即到 🅿41輛

↑能行走在熔岩的流動猶如波浪般保留下來的繩狀熔岩上面

鳴澤 MAP P.119 D-2 咖啡廳

Juden Coffee
●ジューデンコーヒー

外帶香醇咖啡

以令人印象深刻的LOGO為標誌的咖啡站。用心沖煮的咖啡及自製甜點、熱三明治，都吸引人想拜訪這間店小歇一會兒、好好補充元氣。

📞090-4938-7193
🕐10:00～18:00（冬季至～17:00）🈲週一、週二不定休 📍山梨縣鳴澤村大田和3570-1 🚌富士急行河口湖站車程13分 🅿8輛

↑店內吧檯座有2席，另外還有露臺座16席

↻可以選拉花文字的摩卡咖啡600円

西湖 MAP P.128 H-2 美食

Ma Maison西湖店
●マメゾンさいこてん

湖邊隱蔽的小木屋餐廳

被骨董環繞的店內簡直就像電影場景一般。可以在此盡情享用甲州葡萄酒牛、甲州富士櫻豬等以當季食材入菜的主廚自豪料理。

📞0555-82-2034
🕐11:30～14:00、17:00～21:00 🈲不定休 📍山梨縣富士河口湖町西湖2330 🚌富士急行河口湖站搭西湖周遊巴士30分，西湖津原濱下車即到 🅿25輛

↻自製的手打漢堡排1350円

↻氣氛舒適寧靜的飯店餐廳

鳴澤 MAP P.128 G-3 景點

紅葉台展望休息室
●こうようだいてんぼうレストハウス

能環視富士山的遼闊全景

標高1165m，利用紅葉台休息室頂樓空間所建造的展望台。能環視富士山的山腳緩坡，秋天可以眺望青木原樹海、足和田山一帶的紅葉。

📞0555-85-2252
🕐8:30～17:00（1～3月為9:30～16:00左右）🈲降雪時休 💴300円 📍山梨縣鳴澤村紅葉台8527 🚌富士急行河口湖站車程30分 🅿30輛

↻一望雄偉的富士山

本殿
位在拜殿後面的是本殿。稱為「淺間造」的雙層樓閣式建築。

1 富士山本宮淺間大社
ふじさんほんぐうせんげんたいしゃ

為全日本約1300間淺間神社的總本宮。往昔曾是修行者在富士登山前淨身的場所。富士山信仰的重要中心，世界遺產「富士山」的構成資產之一。

DATA→ **P.22**

這裡！

本殿及拜殿是由德川家康捐獻而建成

前往總本宮參拜，品嚐門前美食吧
門前 富士宮 隨意散步

把富士山當作御神體的富士山本宮淺間大社，有德川家康興建的社殿、湧水流淌的湧玉池等諸多精彩景點。連同周邊的門前町一起去漫步吧！

樓門
二層歇山頂式的莊嚴建築物。掛在門上的匾額是1819年製作的。

攝影景點！📷

大鳥居
從建在參道上的大鳥居能眺望美麗的富士山。

獲得神明保佑吧！

御守

繪馬

御朱印&御朱印帳

參拜後前往授與所看看吧，有以富士山為主題的御朱印帳和御守。

2 湧玉池
●わくたまいけ MAP P.130 C-1

位在境內，獲指定為特別天然紀念物的富士山湧水池。能看見只在清流盛開的梅花藻花朵、虹鱒的身影。

參拜之前！淺間大社 Q&A

Q 淺間大社的神明是？
A 為了平息富士山的火山爆發，祭祀木花之佐久夜毘賣命，其別名為淺間大神。

Q 和富士山的關係是？
A 富士山頂有淺間大社的奧宮，八合目以上是奧宮的境內地。

Q 是誰興建的？
A 武田信玄和德川家康下令進行社殿的興建和修復。

各色各樣牧場遊樂和美食的區域

朝霧高原 富士宮

是這樣的地方！

朝霧高原是代表日本的酪農地帶，50家以上的牧場散布各處。所在的富士宮，可以品嚐人氣當地美食富士宮炒麵。

淺間神社總本宮。

●あさぎりこうげん
ふじのみや

洽詢處 ☎0544-22-1155（富士宮市觀光課）
MAP P.119 B-4、P.121 B-3

🚃 鐵道	JR東海道新幹線（搭乘光號在三島站轉乘）+JR東海道本線+JR身延線（富士站轉乘）	
	東京站	富士宮站
	●所需時間／1小時40分	●費用／4400円

🚌 巴士	富士急巴士	
	東京站	富士宮站
	●所需時間／2小時40分	●費用／3000円

🚗 車	東名・新東名高速 國道139號		
	東京IC	新富士IC	富士宮站
	●所需時間／1小時35分	●費用／3490円	●距離／127km

河口湖 P.70
山中湖・忍野 P.80
富士吉田 P.84
西湖・本栖湖・精進湖 P.92
朝霧高原・富士宮
P.94
御殿場・十里木 P.98

探索門前美食！

甘味処ぷくいち的紅豆湯圓
製餡所直營的甜品店。也能品嘗紅豆湯和咖啡、靜岡關東煮。紅豆湯圓450円。

御くじ餅本舖的麻糬
用富士山的伏流水揉製的紅白麻糬。盒中還會放入1張籤（2顆330円）。

むすび屋的富士宮炒麵
最推薦原創的鹽醬富士宮炒麵。也有飯糰和糰子等美食。

名產品売店きたがわの伴手禮
精選富士宮市的知名點心和名產的伴手禮店，也販售富士山商品。

富士宮炒麵學會特產直銷商店販售的富士宮炒麵
P.62

ジェラートぷくいち的義式冰淇淋
每天大約耗時3小時準備的自製義式冰淇淋使用朝霧高原牛奶，滋味濃厚。

③ 御宮橫丁
●おみやよこちょう
位在大社前，隔著一條街的對面，餐飲店和伴手禮店櫛次鱗比的小路。道路上設置了桌椅，可以當場品嘗購買的美食。
MAP P.130 B-2
☎0544-25-2061（甘味処ぷくいち）
🕐10:00～16:00　視店舖而異
📍靜岡県富士宮市宮町4-23
🚃JR富士宮站步行8分　P無

④ 靜岡縣富士山世界遺產中心
●しずおかけんふじさんせかいいさんセンター
利用影片和模型介紹關於富士山的自然和歷史、文化。從5樓的展望大廳能飽覽雄偉富士山的風景。也附設博物館賣店和咖啡廳。
DATA→ **P.31**

矚目！順路前往 老店景點

↑以富士山麓熟成肉為主，同時販售BBQ專用肉

肉匠 さの萬
●にくしょうさのまん
1914年創業的精選肉品店，為日本乾式熟成牛肉的先驅，可以購買丁骨牛排、沙朗牛排、漢堡排等肉品。也販售店家自己的品牌豬肉「萬幻豬」。
MAP P.130 B-1
☎0544-26-3352　🕐10:00～18:30
休週三、四不定休　📍靜岡県富士宮市宮町14-19　🚃JR西富士宮站步行10分　P8輛

文具の蔵Rihei
●ぶんぐのくらリヘイ
擁有100多年歷史的老牌文具店，富士山文具等原創商品讓人目不暇給。尤其是「宮洋墨」的顏色豐富多彩，相當受歡迎，甚至有從國外特地前來購買的使用者。
☎0544-27-2725　**MAP P.130 B-2**
🕐9:30～18:30　休週三　📍靜岡県富士宮市宮町8-29　🚃JR富士宮站步行15分　P8輛

↑自製的鋼筆墨水「宮洋墨」為2420円～

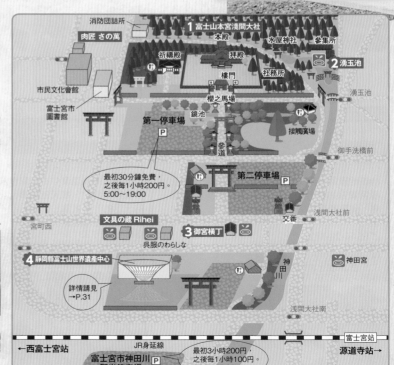

地圖標示：
消防団詰所
肉匠 さの萬
市民文化會館
富士宮市圖書館
① 富士山本宮浅間大社
本殿　水屋神社　参集所
祈禱殿　拝殿　社務所
樓門　② 湧玉池　湧玉池
櫻之馬場
第一停車場
鏡池　接觸廣場
御手洗橋前
參道
第二停車場
最初30分鐘免費，之後每1小時200円。5:00～19:00
文具の蔵 Rihei
③ 御宮橫丁
呉服のわらしな
交番　浅間大社前
④ 靜岡縣富士山世界遺產中心
神田宮
神田川
詳情請見→P.31
宮町西
浅間大社南
JR身延線
西富士宮站←　富士宮市神田川觀光停車場　最初3小時200円，之後每1小時100円。6:30～22:00　→源道寺站　富士宮站
湧水景點

朝霧高原 富士宮

●あさぎり こうげん ふじのみや

詳細**MAP** P.130・131

富士牛奶樂園

富士宮　MAP P.131 B-3　玩樂

●ふじミルクランド

親近可愛的動物們

能看到富士山的廣大體驗型牧場。在親近動物廣場，可以和山羊一起散步或體驗餵食。使用新鮮牛奶製作的霜淇淋與義式冰淇淋都很熱銷。

☎0544-54-3690 ⏰9:00～17:00 休無休(冬季不定休) ¥入場免費 🅿靜岡縣富士宮市上井出3690 🚃JR富士宮站車程20分 🅿200輛

→有山羊、馬等的親近動物廣場

大淵笹場
富士　MAP P.121 C-3　景點

●おおぶちささば

種茶地點才有的絕景

細心照料的茶園及出現在前方的雄偉富士山非常漂亮。以絕佳攝影景點吸引許多攝影師前來，推薦於黃金週前後造訪。

☎0545-64-2430(新富士站觀光服務處，8:30～17:15) ⏰自由參觀 🅿靜岡縣富士市大淵 🚃JR富士站車程30分 🅿31輛(活動舉辦時會有變動)

→可以拍攝到沒有電線桿遮蔽的富士山

NATURAL ACTION outdoor tours
富士宮　MAP P.121 A-3　玩樂

●ナチュラルアクションアウトドアツアーズ

盡享大自然的泛舟行程

在世界遺產富士山的山腳下，可在富士川體驗以泛舟為主的戶外活動。親子可一起共遊的兒童泛舟也很有人氣。

☎0544-65-1123 ⏰9:00～18:00 休不定休 ¥泛舟行程7800円，兒童泛舟6800円(須預約) 🅿靜岡縣富士宮市內房2193-8 🚃JR芝川站車程4分 🅿50輛

→主角為孩子！兒童泛舟可讓全家共同參與挑戰

奇石博物館
富士宮　MAP P.121 C-2　景點

●きせきはくぶつかん

世界不可思議石頭大集合

此處展示收藏從世界各地蒐羅的美麗寶石、化石、礦物等不可思議的石頭。提供賞玩彎石與會發出聲音的石頭，設有解說區。

☎0544-58-3830 ⏰9:00～16:15 (16:45閉館) 休週三、逢假日則翌日休 ¥700円 🅿靜岡縣富士宮市山宮3670 🚃JR富士宮站車程20分 🅿200輛

→週六日、假日在附設的體驗設施內，可以參加尋找寶石活動(600円，僅週六日、假日舉辦)
→有豆沙餡的擬真饅頭石

田貫湖
朝霧高原　MAP P.131 A-3　景點

●たぬきこ

以逆富士和鑽石富士而聞名

往正東方仰望富士山。春天能觀賞櫻花和杜鵑花，秋天能飽覽紅葉。同時也是廣為人知的景觀名勝，有倒映在湖面上的逆富士，還有4月20日和8月20日前後一週能看見的鑽石富士，許多攝影師也會造訪。

☎0544-27-5240 (富士宮市觀光協會) ⏰自由參觀 🅿靜岡縣富士宮市佐折634-1 🚃JR富士宮站搭往休暇村富士方向巴士45分，終點下車即到 🅿使用田貫湖露營場南側停車場

↑倒映著四季色彩和逆富士的田貫湖

富嶽溫泉 花の湯
富士宮　MAP P.121 B-2　溫泉

●ふがくおんせんはなのゆ

設備齊全的不住宿溫泉

為該地區最大規模的不住宿溫泉，可充分享受種類豐富的自家源泉浴池。館內設有身體護膚、美容室等多類型放鬆療癒設施，也提供住宿。

☎0544-28-1126 ⏰10:00～翌日9:00 休無休 ¥泡湯費1650円(週六日、假日為2200円) 🅿靜岡縣富士宮市ひばりが丘805 🚃JR富士宮站搭往万野團地方向巴士15分，靜岡中央銀行前下車即到 🅿500輛

→設施種類豐富，好好放鬆下

富士花鳥園
朝霧高原　MAP P.119 B-3　景點

●ふじかちょうえん

一整年都能觀賞漂亮的花卉

全天候型的大溫室中有色彩繽紛的秋海棠和倒掛金鐘花綻放，每天皆會舉行可愛貓頭鷹和氣勢十足的老鷹表演。

☎0544-52-0880 ⏰9:00～16:30 (12～3月至～15:30) 休週四、有不定休(需於官網確認) ¥1400円 🅿靜岡縣富士宮市根原480-1 🚃JR富士宮站搭往河口湖方向巴士37分，道の駅 朝霧高原下車，步行7分 🅿200輛

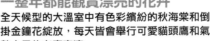

→每日舉行的鳥類秀

山宮淺間神社
富士宮　MAP P.121 C-2　景點

●やまみやせんげんじんじゃ

據說是富士山本宮淺間大社的前身

原為本殿該在的位置卻沒有建築物，而是能望見富士山的遙拜所，被認為是古早的祭祀形式，並已被列為世界遺產。

⏰自由參觀 🅿靜岡縣富士宮市山宮740 🚃JR富士宮站車程15分 🅿10輛

→從遙拜所正面望見富士山

河口湖 P.70
山中湖·忍野 P.80
富士吉田 P.84
西湖·本栖湖·精進湖 P.92
朝霧高原·富士宮
御殿場·十里木 P.94
P.98

朝霧高原 IDEBOKU

MAP P.121 B-2 購物

●いでぼく

使用新鮮食材的冰淇淋及起司超有人氣

早上現擠的新鮮牛奶為底的冰淇淋，味道濃厚且滑順的牛奶香甜味會隨即在口中擴散開來。

📞0544-58-6186
🕐10:00～17:00(週六日、假日至18:00)
休週一(逢假日則營業，7月中旬～9月無休)
所靜岡縣富士宮市北山4404-2
🚋JR富士宮站車程25分
🅿30輛

↻娟姍牛乳冰淇淋(單球)460円

富士 杉山フルーツ

MAP P.121 C-4 購物

●すぎやまフルーツ

直接將美味封入的果凍

由水果藝術家杉山清先生經營的水果專賣店。Q彈口感為基底的水果浮在果凍最上層，簡單又吸睛的新鮮水果果凍很受歡迎。

📞0545-52-1458
🕐10:00～17:00(售完打烊)
休不定休
所靜岡縣富士市吉原2-4-3
🚋岳南電車吉原本町站步行5分
🅿5輛

↻果凍的價格視季節變動

↻販售眾人都會喜歡的伴手禮果凍

富士宮 自家焙煎Mifujiya Coffee

MAP P.131 B-4 咖啡廳

●じかばいせんミフジヤコーヒー

在瀑布正上方小憩片刻

位於白絲瀑布旁，音止瀑布正上方的咖啡廳。可以邊欣賞瀑布、邊品嘗使用富士山湧水的手沖咖啡。

📞090-4199-5267
🕐10:00～17:00
休不定休
所靜岡縣富士宮市上井出265-1
🚋JR富士宮站搭往白糸の滝方向巴士30分，白糸の滝觀光案内所前下車，步行5分
🅿無(使用市營停車場)

↻音止瀑布特調620円

↻設有暖爐的舒適店內

富士宮 田子の月 富士宮阿幸地店

MAP P.130 D-1 購物

●たごのつきふじのみやあこうちてん

使用富士山麓生乳

濕潤又蓬鬆的海綿蛋糕中，填了滿滿卡士達醬的「富士山頂」款銷量很好。以富士山為靈感的外觀也非常適合作為伴手禮。

📞0544-27-5546
🕐9:00～18:30 休不定休
所靜岡縣富士宮市城北町775
🚋JR富士宮站搭粟倉萬野循環巴士15分，藤の木下車即到
🅿14輛

↻用白巧克力表現富士山頂的白雪。富士山頂200円

富士宮 ここずらよ

MAP P.130 B-2 購物

提供豐富的富士宮特產

富士山本宮淺間大社鳥居旁的伴手禮店，店名在當地方言中代表「在這裡喔」的意思。販售點心、乳製品、富士宮特產虹鱒加工品等物。

📞0544-24-2544
🕐9:00～16:30(17:00閉店)
休不定休
所靜岡縣富士宮市宮町1-1
🚋JR富士宮站步行10分
🅿無

↻可吃到當地美食富士宮炒麵600円(大份750円)

富士宮 雲上かき氷／UNJYO COFFEE

MAP P.121 C-2 咖啡廳

●うんじょうかきごおりウンジョウコーヒー

用富士山天然水製作的刨冰

刨冰與咖啡均採用自地下180m處富含礦物質的水製作而成。特點是不易變質且有甜味，和此種刨冰搭配的自製糖漿，嚐起來味道很搭。

📞0544-58-7898
🕐10:00～17:00 休週二上午、週日
所靜岡縣富士宮市山宮3362-1
🚋JR富士宮站車程19分
🅿7輛

↑「草莓園的莓煉乳」950円
↻夏天人潮較多，建議早點來

富士高砂酒造

●ふじたかさごしゅぞう

於1830年創業，非常有歷史的酒廠。使用富士山伏流水，代代持續守護傳統山廢製法(不搗爛、攪拌米及米麴的做法)，喝起來非常溫和清爽。

📞0544-27-2008 MAP P.130 B-1
🕐9:00～17:00(週六日、假日10:00～17:30)
休無休
所靜岡縣富士宮市寶町9-25
🚋JR富士宮站步行10分
🅿15輛

山廢製法純米吟釀3400円

↻賣店除提供全商品販售外，也可買到限定品

Fujiyama hunter's Beer 淺間大社Tap Room

●フジヤマハンターズビールせんげんたいしゃタップルーム

同時身為獵師&農家經營者的老闆自己栽培大麥及啤酒花釀製啤酒。根據各季節的收成品，種類也有所不同。以野味入菜的料理也很有人氣。

📞0544-66-0399(ブルワリー) MAP P.130 B-1
🕐11:00～23:00(根據日期變動)
休週一～三
所靜岡縣富士宮市宮町12-20 いちふくコーポ1F
🚋JR富士宮站步行13分
🅿無

年貢(左)473ml 1000円；斧YOKI(右)237ml 700円

↑請至櫃檯點餐喔

旅行要點

由清澈水質孕育出的當地啤酒&日本酒現正流行

要釀造美味的酒，不可或缺的就是優良水質。富士宮當地使用富士山伏流水製成的啤酒及日本酒，一定會被濃郁味道深深感動。

富士宮 れっどぱーる

MAP P.121 B-2 咖啡廳

使用現摘草莓的奢侈甜點

從附設農園採摘，可以品嘗使用大顆「完熟紅臉頰」草莓的甜點。當吃下一口使用整顆草莓的聖代，香甜多汁的滋味便會滿溢口中。咖啡廳也有兼營農產直銷所，會於採收季時販售草莓。

📞0544-24-4071
🕐10:00～17:00
休週一、二(冬季無休)
所靜岡縣富士宮市青木133
🚋JR西富士宮站車程5分
🅿60輛

↻使用純草莓的「草莓果汁」518円，上方搭配的碎草莓更是亮點所在

御殿場 十里木

ごてんば・じゅうりき

並且是日本最大的
可以眺望富士山暢貨中心!!

是這樣的地方!

充分利用富士山腳下的大自然魅力,規模龐大的遊樂場星羅棋布。位在御殿場的大型暢貨中心也很受歡迎,購物之餘還可以在周邊享受美食和溫泉。

洽詢處
☎0550-82-4622(御殿場市觀光交流課)
☎055-995-1825(裾野市產業觀光運動課)
☎0550-76-6114(小山町商工觀光課)

MAP P.120 G-1

鐵道	小田急特急「富士山」	
	新宿站 ━━ 御殿場站	
	●所需時間/1小時45分 ●費用/2920円	

巴士	BUSTA新宿(新宿站新南口) ━━ 小田急高速巴士 ━━ 御殿場站	
	●所需時間/1小時45分 ●費用/1800円	

車	東名高速道路 東名高速	
	東京IC ━━ 御殿場IC	
	●所需時間/55分 ●費用/2620円 ●距離/84km	

CP值就跟富士山一樣高!

御殿場 PREMIUM OUTLETS

聰明購物的訣竅!

1 瞄準傍晚時間

許多人造訪的御殿場PREMIUM OUTLETS。上午抵達和來自遠方的客人結束購物的傍晚後會比較空曠,試著聰明地規劃行程吧。

2 也活用支援服務吧!

各種導覽都由諮詢中心提供相應服務。除此之外,ATM和投幣式置物櫃、服裝修改(收費)、行李宅配(僅日本國內、收費)等服務也豐富完善。

3 媽媽也安心!兒童設施

場內設有4間哺乳室,WEST ZONE與HILL SIDE設有遊樂場。提供投幣式嬰兒車租賃服務並給予12歲以下兒童生日優惠。

充滿魅力的購物度假村

這間暢貨中心的面積約有9個東京巨蛋大,集結290間店鋪,是觀賞富士山的絕佳地點,每天都有大量觀光客前往而熱鬧非凡。「HILL SIDE」區域內還有飯店及不住宿溫泉。

御殿場PREMIUM OUTLETS
☎0550-81-3122
⏰10:00~20:00(12~2月至19:00,視時期變動)
休一年一次(2月) 📍靜岡縣御殿場市深沢1312 🚃JR御殿場站有免費接駁巴士15分 🅿7000輛
MAP

從東京方向走足柄智慧型IC也很方便!

若要從東京方向開往東名高速的話,比起御殿場IC,推薦選擇前一個足柄智慧型IC。可以避開週六、日御殿場IC的塞車潮,更順暢地前往HILL SIDE區域的停車場。

交通方式有接駁巴士與直達巴士!

●從JR御殿場站有免費巴士運行

從JR御殿場站經由東名高速御殿場IC,從開店30分前至打烊30分前,每15分都有一班接駁巴士。

●首都圈等地也有直達巴士

東京站、上野站、新宿站、澀谷站、池袋站、品川站、立川站、町田站、橫濱站、多摩廣場站等地都有直達巴士。

河口湖
P.70
山中湖·忍野
P.80
富士吉田
P.84
西湖·本栖湖·精進湖
P.92
朝霧高原·富士宮
P.94

御殿場·十里木
P.98

吃午餐&喝咖啡都合適！

話題 Gourmet

Trattoria Tavola
●トラットリアターヴォラ

可以開心享用到駿河灣產的新鮮海味、靜岡產蔬菜、香草等當地食材的義大利料理。

炭焼きレストランさわやか
●すみやきレストランさわやか

備受靜岡縣民喜愛的漢堡排店。用炭火烤得滿溢肉汁，100%使用牛肉的「拳骨漢堡排」是熱門餐點。

gelato pique cafe creperie
●ジェラートピケカフェクレープリー

睡衣品牌「gelato pique」所監製，以「大人的甜點」為概念開設的店。使用法國產高級發酵奶油製作的可麗餅超受歡迎。

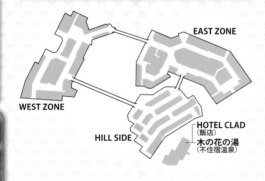

EAST ZONE

WEST ZONE

HILL SIDE

HOTEL CLAD（飯店）

木の花の湯（不住宿溫泉）

拜訪人氣SHOP！

Outdoor

店內羅列豐富的露營用品如露營燈等

Coleman
●コールマン

1901年創業的戶外用具老字號品牌。既保有機能性與耐久性，日常生活中也能輕鬆使用的設計是一大特點。

Goods

御殿場店限定的閃閃發亮外盒（內有汽水糖）

PLAZA
●プラザ

讓你變得更美麗的美妝品、點綴日常的閃亮雜貨等生活風格商店。

© 2024 Peanuts Worldwide LLC

Fashion

風格自然、材質舒適又很好穿搭的褲子

Yanuk
●ヤヌーク

來自洛杉磯的牛仔褲品牌。透過絕妙的剪裁，具有穿著舒適度與放鬆感的完美褲型很受歡迎。也有眾多牛仔褲以外的商品。

Sports

提供兼具機能性及流行元素的鞋子與衣著

New Balance Golf
●ニューバランスゴルフ

因鞋子穿起來非常舒適而受到好評的New Balance，也為高爾夫開發服裝、鞋子等品項。

HOTEL CLAD
●ホテルクラッド

建在面朝富士山的高台上，視野絕佳

從早上開始盡情購物！

位在暢貨中心HILL SIDE區域的度假型飯店。地點非常好且純住宿含稅只要10200円起，歡迎利用。

☎ 0550-81-0321
（10:00～19:00，預約專用）

¥ 純住宿1晚10200円～

半數以上的房間都可以看到富士山

木の花の湯
●このはなのゆ

能眺望富士山的不住宿溫泉

使用自家源泉的不住宿溫泉設施。店家以富士山高聳在眼前的視野自豪。另一個特色是擁有19間包租露天浴池。

☎ 0550-81-0330
（自動音声ダイヤル）

¥ 大浴池費用1700円，週六日、假日為2100円（包租含浴巾、洗臉巾） ⏰ 10:30～21:00（22:00閉館）

從3樓的露天浴室可以看到富士山

從內湯連接至露天浴池

引人注目

可以順道前往的溫泉&飯店！

腹地內附設

兩棟設施就鄰接HILL SIDE巴士轉運站，便利性絕佳。從WEST ZONE有免費接駁巴士可以搭往HILL SIDE，務必好好利用，也設有專用停車場。

御殿場　新橋淺間神社（木之花名水）

MAP P.130 A-3　景點

●にいはしせんげんじんじゃ このはなめいすい

有伏流水湧出的能量景點

鎌倉時代創立的古老神社。從地下85m處汲取上來的富士山伏流水為神社的主祭神，因此稱之為木之花名水，也以名水著稱。

☎0550-83-0604
⏰自由參拜（僅8:00～18:00可以汲水）
📍靜岡縣御殿場市新橋2081-2　🚃JR御殿場站步行5分　🅿10輛

↻遵照開放汲水的時間前往吧

御殿場　乙女停車場

MAP P.130 D-4　景點

●おとめちゅうしゃじょう

拉響召喚幸福的鐘吧

能眺望富士山的市營停車場。設有一座鐘，據說拉響1次能保佑健康和家庭圓滿，2次可以成功開運，3次能實現戀愛成就和結緣。

☎0550-82-4622（御殿場市觀光交流課）
⏰自由參觀　📍靜岡縣御殿場市深沢2211-1　🚃JR御殿場站車程10分　🅿28輛

↻這口鐘以前曾設置在蘆之湖的海賊船FRONTIER號上面

御殿場　KIRIN DISTILLERY 富士御殿場蒸餾所

MAP P.120 G-1　景點

●キリンディスティラリーふじごてんばじょうりゅうしょ

麒麟唯一的威士忌蒸餾所

會舉行從地理位置、原酒、人這三個視角感受威士忌魅力的活動。

☎0550-89-4909　⏰9:00～16:00　休週一（逢假日則翌平日休）　¥入場免費，活動參加費500円（19歲以下免費）　📍靜岡縣御殿場市柴怒田970　🚃JR御殿場站搭往山中湖·河口湖駅方向巴士20分，水土野下車，步行10分（JR御殿場站有免費接駁巴士）　🅿15輛　※詳情需確認官網

↻蒸餾所的外觀

↻參觀後可以享用試飲

御殿場　駒門風穴

MAP P.120 G-2　景點

●こまどかざあな

富士東麓最大的熔岩洞穴

因富士山大爆發而形成的熔岩洞窟，以日本國內屈指可數的古老程度和大規模為榮。約20分鐘即可來回，洞內能看見熔岩流過的痕跡等景象。

☎0550-87-3965
⏰9:00～17:00（12～2月至～16:00）　休無休（12～2月為週一休，逢假日則營業）　¥300円　📍靜岡縣御殿場市駒門69　🚃JR富士岡站步行20分　🅿20輛

↻照明裝置整備完善，因此可以安心進入

御殿場　富士山御胎內清宏園

MAP P.120 F-1　玩樂

●ふじさんおたいないせいこうえん

享受野鳥觀察和洞窟探險的樂趣！

原本是因為富士山的火山爆發而形成的熔岩地帶。除了能觀察野鳥和季節植物以外，也能參觀同樣是熔岩洞窟的「御胎內」。

☎0550-89-4398
⏰8:30～17:00（11～1月至～16:30）　休無休　¥200円　📍靜岡縣御殿場市印野1382-1　🚃JR御殿場站搭往印野本村方向巴士20分，富士山樹空之森下車，步行10分　🅿30輛

↻由於構造形似人體內部，因而這樣命名的熔岩隧道「御胎內」

御殿場　秩父宮紀念公園

MAP P.130 C-4　景點

●ちちぶのみやきねんこうえん

綻放四季美麗花卉的御殿場知名景點

將秩父宮兩殿下的別墅整備而成的公園。有茅草屋頂主屋及紀念館，園內種植的花草四季皆呈現不同風貌。

☎0550-82-5110
⏰9:00～16:30（4月至17:00，6～8月至17:30）　休第3週的週一（逢假日則翌平日休）、不定休（詳情需確認官網）　¥300円　📍靜岡縣御殿場市東田中1507-7　🚃JR御殿場站車程10分　🅿80輛

↻以春天的賞櫻名勝為人所知

想要知道更多！矚目景點

御殿場 十里木

●ごてんば・じゅうりき

詳細MAP P.130

御殿場　富士山樹空之森

MAP P.120 F-1　玩樂

●ふじさんじゅくうのもり

玩樂、學習、療癒的複合公園設施

傳播有關富士山的資訊並與駐紮在山腳下的自衛隊互動交流的複合設施。設有戶外廣場以及能學習富士山歷史和氣象的天空劇場。

☎0550-80-3776
⏰9:00～17:00（12～2月至～16:00）　休週二　¥入園免費　📍靜岡縣御殿場市印野1380-15　🚃JR御殿場站搭往印野本村方向巴士20分，富士山樹空之森下車即到　🅿197輛

↻眺望季節花卉和富士山的四季彩之丘

旅行要點　從十里木高原觀景台眺望富士山

絕對有停車爬上樓梯觀賞的價值！

位在富士山南側，國道469號附近的「里木高原觀景台」是絕佳富士山展望點。從十里木高原停車場走上鋪設於山丘的樓梯約15分的地方。觀景視野沒有任何遮蔽物，可以從正面看見富士山，具震撼力的風景令人感動，務必停車親自前往欣賞。

MAP P.120 E-2

↻觀景台標高960m，富士山感覺就近在咫尺

御殿場 とらや工房
● とらやこうぼう
MAP P.130 C-4 〔咖啡廳〕

靜靜佇立在竹林中的咖啡廳名店
和菓子老字號「とらや」經營的店。廚房僅用整面玻璃隔著,可以觀看製作和菓子的過程。窗外有梅樹及竹林綠意,一整片清涼之景。

☎0550-81-2233
🕙10:00～18:00 (10～3月至17:00,售完打烊)
休 週二 (逢假日則翌日休)
所 靜岡縣御殿場市東山1022-1
🚃JR御殿場站車程15分 P70輛

↳和菓子與茶套餐630円～

裾野 蕎仙坊
● きょうざんぼう
MAP P.120 F-2 〔美食〕

在屋齡400年的村長宅邸享用正宗蕎麥麵
由曾為別墅的屋齡400年村長宅邸改裝而成的店。蕎麥麵備有能享用香味和風味的粗麵條「田舍」、滑順的細麵條「蒸籠」。

☎055-998-0170
🕙11:30～14:00 (完全預約制)
休 週一、二 (視時期有不定休)
所 靜岡縣裾野市須山1737
🚃JR岩波站車程13分 P20輛

↳以蒸籠和田舍為套餐的二色蕎麥麵1056円

御殿場 BIG MOUNTAIN RANCH
● ビッグマウンテンランチ
MAP P.120 G-1 〔玩樂〕

新手也能輕鬆騎馬
從幼兒到年長者都能享受騎馬樂趣的體驗設施。即使是初次騎馬,上馬背後也能在工作人員的教導下,體驗邊控制韁繩邊前進的樂趣。不僅可在設施內騎馬,在室外也能騎乘是一大特點。

☎0550-88-3139
🕙9:00～17:00 (需預約) 休 週二不定休 ¥基本方案(1小時)6600円～ 所 靜岡縣御殿場市中畑1558
🚃JR御殿場站搭往富士急行中央青少年交流的家巴士12分,大胡山下車,步行5分 P10輛

↳參加騎馬行程能看到富士山及箱根的山岳

裾野 森の駅 富士山
● もりのえきふじさん
MAP P.120 E-1 〔購物〕

眺望著生動壯觀的富士山,挑選伴手禮
以富士山為主題的商品和登山用品應有盡有。從位在標高約1450m處的設施內,也能飽覽寶永火山迫近眼前的絕景。

☎055-998-0085
🕙9:00～17:00 (視時期變動) 休 不定休
所 靜岡縣裾野市須山浅木地內 🚃JR御殿場站車程50分 P1000輛

↳富士山伴手禮一字排開
↳從大量使用玻璃的建築物中能清楚地看見富士山

御殿場 10時間オムライス専門店 かぼちゃのNABE
● じゅうじかんオムライスせんもんてんかぼちゃのナベ
MAP P.130 A-3 〔美食〕

豪華燉肉與鬆軟蛋合為一體
距離御殿場站很近的餐酒館。最受歡迎的10小時蛋包飯,經過10小時燉煮的牛腿肉與蛋會在口中瞬間化開來。

☎0550-82-9950
🕙11:30～14:00、18:00～20:00 休 週三 所 靜岡縣御殿場市新橋1969-1 🚃JR御殿場站步行3分 P2輛

10小時蛋包飯套餐1490円+稅

御殿場 炭焼きレストランさわやか御殿場インター店
● すみやきレストランさわやかごてんばインターてん
MAP P.130 B-3 〔美食〕

使用100%牛肉,肉汁滿溢而出
最受歡迎的拳骨漢堡排有250g,分量超大。表面微焦,內館經過遠紅外線效果,能充分享受多汁的肉質美味。

☎0550-82-8855
🕙11:00～22:00 (23:00閉店) 休 無休 所 靜岡縣御殿場市東田中984-1 🚃JR御殿場站步行7分 P74輛

拳骨漢堡排1265円,用炭火將表面烤得芳香四溢,一咬下去多汁又美味

御殿場 Endroit Palais 川島田店
● アンドロワパレかわしまたてん
MAP P.130 A-4 〔購物〕

陳列食材經過嚴選的各式甜點
在富士山麓這樣充滿自然恩惠的環境下,以講究的食材及做法製成的甜點種類十分豐富,同時提供適合當成伴手禮的商品。

↳表現富士山熔岩的點心。富士之粒(抹茶)1盒648円

☎0550-82-0670
🕙10:00～19:00
休 無休
所 靜岡縣御殿場市川島田533-2
🚃JR御殿場站步行8分 P13輛

↳口感酥脆的泡芙也很有人氣

裾野 レストラン Bianca
● レストランビアンカ
MAP P.120 F-3 〔美食〕

到山里餐廳享用高級義大利麵
曾於東京及箱根知名飯店大展手藝的主廚夫婦所經營。以法式為基礎的高級醬汁義大利麵以及將完全不加水的咖哩粉與水果一同燉煮的雞肉咖哩備受好評。

☎055-997-8032 🕙11:30～14:30、17:30～19:30 (晚餐為預約制) 休 週一、二 (逢假日則營業) 所 靜岡縣裾野市呼子3-1-3 🚃JR岩波站車程10分 P5輛

↳料理大量使用箱根西麓蔬菜。午晚的菜單均同
↳從店內的任何座位都能望見富士山

御殿場 欧風めしや せるぽあ
● おうふうめしやせるぽあ
MAP P.120 G-1 〔美食〕

夫婦經營的人氣洋食店
可以盡情享用不使用化學調味料並突顯食材美味的料理。菜單有蛋包飯等可輕鬆享用的品項,也有全餐等多種選擇。

☎0550-83-2873
🕙11:30～14:00(15:00閉店)、17:30～20:30(21:30閉店) 休 週一、第1、3週二 所 靜岡縣御殿場市北久原279-1 🚃JR御殿場站車程7分 P12輛

↳可用平易近人的價格品嘗嚴選食材的餐點
↳備感溫馨的店內

在雄偉大自然的懷抱中，放鬆地為身心靈充電！

在富士山麓住宿吧！

從露天浴池獨占富士與河口湖

富士山景觀
頂樓有大型SPA「大空之湯」。泡在立湯和半身浴等豐富多彩的浴池中眺望的富士山景觀，果真是磅礴秀麗。

↑從大空之湯的浴池飽覽絕景

在日本第一的富士山麓，享受療癒力滿點的留宿吧！下面將介紹富士山景觀飯店、款待型旅館、豪華露營的住宿場所等嚴選的住宿設施。

河口湖
THE KUKUNA
●ザククナ

☎0555-83-3333　**MAP** P.122 H-3

客房分為中央館、展望館、廣場館，可以依照個人情況選擇喜歡的客房。展望館也有附新型態露天浴池「Water Terrace」的特別房間，能度過奢華時光。可以充分享用主廚精緻鐵板料理的鐵板燒餐廳也廣受好評。

IN 15:00　**OUT** 11:00　**¥** 1泊2食27500円～
室 65間　**所** 山梨県富士河口湖町浅川70　**交** 富士急行河口湖站搭河口湖周遊巴士15分，風のテラスKUKUNA前下車即到(河口湖站有接駁服務，預約制)　**P** 50輛

↑客房附能一望富士山與河口湖的Water Terrace

↑一邊觀賞富士山，一邊享用鐵板燒

享受山麓特有的犒賞！
富士山景觀的絕景住宿設施

若想沉浸在隨著時間變化的富士山雄姿中，推薦前往富士見的住宿設施，在旅店中邊泡溫泉或品嘗美食，邊度過難忘的一段時光吧！

↑往前方仰望富士山的露天浴池「富士之湯」

河口湖
若草之宿 丸榮旅館
わかくさのやどまるえい

☎0555-72-1371　**MAP** P.122 E-3

以位在頂樓且景色絕佳的露天浴池為首，對於館內浴池和料理皆很自豪的溫泉旅館。往眼前仰望富士山的「富士之湯」、往下眺望河口湖的「湖之湯」是男女輪替制，因此兩種都能享受。富士山景觀的包租展望浴池等溫泉也很豐富。備有附露天浴池的客房等多類型的房間。

IN 14:00　**OUT** 11:00　**¥** 1泊2食28600～88000円(溫泉費另計)　**室** 50間
所 山梨県富士河口湖町小立498　**交** 富士急行河口湖站車程7分(河口湖站有接駁服務，到站後需聯絡，14:00～18:00)　**P** 100輛

富士山景觀
只要選擇富士山景觀一側的客房，就能在悠閒放鬆的同時邊眺望富士山磅礴壯觀的模樣。

↑提供豐富時令和當地美食的和風宴席料理

從自豪的露天浴池
眺望富士山和河口湖

從男性露天浴池觀賞的絕景（照片僅供參考）

眺望富士山，享受異於平常的解放感

↑客房中也有附溫泉足湯的和洋房

富士山景觀
從男女分開的大浴場、氣氛良好的露天浴池眺望的富士，特別漂亮又壯觀。消除平時的疲勞和壓力，好好地養精蓄銳吧！

【河口湖】
秀峰閣 湖月
○しゅうほうかくこげつ
☎0555-76-8888　MAP P.122 F-1

這家療癒型旅館不僅全客房都能享受從正面眺望富士山的壯觀風景，也能品嚐活用季節食材的宴席料理。還備有裝設著露天浴池和足湯的豪華客房，以提供更高等級的舒適度。建在河口湖北岸一角的地理位置也適合觀賞優雅地倒映在水面上的逆富士。

IN 15:00　OUT 10:00
¥1泊2食26400円～　室45間
所山梨縣富士河口湖町河口2312
交富士急行河口湖站車程12分（河口湖站有預約制接駁服務）P45輛

↑從房間露臺及美景浴室都可以眺望雄偉的富士山

富士山景觀
建在高台上，各房間都可隔著河口湖欣賞富士山並能於普羅旺斯風格環繞的寧靜客房中度過充實的時光。

建在河口湖畔高台的南法度假村

↑可與山梨葡萄酒完美搭配的道地晚間全餐

【河口湖】
La Vista 飯店 富士河口湖（共立Resort）
○ラビスタふじかわぐちこ きょうりつリゾート
☎0555-76-5220
MAP P.122 G-1

能欣賞富士山與河口湖美景的度假飯店。洗鍊的空間令人聯想到南法的渡假勝地——普羅旺斯，連同天然溫泉及使用當地季節食材的全餐料理，都請好好享受一番。

IN 15:00　OUT 11:00
¥1泊2食27500円～　室83間　所山梨縣富士河口湖町河口2395　交富士急行河口湖站車程10分（河口湖站有接駁服務，時間固定並為事前預約制）P70輛

在富有歷史的飯店飽覽雄偉的富士山

富士山景觀
若選擇富士山側景觀房間，可以邊放鬆邊眺望動人震撼的富士山姿態。

↪寬廣的一般西式房型

【河口湖】
富士景觀酒店
○ふじビューホテル
☎0555-83-2211　MAP P.123 C-4

1936年開業的飯店，約翰藍儂一家過去也曾在此旅居一段時間。有富士山景觀客房以及河口湖、庭園景觀客房。想泡露天浴池的話，可到河口湖溫泉鄉源泉之一的「秀麗之湯」盡情享受。晚餐提供法式料理全餐及日本料理宴席全餐。

IN 15:00　OUT 11:00　¥1泊2食24100円～
室79間　所山梨縣富士河口湖町勝山511
交富士急行河口湖站搭往本栖湖方向巴士10分，勝山下車，步行5分　P80輛

↑飯店轟立於廣闊的3萬坪庭園中

欣賞以富士山為背景的河口湖

↑邊泡湯邊奢侈地欣賞富士山

富士山景觀
從露天浴池「富士見之湯」眺望雄偉富士山與河口湖交織成的自然美景，一邊悠閒放鬆

【河口湖】
湖楽おんやど 富士吟景
○こらくおんやどふじぎんけい
☎0555-72-0010　MAP P.122 H-3

有氛圍沉著的和室房型及附床鋪的和洋房型。在男女分開的露天浴池，可以正面欣賞富士山與河口湖，同時舒爽泡湯，木造浴池的觸感宜人。別棟「凜」是個充滿日式摩登氛圍的空間，能令人靜下心來。

↑別棟「凜」的和洋客房

IN 15:00　OUT 10:00　¥1泊2食26000円～　室31間　所山梨縣富士河口湖町淺川132　交富士急行河口湖站搭河口湖周遊巴士15分，風のテラスKUKUNA前下車即到（河口湖站有接駁服務）P30輛

**在河口湖森林中眺望富士山
度過療癒時光**

富士山景觀
若打開窗戶即可近距離感受到富有生命力的森林綠意，站在陽台前還可以游心騁目於眼前展開的富士山美景。

↑馥府豪華高級套房位於4樓一隅

富士山絕景旅宿

↑露臺提供火盆　　　　　　↑各客房皆可泡天然溫泉

河口湖

馥府 河口湖
●ふふかわぐちこ

☎0570-0117-22（スモールラグジュアリーリゾート総合予約センター）MAP P.122 F-1

全客房都附有以富士山熔岩鋪設的天然溫泉並且也能享受眺望富士山樂趣的套房。樹木環繞四周的大廳休息室與可以感受涼風吹拂的露臺等設施，全館洗鍊的空間皆很適合在此小憩片刻，消磨非日常時光。在餐廳還能享用以柴火及熔岩石烹調的日本料理。

IN 15:00　OUT 11:00　¥1泊2食51150円～　室32間
所山梨県富士河口湖町河口水口2211-1　富士急行河口湖站車程15分
P 28輛

**從大浴場觀賞的
富士山風景美不勝收**

←女性專用大浴場「ときめきの湯」的露天浴池

河口湖

湖南莊飯店
●こなんそう

☎0555-72-2166　MAP P.122 G-5

富士山景觀
男女分開的大浴場都設置在富士山一側。此外，頂樓已改裝成庭園，提供足湯和望遠鏡（全都免費）。

客房幾乎都朝向湖泊，並以絕佳的瞭望景色而自豪。天然溫泉的大浴場連能眺望富士山的露天浴池和寢湯等設施都整備完善。從屋頂上的足湯也能飽覽富士山與河口湖的絕景。晚餐能享用當季食材入菜和風宴席料理。

IN 15:00　OUT 10:00　¥1泊2食23100円～　室50間
所山梨県富士河口湖町船津4020
富士急行河口湖站步行10分（河口湖站有接駁服務，到站時聯絡）
P 40輛

富士山景觀
若要從客房飽覽富士山，就要預約「富士山景觀」的房間！觀賞在早晨閃閃發亮的富士山，也將遊玩的能量充飽飽。

鄰接富士急樂園的酒店

富士吉田

海蘭德水療
度假酒店
●ハイランドリゾートホテルアンドスパ

☎0555-22-1000　MAP P.125 D-2

↑在富士山側的客房度過放鬆的時間

直通富士急樂園的官方酒店。除了可以住在能飽覽雄偉富士山風景的客房以外，遊樂園可享優先入園、在天然溫泉「富士山溫泉」泡湯免費。鄰接IC，酒店前就是高速巴士停靠點，若從遠方前來交通也十分便利。

↑附設的「富士山溫泉」具備日本最大規模純木造浴室，房客皆可進去泡湯

IN 15:00　OUT 11:00　¥1泊附早餐14700円～※12歲以上另支付泡湯費150円
室161間（客房分為公園側或富士山側，預約時需確認）　休不定休　所山梨県富士吉田市新屋原5-6-1　富士急行富士山站搭免費巡迴巴士在ハイランドリゾートホテル前下車　P 180輛

↑氣氛沉著的和室附露天浴池
↑放鬆泡露天溫泉的同時邊欣賞富士山

**想安排在重要日子造訪
能欣賞美麗富士山的溫泉旅宿**

河口湖

UBUYA
●うぶや

☎0555-72-1145　MAP P.122 G-3

富士山景觀
全部客房都可隔著河口湖眺望富士山。從露臺或開放感的大面窗戶見到富士山雄偉的英姿真是令人感動。

以「祝賀人生」為理念而開業的旅宿。坐落於可正面望見富士山的位置，如同經營理念所言，有許多人是於紀念日造訪。館內各處都可以看到富士山，特別是從露天浴池也能觀賞倒映在湖面的逆富士。

IN 15:00　OUT 11:00　¥1泊2食29850円～　室51間　所山梨県富士河口湖町浅川10　富士急行河口湖站搭河口湖周遊巴士16分，うぶや前下車即到（河口湖站有接駁服務，15:00後到站時聯絡）　P 50輛

**作為紅富士的勝地
而聞名的高原度假酒店**

山中湖

富士山酒店
●ホテルマウントふじ

☎0555-62-2111　MAP P.126 E-3

↑從酒店的各個地方都能觀賞富士山和山中湖

↑以簡練沉穩的家具統一風格的客房

富士山景觀
由於位在高地上，因此能一望湖泊和靈峰，魅力十足。四季能從中庭的展望台盡情地飽覽以富士山為主角的景色。

冠以富士之名、為了觀賞富士山而興建的酒店。正因為如此，瞭望的風景才會美不勝收。從能眺望山中湖和富士山的整潔客房以及展望露天浴池「滿天星之湯」均能直接觀賞絕景。

IN 15:00　OUT 11:00　¥1泊附早餐14250円～※12歲以上另支付泡湯費150円　室53間　所山梨県山中湖村山中1360-83　富士急行富士山站搭往旭日丘方向巴士23分，富士山‧山中湖下車，車程5分（有接駁服務，需預約）　P 150輛

↑可以享受弱鹼性的柔滑溫泉

↓能在私人空間中和愛犬一起盡情玩樂十分令人開心

河口湖

雷吉娜富士度假酒店 Suites&Spa
●レジーナリゾートふじスイートアンドスパ

☎0555-73-4411 MAP P.125 A-4

能在高雅的空間中和愛犬共度美好時光。客房全是大套房的房型，附自家源泉的溫泉。豪華客房附私人寵物運動公園和愛犬專用的溫水淋浴。餐廳也允許愛犬陪同，晚餐能品嘗活用當季食材的創意日本料理懷石全餐。

IN 15:00　OUT 11:00　¥1泊2食30800円～，任一犬種2隻內免費　室21間　所山梨縣富士河口湖町小立7160　駅富士急行河口湖站車程10分(河口湖站有接駁服務)　P 21輛

度過溫暖心靈的時光

精心招待的住宿設施

採取少人數制並能悠閒享用晚餐的旅店、能和愛犬一起住宿的旅館等，可以實現旅行願望的精心招待住宿設施都在這裡。

在奢華的空間中和愛犬一起讓身心靈煥然一新

附私人寵物運動公園的豪華客房

能一望富士山的天然溫泉

↑可以眺望富士山的客房「景觀三人家客房」
↓以富士山的絕景自豪的展望大浴場

富士吉田

MYSTAYS富士山展望溫泉酒店
●ホテルマイステイズ富士山 展望温泉

☎0555-21-7510 MAP P.125 D-2

頂樓的展望溫泉大浴場‧露天浴池「展望浴場 弁天之湯」位於能一望富士山的絕佳地理位置。從富士急樂園步行只要5分鐘的便捷性及小學生同住免費等，這些令人開心的附贈特典也廣受家庭客的歡迎。

IN 15:00　OUT 11:00　¥純住宿1晚11000円～　室159間　所山梨縣富士吉田市新倉2654　駅富士急行富士急樂園站步行5分　P 74輛

重視細心款待的飯店

↑在休息空間中悠閒地度過吧
↓晚餐的創意法國菜會附自製麵包

朝霧高原

小さなホテル スターティングオーバー
●ちいさなホテルスターティングオーバー

☎0555-89-2191 MAP P.119 B-3

↑歐洲風格的建築物，客房為雙床房、4人房、和洋室3種房型

佇立在朝霧高原的小飯店。因為重視個人隱私，所以客房只有3間。全客房都是客廳加寢室的大套房規格，能在寬敞的空間中悠哉地放鬆。晚餐使用當地優質食材精心料理的全餐相當受歡迎。在面積達25坪的餐廳可以優雅地享用晚餐。

IN 16:00　OUT 11:00　¥1泊2食19800円～　室3間　所山梨縣富士河口湖町富士ヶ嶺1364　駅富士急行河口湖站搭往新富士方向巴士50分，縣境下車，步行8分　P 5輛

優惠多多的膠囊旅館

↑在豪華尺寸的膠囊旅館好好休息

↓輕鬆就能入住，前往富士山觀光也超便利

富士吉田

Cabin & Lounge Highland Station Inn
●キャビン＆ラウンジ ハイランドステーション イン

☎0555-21-6688 MAP P.125 D-2

富士急樂園步行3分鐘可到。備品充分，安全性也無須擔憂，女性可以安心入住。若有購買一日券行程，可在富士急樂園開園15分前(週六日、假日為30分前)優先入園，也可免費停車。
※純住宿則不可優先入園

IN 15:00　OUT 10:00　¥純住宿1晚4300円～　男性88床、女性66床　所山梨縣富士河口湖町船津6663-11　駅富士急行富士急樂園站步行3分　P 使用共同停車場(從辦理入住至退房為止)　※小學以下不可入住，小學生需有同性別的陪同者

盡情享受絕景溫泉與飯店活動

↑隔著大浴場的窗戶 遠眺富士山

朝霧高原

休暇村富士
●きゅうかむらふじ

☎0544-54-5200 MAP P.131 A-3

↑西式房間及和室皆有

位在田貫湖旁的飯店。全客房皆為富士山景觀，館內到處都可以享受富士山美景。溫泉浴池使用富士山西麓的珍貴天然浴池。早晨漫步、夜間觀星會等享受大自然的體驗活動均十分受歡迎。

IN 15:00　OUT 10:00　¥1泊2食17500円～　室60間　所靜岡縣富士宮市佐折634　駅JR富士宮站搭往休暇村富士方向巴士45分，終點下車即到　P 80輛

138 山梨縣 富士吉田 ℹ️🍴🥤🥕🔭📞⛪ **MAP** P.124 F-5

富士吉田
ふじよしだ

以吉田烏龍麵為首，使用當地特產品的美食一應俱全。其他還有小朋友開心玩樂的室內遊樂園、傳達富士山頂氣象觀測歷史的富士山雷達巨蛋館等，全家都能暢遊的設施也豐富齊全。

📞 **0555-21-1033**
🕐 9:00～17:00 (週六日、假日至18:00)，輕食為10:00～15:45(16:00閉店)
🚫無休 📍山梨縣富士吉田市新屋3-7-3 🚗中央自動車道河口湖IC經由國道138號往山中湖方向車程4km
🅿218輛

美食和遊樂景點都豐富多樣

富士山景觀
地理位置絕佳，磅礴壯觀的富士山就聳立在設施後方。從展望台眺望的風景特別漂亮。

當地美食和伴手禮一應俱全

公路休息站

在富士山麓的休息站有許多充分發揮當地特色的美食和伴手禮！下面介紹來這裡絕對會要吃的逸品和不容錯過的單品！！

10個景點

🤚食 **櫻織包子** 400円
以富士吉田市觀光宣傳吉祥物「小櫻織」臉部圖案為主題的肉包。每一個皆是由當地西點店手工製作

🤚食 **富士山雷達巨蛋咖哩** 900円
主題是在富士山頂曾實際使用的氣象雷達，並放入滿滿的當地季節蔬菜

🤚食 **肉烏龍麵** 550円
擁有一入口就驚人的好勁道，讓許多人紛紛一試成主顧，美味的馬肉和清脆高麗菜更是整碗的靈魂。

🤚食 **晴王麝香葡萄霜淇淋** 500円
使用山梨縣產晴王麝香葡萄果汁的原創霜淇淋，是自開賣以來就持續熱銷的人氣美食

🤚買 **麝香葡萄果凍** 1080円
使用山梨縣產麝香葡萄果汁與富士山伏流水製成。味道溫和，是人氣NO.1的伴手禮

🤚買 **竹炭黑麵** 378円
當地高中生所研發，揉入竹炭的漆黑烏龍麵，超吸睛！

當地啤酒屋也販售添加富士山啤酒的豬肉咖哩 1包621円！

2瓶並排就會出現富士山！

🤚買 **富士山啤酒** 1瓶1496円
以富士山的天然水釀造的當地啤酒。有皮爾森啤酒、深色小麥啤酒、德國小麥啤酒3種

位在公路休息站 矚目景點！

耗時數十年湧出的微甜軟水
富士山天然水汲水場
滲入富士山地底下的雨水和融化的雪水耗時25～40年湧出的清水。含有恰到好處的礦物質成分，清甜的水質也廣獲好評。
🕐🚫準同公路休息站 富士吉田

能學習富士山雷達的歷史
富士山雷達巨蛋館
展示在山頂使用的實際物品。館內很受歡迎的富士山頂寒冷體驗，充滿了風×影像×聲音的沉浸感，還能享受學習氣象觀測和防災的樂趣。
📞 **0555-20-0223**
🕐 9:00～16:30 (17:00閉館)
🚫週二(7、8月無休) ¥630円

圖例
ℹ️道路資訊 🍴餐廳
🏪商店 🌱農產直銷所
🔭展望台 ⛪博物館

富士山景觀

能一望世界遺產的富士山、日本三大急流的富士川、富士市的絕佳富士見景點。

美食、伴手禮娛樂都超滿足！

10 靜岡縣 富士

ⓘ 🍴 🗑 🥕 👁 🏛 MAP P.121 B-4

富士川樂座
ふじかわらくざ

附設在東名高速道路富士川SA上行線，是從高速公路或一般道路都能造訪的便利公路休息站。全年多達300萬人造訪的人氣景點。除了美食和伴手禮以外，還規劃有富士山景致絕佳的餐廳、天象儀等娛樂設施。

☎ 0545-81-5555

🕘 9:00～20:00（視設施而異）　休無休　📍靜岡縣富士市岩淵1488-1

🚗東名高速公路富士IC經由國道139號、縣道353號、一般道路、縣道396·10號往身延方向車程8km（直通東名高速公路富士川SA上行線）　🅿270輛

🍴 三日蜜柑 義式冰淇淋
450円

使用整顆靜岡三日蜜柑，是能充分享受蜜柑酸甜味的冰淇淋

🍴 濃厚雞湯麵
890円

使用三河赤雞、靜岡縣產雞的雞骨耗費12小時燉煮成雞高湯，再與祕傳的鹽湯頭混合調製成首推的一道餐點

🍴 釜揚魩仔魚&櫻花蝦的香蒜辣椒義大利麵
1380円

奢侈使用從當地駿河灣打撈的櫻花蝦及魩仔魚，可品嘗食材美味

駿河灣生產的櫻花蝦鮮甜又好吃！

🍴 生吻仔魚與櫻花蝦丼
1200円

上面鋪滿了紅白相間的生吻仔魚和櫻花蝦，是一碗既華麗又豐盛的丼飯

世界文化遺產 富地登ろ3! Let's climb Mt.Fuji

🛍 新奇有趣的衛生紙
125円～

製紙業興盛的富士市特有商品。推薦給想購買別具一格伴手禮的人

🛍 櫻花蝦仙貝

85g入432円

揉入在駿河灣捕獲的櫻花蝦，再烤成口感酥脆的仙貝

🍴 おこたま

1個300円～

結合什錦燒和煎蛋！夾入當地食材並發祥自富士市的單手美食

🛍 靜岡關東煮黑湯頭
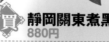
880円

以黑色湯頭及黑色鱈寶為特色的靜岡關東煮，在家也能簡單享用

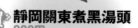

位在公路休息站 矚目景點！

透過多種有趣的方式玩樂與學習的科學博物館
體驗館Donbura

以熟悉的科學為主題的設施，除了有趣且具教育意義的特展之外，田徑、集章活動和問答拉力賽也很受歡迎。

🕘10:00～16:00（週六日、假日至17:00）　休週二　💴成人620円、兒童310円

親子能同樂的休閒天象儀
歡樂劇場

由最高品質的星空投影機和4K放映機播放出來的星空和宇宙空間，十分精彩！任何人都能輕鬆地觀賞專業天象儀所模擬的星空

🕘10:00～17:00　休週二　💴成人620円、兒童310円

つる ⭐⭐⭐

山梨縣內唯一重點公路休息站

距離山梨縣立磁浮列車參觀中心很近的公路休息站。這裡除了有當地蔬菜農產直銷所、可以吃到富士湧泉豬等的地產地消餐廳以外，還設有草皮廣場及兒童遊樂區，同時也舉辦體驗教室及各種活動。作為地區活化的據點，被選定為重點公路休息站。

📞 0554-43-1110
🕐 9:00～17:30（視時期而異）　休 無休（冬季有休館日）
🏠 山梨縣都留市大原88　🚗 中央自動車道大月IC車程5km　P 78輛

食 **自製香料咖哩豬（辣味）** 1050円
加進大塊富士湧泉豬肉的咖哩配上香氣濃郁的辛香料，味道十分正宗

食 **餺飥** 1350円
用味噌燉煮富有彈力的麵條與大量蔬菜，是山梨縣的鄉土料理

買 **富士湧水豬（里肌）** 100g321円
當地養豬場利用富士山湧水培育出的豬肉，恰到好處的脂肪，後味清爽

食 **義式冰淇淋** 550～600円
使用山梨縣產水果、蔬菜以及中溫殺菌的濃厚牛乳。有玉米、南瓜等12種口味

買 **豆渣花林糖（左）豆渣金平餅（右）** 各500円
甜度適中，散發芝麻香氣的花林糖。散發小片牛蒡的香氣與一味唐辛子辣度的金平餅也十分熱銷。

買 **山葵漬** （左）432円（右）486円
都留市內的菊地山葵園製作的醃漬山葵。使用的山葵是以富士清流栽培而成

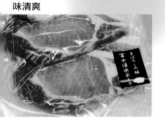

買 **茶壺布丁（左）** 1個400円
高級生布丁（右） 1個324円
堅持使用當地食材，公路休息站つる自家生產的商品。除經典的高級生布丁以外，也推出使用宇治抹茶的茶壺布丁。

買 **豬排三明治** 740円
中間夾著厚切富士湧水豬的炸豬排，分量非常有飽足感的三明治。在農產品直銷所販售

位在公路休息站矚目景點！

推薦開露營車並計畫在車內過夜的人
RV公園つる
附電源插座的過夜專用停車場，適合在富士五湖周邊開車過夜遊玩的人。公路休息站的廁所24小時都開放使用，也有垃圾場。需預約。
🕐 IN13:00～17:00、OUT10:00
¥ 1晚2552円

盡情享用當地美食
地產地消餐廳「お勝手場」
使用當地生產食材烹調的料理很受歡迎。除提供套餐外，也有自助百匯供選擇，從種類繁多的配菜與甜點中挑選自己喜歡的食物後結帳。
🕐 午餐10:30～15:00，飲料時間15:00～16:00，僅週六日、假日早餐8:00～10:00

富士山景觀
從餐廳的大窗戶或坐在廣場桌椅盡情眺望富士山吧

ⓘ🍴🥤🥕📷🏛 **MAP** P.118 G-5

ふじおやま ★

國道246號沿途唯一的公路休息站。能眺望富士山的餐廳使用靜岡縣產越光米，也可品嘗到種類豐富的餐點。當地農產直銷所販售早上採摘的新鮮蔬菜及加工品，冬季也會陳列販賣小山町的特產「水掛菜」。

☎0550-76-5258
🕐7:00～20:00，餐廳為8:00～19:00(20:00閉店)，視設施而異
休無休 所靜岡縣小山町用沢72-2 交東名高速公路御殿場IC經由縣道401號、國道246號往山中湖方向車程8km P106輛

以當地美食與富士山景觀自豪

 🍴 **三島可樂餅**
180円
使用三島馬鈴薯的可樂餅。鬆軟又樸實的滋味非常受歡迎

金太郎年輪蛋糕（R）（附盒子） 1600円
100%使用御殿場越光米粉。濕潤又帶有彈性的口感備受好評

 買 **壽太郎蜜柑 100%鮮榨原汁**
180ml 358円
可以品嘗到沼津市西浦產溫州蜜柑「西浦蜜柑壽太郎」的甜味與恰到好處的酸味

 買 **幻影的御殿場咖哩**
540円
使用御殿場培育且產量稀少的金華豬。講求味道與口感的咖哩調理包（中辣）

買 **熊的足跡奶油麵包** 220円
金太郎高級紅豆麵包 210円
金太郎的烙印圖案很可愛，公路休息站ふじおやま原創的麵包。不僅外觀吸睛，也因為很可口而大受歡迎

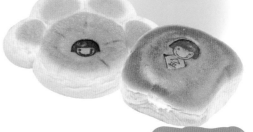

 🍴 **金太郎熊銅鑼燒**
1個160円
銅鑼燒的麵團加進竹炭，內夾蜂蜜、人造奶油形成絕妙滋味

買 **金太郎能量丼**
1050円
白飯使用靜岡縣產越光米，很有飽足感的豬肉丼。加上滑動軟嫩的半熟蛋也很美味

位在公路休息站 矚目景點！

金太郎是小山町的象徵地標 金太郎之水
廣場一隅有金太郎坐鎮的汲水場。小山町是童話中有名的金太郎誕生地，以受惠自富士、丹澤、箱根山脈的優質湧水而自豪。由於24小時都可免費取用，可用水壺裝水帶回去喝。

放鬆地 遠眺富士山 用澤公園
公路休息站附設能遠望富士山的公園，已整備完成的階梯坡度和緩，若坐下小憩片刻的話，可以邊眺望雄偉的富士山來療癒旅途疲憊。推薦開車途中或想悠閒消磨時光時前來造訪。

範例 ⓘ道路資訊 🍴餐廳 🥤商店 🥕農產直銷所 📷觀景台 🏛博物館

富士櫻霜淇淋
[食] 500円

大量添加富士櫻的櫻桃果汁，粉紅色的可愛霜淇淋

蒸饅頭
[買] 1個119円

色彩繽紛的手工饅頭揉入鳴澤菜等食材，種類豐富，口味懷舊

せんどそば
[食] 600円

上面放滿當地白蘿蔔的鳴澤鄉土料理，可依照喜好添加辛辣的青辣椒

餅乾天婦羅
[買] 100円

從往昔的鳴澤村祭典中就在吃的鄉土料理。會讓人上癮的甜味適合當作點心

富士山紅葉香腸
[買] 西班牙香腸800円
原味700円

使用該地名產鹿肉，獨家販售的絕品鹿肉香腸

位在公路休息站 矚目景點！

更深入瞭解富士山吧！
富士山博物館
ふじさんはくぶつかん

📞0555-20-5600
🕐9:00～18:00（視時期而異）
休無休　免費

能透過巨大模型和影片快樂地學習富士山相關知識的博物館。在博物館商店能挑戰製作能量石手鍊。

能購得便宜新鮮的蔬菜！

富士山景觀
從展望台眺望的風景廣受好評。能環視震撼力十足的富士山以及開展在山腳緩坡的青木原樹海。

139 山梨縣 鳴澤
ℹ️🍴🥤🥕📷🏛
MAP P.128 G-3

なるさわ ★★

能以實惠的價格購買新鮮高原蔬菜的人氣景點。替自己準備伴手禮，盡情享用當地風味吧！站內也有能眺望磅礴壯觀富士山的休息室、能汲取鳴澤村美味清水的「不盡的名水」區等設施能利用，十分多元。

📞0555-85-3900（インフォメーション）🕐9:00～18:00，餐廳為9:30～17:30（視時期而異）休無休 山梨縣鳴沢村ジラゴンノ8532-63🚗中央自動車道河口湖IC經由國道139號往富士宮方向車程8km P325輛

肉丼
[食] 800円

大量使用朝霧優格豬和當地生產青蔥的超人氣丼飯

平日限定10份的朝霧漢堡排定食
[食] 1550円

搭配甜味的多蜜醬汁，飯一口接著一口吃。使用朝霧牛和朝霧優格豬的粗絞肉

七富起司工房富士山麓濕潤莫札瑞拉蕾雅起司
[買] 580円

用富士山麓產的牛乳製成的起司，以柔軟口感與牛乳的鮮甜為特色。獲頒農林水產大臣賞

朝霧高原放牧豬無添加香腸
[買] 950円

以高原澄淨的空氣與距離富士山伏流水源較近的水所養育的豬隻。無添加，可以吃到肉品的原味，口感柔軟

位在公路休息站 矚目景點！

美食公園
朝霧美食公園

有乳製品、茶等五座工坊以及使用在地食材的餐廳。各工坊可以報名與食物相關的體驗（需預約）。

詳細請見→P.42

富士山景觀
酪農房舍風格的建築物搭配富士山在視覺上很協調。作為攝影景點廣受歡迎。

享用充滿高原恩賜的美食

139 靜岡縣 富士宮
ℹ️🍴🥤🥕📷🏛
MAP P.119 B-3

朝霧高原 ★★
あさぎりこうげん

在朝霧高原當地飼養的乳牛牛奶製成的乳製品、早晨現採的蔬菜等食材都廣受歡迎，下午會陸續售罄，務必記得早點去買。餐廳能品嘗使用當地食材的料理，同樣深受喜愛。

📞0544-52-2230
🕐8:00～17:00，餐廳至16:00（17:00閉店）休無休 靜岡縣富士宮市根原宝山492-14🚗新東名高速公路新富士IC經由國道139號往富士五湖方向車程29km P135輛

擺滿使用特產水芥菜的伴手禮品

地理位置及在地特色咖哩都很受歡迎

413 山梨縣 道志

MAP P.118 H-2

 どうし

可望見清澈道志川的公路休息站。由於道志村的水芥菜出貨量首屈一指，因而此站販售加入水芥菜的烏龍麵、包子等不常見的品項。餐廳使用神奈川品牌豬「高座豬」的豬肉咖哩推薦點來吃看看。

☎ 0554-52-1811
⏱ 9:00～18:00（夏季至～19:00）
休 無休 所 山梨県道志村9745
🚗 中央自動車道都留IC車程20km
🅿 109輛

🍴 豬肉咖哩 790円

更顯高座豬鮮味的咖哩。稍微有點辣度，屬於大人的成熟風味

🛍 水芥菜蛋糕（切片）220円

蛋糕麵團加入大量奶油並揉進水芥菜。甜味與些許苦味堪稱絕配

710 山梨縣 富士河口湖

MAP P.123 C-4

かつやま

位於河口湖南岸，可以沿著1.6公里的湖濱步道享受散步樂趣。不僅提供富士五湖周邊的旅遊資訊，還販售各種口碑相傳的勝山工藝品和美食，非常值得一訪。

☎ 0555-72-5633
⏱ 9:30～17:00（視狀況而異）
休 無休
所 山梨県富士河口湖町勝山3754
🚗 中央自動車道河口湖IC經由國道139號、縣道707・714・710號往奧河口湖方向車程6km
🅿 105輛

🍴 ITORIKI CURRY 900円

文案撰稿人糸井重里先生稱讚其為世界上最美味的咖哩，共有4種口味

🛍 高野竹工藝品 1650円～

細心編織而成的勝山特產竹籠。使用在富士山2合目附近自然生長的高野竹

距離富士山最近視野絕佳的公路休息站

富士山景觀
上行線的建築樓頂設有觀景台，推薦從此處眺望

沉浸於富士山美景享用駿河灣海味

138 靜岡縣 小山

MAP P.118 F-4

🏠 須走
すばしり

從東富士五湖道路須走IC下來即到的公路休息站。此處的餐廳「ふじあざみ」可以品嘗到活用當地食材的料理。外帶區販售的高級咖啡品牌「COSTA」的咖啡也廣受好評。

☎ 0550-75-6363
⏱ 9:00～20:00（視時期、設施而異）
休 無休 所 靜岡県小山町須走338-44 🚗 東富士五湖道路須走IC即到
🅿 111輛

富士山景觀
近在咫尺的富士山十分動人心魄。從餐廳欣賞的視野特別好！

位在公路休息站 矚目景點！

能欣賞富士山的足湯
足湯すばしり

免費的足湯景點，能舒緩因旅行而疲憊的雙腳。邊泡澡欣賞撼動人心的富士山，度過一段奢侈時光。

⏱ 11:00～17:00（視時期而異）
休 無休
💰 免費

1 靜岡縣 富士

MAP P.121 C-4

🏠 富士
ふじ

國道1號bypass沿著的公路休息站。設施分成上行、下行，可使用地下通道步行移動。上行有伴手禮店、食堂、外帶商店；下行則有蕎麥、烏龍麵店。

☎ 0545-63-2001
⏱ 9:00～20:00（視設施而異）
休 無休 所 靜岡県富士市五貫島669-1 🚗 東名高速公路富士IC經由西富士道路、縣道353號、富士見大通、縣道174號、國道1號往靜岡方向車程7km 🅿 89輛

🍴 由比漁港海苔便當 880円

海苔便當滿是堅持現削的柴魚花、有明海苔，以及將當地漁港捕撈到的海鮮做成炸物等菜色

🍴 櫻花蝦中華麵 860円

店家自己手打的麵條撒上炸得酥脆的櫻花蝦，交織成頂級美味

範例 ℹ 道路資訊 🍴 餐廳 🛍 商店 🌱 農產直銷所 👁 觀景台 🏛 博物館

盡情享受高速公路的知名特產！

富士山麓區域 SA·PA導覽

靠近富士山的SA·PA擁有的店家類型琳瑯滿目，順道來享用只有這裡才能品嘗到的絕頂美食吧！

我來介紹好吃的美食！

⊙NEXCO中日本原創的吉祥物みちまる君

山梨縣 ●だんごうざかサービスエリア

談合坂SA 上行

購物區規模最大的SA

以山梨特色商品為中心，商店、飲食區羅列種類豐富的品項，給人一種有如身處購物中心的興奮感。寵物運動公園也很有人氣。

📖info9:00～20:00(週六日、假日為8:00～21:00)，餐廳為11:00～22:00，美食區為24H(部分為11:00～21:00)，商店為24H

MAP P.116 F-1

⛽ 🚗一般道利用可 ℹ️ 🍴 🗑️

P 小型425／大型70
WC 男小44·大14／女82
GS ENEOS

加進2種精挑細選的葡萄乾 奢華的葡萄乾夾心餅

葡萄之城
10個入1560円
購物區

作為高速公路販售用而特別改良的豪華葡萄乾夾心餅

味道簡單的超人氣餐點

醬油拉麵
800円 ラーメン大皇

以醬油為基底的湯頭，鋪上叉燒、筍乾等配料的經典滋味

SA最具人氣的霜淇淋

濃厚香草霜淇淋
470円
H's CREAM

大量使用北海道產鮮奶油，吃起來相當濃厚。外觀也很可愛，適合拍照上傳社群

特製甲州味噌醬是美味的關鍵

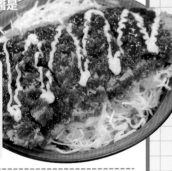

甲州味噌炸豬排Ver2
1000円(大份1100円)
めし処 甲州亭

酥脆的里肌炸豬排，淋上經過改良且不太甜的特製甲州味噌醬！具提味效果的唐辛子美乃滋讓豬排變得更加美味。

下行SA的限定自製麵包

談合坂紅豆麵包
350円 麵包店

「談」字的烙印令人印象深刻！裡面包的是紅豆粒餡與牛奶奶油的自製商品

知道就賺到資訊

透過DAN-GO觀光客導覽獲取最新資訊！

「DAN-GO觀光客導覽」以108吋大型展示螢幕播放觀光情報，確認山梨的當季資訊後靈活地運用在旅途中吧！

山梨縣 ●だんごうざかサービスエリア

談合坂SA 下行

美食·伴手禮·設施應有盡有

可以體驗錯視藝術的放鬆區、寬廣的化妝間、男性也可以使用的嬰兒換尿布台等設施，主打高舒適度的SA。

📖info7:00～17:00(週六日、假日至18:00)，食物區24H，麵包店6:00～20:00，咖啡廳6:00～21:00，商店24H

MAP P.116 F-1

⛽ 🚗一般道利用可 ℹ️ 🍴 🗑️

P 小型330／大型49
WC 男小43·大21／女83
GS ENEOS

圈央道

| 上行→ |
| 下行← |

初狩PA／大月JCT／大月IC／智慧型IC／談合坂SA／上野原IC／藤野PA／相模湖IC／相模湖東出口 ※僅下行線出口／八王子JCT／八王子IC／石川PA／國立府中IC／府中スマート／稻城IC／調布IC

←勝沼IC

高井戸IC→

河口湖IC／富士吉田西桂スマートIC／谷村PA／都留IC

↓往東富士五湖道路

能與美麗山岳風景相遇的高速公路 中央自動車道

大受歡迎令人滿足的味道！

海老名菠蘿麵包
350円（ぼるとがる）

大尺寸的知名美食。加入哈密瓜汁讓味道更加豐富，中間是絕妙的柔軟口感。

一口接一口
Q彈鮮蝦讓人忍不住

蝦蝦燒
750円　海老名茶屋

外觀是章魚燒但內餡卻是口感爽脆的蝦子。特製美乃滋的味道令人上癮

神奈川縣　●えびなサービスエリア

海老名SA 下行
集結超人氣店家的東名高速公路知名SA

從東京方向駛來會是第一個遇到的人氣SA。集結許多便宜又好吃的知名美食，也務必到美味橫丁走走！

📍info8:00～19:00（週六日、假日至20:00），美食區24H，麵包店6:00～20:00，商店24H等

MAP P.116 H-2

⛽ 一般道利用可　ℹ️　🍴　🗑️
P 小型528／大型98
WC 男小62・大31／女123
GS ENEOS

神奈川縣　●えびなサービスエリア

海老名SA 上行
從一般道路前往也很方便 集結各種美食的景點

可以品嘗使用當地名產的限定品及多種美食。從輕食到餐廳都有，有各式各樣選擇的這一點令人開心。

📍info8:00～19:00（週六日、假日至21:00），美食區24H，商店24H等

MAP P.116 H-2

⛽ 一般道利用可　ℹ️　🍴　🗑️
P 小型446／大型89
WC 男小59・大31／女105
GS ENEOS

IDEBOK薑汁霜淇淋
490円　IDEBOK

不添加化學原料，可吃到牛奶原有的清爽風味。使用自製生乳的霜淇淋。

暢享牛奶的原味！

櫻花蝦的風味是關鍵！

鹽味蝦
990円　らーめんたいざん

將「鹽味拉麵」淋上櫻花蝦調味油後香氣撲鼻而來

香醇醬油的濃烈氣味 與鮮味特別突出的拉麵

醬油拉麵
930円
（らぁ麺 MORIZUMI）

以日本誕生的拉麵為概念，由拉麵界首位獲頒米其林一星的森住康二主廚監修

蜂蜜貓舌餅
6片 680円　富士山ファーム

將富士山麓採收的蜂蜜加進餅乾，中間則是奶油風味的巧克力夾心。是富士山ファーム最熱銷的商品

堅持品質的餅乾與巧克力完美搭配

靜岡縣　●あしがらサービスエリア

足柄SA 上行
休閒設施超充實的SA

打造成洋溢著木質溫暖感的建築物，能望見富士山的露臺座位也很棒。另外能住宿、休息與入浴的高速公路飯店設備也很完善。

📍info9:00～19:00，餐廳11:00～20:00（週六日、假日、旺季至22:00，視店鋪而異），金時湯12:00～翌日10:00，商店24H等

富士山波蘿麵包
330円～　ロイヤルガーデン

外表酥脆，中間柔軟的麵包口感絕妙。若邊看富士山邊品嘗，更加美味！

有如白雪覆蓋山頂的足柄SA人氣麵包

MAP P.130 D-3

⛽ 一般道利用可　ℹ️　🍴　🗑️
P 小型516／大型177
WC 男小58・大25／女121
GS apollostation

靜岡縣　●あしがらサービスエリア

足柄SA 下行
在多樣的足湯放鬆休息一下吧

落地玻璃令人印象深刻的SA。有可以盡情欣賞金時山景觀的附三溫暖露天浴池，以及溫泉魚優游其中的足湯。

📍info8:00～18:00（週六日、假日至19:00），餐廳11:00～21:00（週六日、假日為7:00～），あしがら湯10:00～翌日8:00，足湯咖啡廳7:00～19:00，商店24H等

MAP P.130 D-3

⛽ 一般道利用可　ℹ️　🍴　🗑️
P 小型517／大型260
WC 男小49・大25／女102
GS ENEOS

知道就賺到資訊

可以邊仰望金石山與富士山、邊泡每日替換的足湯，會提供特選果汁等飲品。

富士山麻婆雞肉
1000円　中華万里

將飯盛成富士山的形狀，放上麻婆豆腐與炸雞排

意外的搭配組合卻很美味的必吃餐點

連結東京與愛知的日本主要道路

東名高速道路

←接續P.114

御殿場IC　智慧型IC　足柄SA　鮎沢PA　大井松田IC　中井PA　秦野中井IC　新東名 伊勢原JCT 　厚木IC　小田原厚木道路　圏央道 海老名JCT 　海老名SA　綾瀬スマートIC　横浜町田IC 　上行→　下行→　東京IC→

靜岡縣 ●するがわんぬまづサービスエリア

駿河湾沼津SA 上行

盡情享受寬闊的太平洋景色！

唯一可在新東名高速公路飽覽整片大海的SA。建築以地中海為靈感設計而成，集結種類豐富的店家。

info9:00～19:00（週六日、假日為8:00～），餐廳11:00～20:30(21:00閉店)，美食區視店鋪而異(部分24H)，投幣式淋浴24H，商店24H等

MAP P.120 E-4

P 小型143／大型150
WC 男小26·大16／女60
GS ENEOS

牛奶的濃厚滋味
在口中擴散開來

IDEBOK霜淇淋

460円　富士山高原 いでぼく

使用現榨的優質生乳，在關東地區連續8年都獲得最優秀獎的品質肯定

放上滿滿澎湃海鮮真令人感動！

海鮮超美味！

富士宮炒麵

650円

富士宮やきそば 鶏膳

添加沙丁魚粉的富士宮知名炒麵，特製的彈力麵條與醬料非常搭

當地的經典美食獨特口感讓人停不下來

とと丸頂上丼

2680円

おさかな丼屋 とと丸食堂

將多種生魚片堆疊至幾乎就快垮下來的高度，分量超滿足的知名丼飯

具代表性的靜岡當地美食

しぞ～か 關東煮

150円～

ドライバーズ・スポット天神屋

靜岡知名的當地美食「黑關東煮」。可隨喜好添加青海苔、高湯粉或味噌

靜岡縣 ●するがわんぬまづサービスエリア

駿河湾沼津SA 下行

可以眺望美景的療癒景點

Aquq zone以俯瞰海洋為概念，並以藍色為基調規劃為療癒型空間。可以邊休息邊欣賞高地才有的獨特景緻。

info9:00～18:00（週六日、假日至19:00），餐廳7:00～21:30(22:00閉店)，投幣式淋浴24H，商店24H等

MAP P.120 E-4

P 小型133／大型111
WC 男小26·大16／女60
GS apollostation

結合濃厚的法蘭絨濾泡法

咖啡霜淇淋

540円　上島珈琲店

使用雙倍法蘭絨濾泡法萃取出香氣濃郁的咖啡，雖然味道濃厚，後味卻很清爽

駿河豪華丼

2580円　するが食堂

放有櫻花蝦、駿河灣產魩仔魚、干貝、生蝦、鮪魚、鮭魚、鮭魚卵的豪華丼飯

將海鮮堆疊高高的豪華丼飯

眾多充滿吸引力的SA!
新東名高速道路

| 智慧型IC 愛鷹PA | 智慧型IC | 駿河湾沼津SA | 沼津IC | 裾野IC | 長泉沼津IC | 智慧型IC 駒門PA | 御殿場JCT | 上行→ ←下行 |

| 御殿場IC | 東名高速道路 上行→ ←下行 |

接續←P.113

SA・PA範例：🔲加油站 一般道路可使用 ℹ️資訊服務中心 🍴餐廳·輕食 🗑️商店

清水PA 上下行共用

靜岡縣 ●しみずパーキングエリア

汽車與機車騎士也很熟悉的PA

車庫風的外觀，提供汽車、機車騎士休憩的地方。人氣服飾店、時尚雜貨店等購物區選擇也很多。

ℹ️ info 9:00～18:00（週六日、假日為8:00～），美食區9:00～21:00，商店8:00～21:00等

MAP P.121 A-4

P	小型116／大型40（上行）
	小型116／大型35（下行）
WC	男小14・大6／女30（上行）
	男小18・大8／女42（下行）
GS	無

女性間很有人氣的新口味拉麵

純豆腐拉麵
1090円 美食區
使用靜岡縣產滷汁的自製豆腐很美味。有雞、海鮮等四種口味，辣度提供3種選擇

推薦作為伴手禮的商品

富士福
6個入756円 富士 旬粹
使用靜岡抹茶並以濕潤麵團包著溫和甜味的牛奶餡烘焙而成。由「富士 旬粹」自製的牛奶點心

熱狗（番茄起司）
850円 KUSHITANI CAFE
生香腸現點現煮的自製熱狗。推薦與咖啡搭配成套餐一起享用

Bikers Café 最推薦的餐點

知道就賺到資訊

推薦給汽車&機車愛好者
位在正面入口附近的展示區，展示很有話題性的汽車與機車品牌車款。週末會定期舉行相關的活動。

讓富士山景色療癒身心吧♪
清水PA是新東名高速公路沿途少數可以看到富士山的設施。天氣晴朗時，可以從小巧的觀景台眺望雄偉的富士山與駿河灣，是內行人才知道的攝影景點。

知道就賺到資訊

富士景觀美食區
可以邊眺望美麗的富士山，邊享用餐點。獲選為日本夜景遺產的夜景更是動人。

山葵與鮪魚是最佳搭檔

鮪魚山葵飯（附溫泉玉子燒）
800円 のっけ家
與山葵漬老店「田丸屋本店」合作的餐點。適合搭配甘甜鮪魚的山葵也很下飯。

富士川SA 下行

靜岡縣 ●ふじかわサービスエリア

從高台盡情享受大廣角視野吧

以富士山絕美視野景點在攝影師間很有名的SA。設有步道，最適合放鬆身心。

ℹ️ info 9:00～17:00（週六日、假日至19:00），便利商店24H，美食區9:00～21:00（部分24H），商店8:00～21:00

MAP P.121 B-4

P	小型216／大型56
WC	男小24・大15／女40
GS	ENEOS

富士川SA 上行

靜岡縣 ●ふじかわサービスエリア

P	小型218／大型39
WC	男小16・大8／女36
GS	ENEOS

從一般道路也可順道過來 集結各種美食的景點

與高速公路綠洲「富士川樂座」直接連結，設有許多外帶店，推薦於天氣晴朗時到戶外小憩片刻。

MAP P.121 B-4

ℹ️ info 9:00～17:00（週六日、假日為8:00～18:00），美食區（視店鋪而異，外帶10:00～18:00），商店24H等

當地兩大食材的夢幻聯名

朝霧高原雞蛋豬排丼
1150円 麵處 ふじのくに
「富士之國新鮮豬」的多汁炸豬排放上濃稠的「朝霧高原雞蛋」

知道就賺到資訊

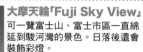

大摩天輪「Fuji Sky View」
可一覽富士山、富士市區一直綿延到駿河灣的景色。日落後還會裝飾彩燈。

ℹ️ 10:00～18:00（週六日、假日至19:00）¥1圈700円

我也想搭～!

← 靜岡SA 中部橫斷自動車道

| 新靜岡IC | 新清水JCT | 清水PA | 新清水IC | 新富士IC |

← 日本平PA ── 清水いはらIC

| 清水IC | 清水JCT | 由比PA | 智慧型IC | 富士IC |

富士川SA

兜風自駕地圖
~富士山周邊圖~

北岳　3193
間ノ岳　3190
辻山　2585
千頭星山　2139
韮崎市
双葉Jct
双葉Jct
こうふ
善光寺
山梨市街
奥多摩湖
甲州市
かつぬまぶどうきょう

安倍荒倉岳　2693
西農鳥岳　3051
農鳥岳　3026
大唐松山　2561
鷲ノ住山　1842
高谷山
夜叉神峠
南アルプス市
白根
しらね
双葉SA
双葉スマートIC
南アルプスIC
甲斐市
昭和町
甲府昭和
みなみこうふ
さかおり
いさわおんせん
山梨市
勝沼
一宮御坂
笹子峠
甲斐

新蛇抜山　2667
広河内岳　2895
大籠岳　2767
櫛形山　2052
中部横断自動車道
中央市
ひがしはなわ
いちかわだいもん
とよとみ
甲府南
甲府市
かいういの
あしがわ
笛吹八代スマートIC
中央自動車道
笛吹市
御坂みち
笹子峠
1050

笹山　2733
蝙蝠岳　2865
徳右衛門岳　2599
増穂
増穂PA
富士川
みのぶ道
富士川町
かじかざわぐち
P.118 富士五湖
市川三郷町
千波滝
蛾ヶ岳　1279
照坂峠
雨坂峠　300
鳥坂峠　1020
釈迦ヶ岳　1641
御坂峠
御坂山　1596
黒岳　1793
河口湖
富士河口湖町
河口湖
西湖
かつやま
かわぐちこ
河口湖
西湖
ふじさん

伝付峠　2040
山梨県
静岡県
富士見山　1640
六郷
くなど
かいじゃわ
おちあい
割石峠　340
精進湖
本栖湖
本栖
鳴沢氷穴
鳴沢村
天神峠　1360
富士吉田忍野
スマートIC
富士吉田
富士吉田市
なるさわ
富士吉田

早川町
いちのせ
中富
下部温泉早川
しもべおんせん
かいときわ
身延
身延町
しおのさわ
みのぶ
毛無山　1964
朝霧高原
小室浅間神社
北口本宮富士浅間神社
小富士　1906

青薙山　2406
七面山　1989
久遠寺
身延山
富士身延道
身延山
雨坂
朝霧高原
富士山　3776
宝永山　2693
富士山

葵区
八紘嶺　1918
大谷崩
安倍峠　1450
かいおおじま
なんぶ
南部
思親山　1031
白糸滝
上井出IC
北山IC
富士宮市
富士裾野
十里木
十里木
愛鷹山　1504
位牌岳

山伏　2013
笹山　1763
赤水の滝
安倍の大滝
十枚山　1726
篠井山　1394
富沢
南部町
うつぶな
よりはた
柿元ダム
白鳥山　567
しばかわ
白糸瀑布
富士山本宮浅間大社
富士宮
小泉出入口
富士市
新富士
大棚の滝

大井川鐵道井川線
井川湖
井川ダム
いがわ
富士見峠PA
富士見峠　1184
笠張峠　1057
七ツ峰　1533
静岡市
真富士山　1343
真富士の里PA
七ツ釜滝
中部横断自動車道
清水区
富士見峠　250
富士川楽座
富士川SA
富士川スマートIC
新清水
清水PA
富士
ふじかわ
しんふじ
よしわら
田子の浦
田子の浦港
東海道新幹線
東海道本線
愛鷹スマート
駿河湾沼津SA
駿河湾沼津スマートIC
がくなんじょうおか
がくなんはらだ
広見IC

天神の滝
竜爪山　1051
新清水Jct
清水いはら
由比PA
清水Jct
清水
新静岡
静岡市街
藤枝岡部IC
静岡IC
三保松原
新東名高速道路
新静岡
P.120 富士南麓
由比峠
三保松原
駿河湾
大瀬崎

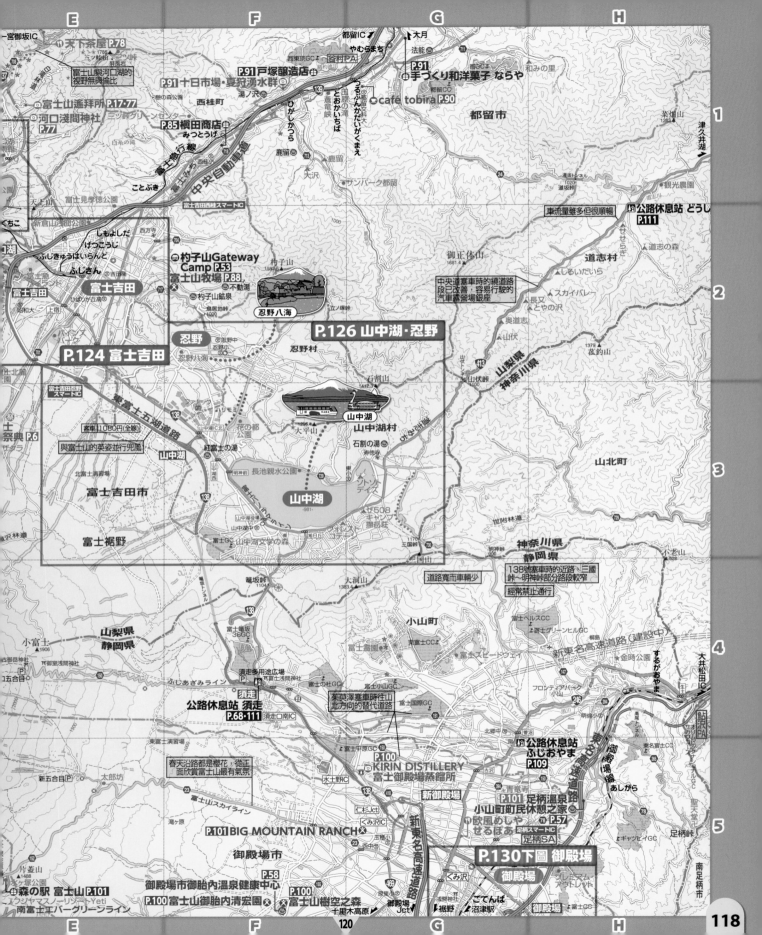

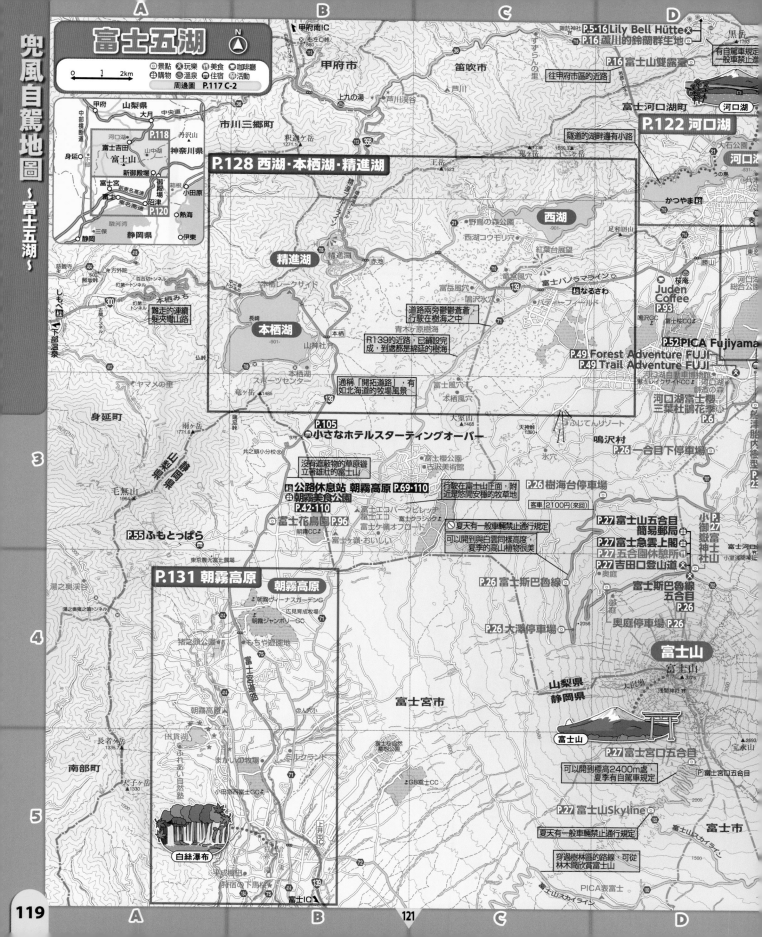

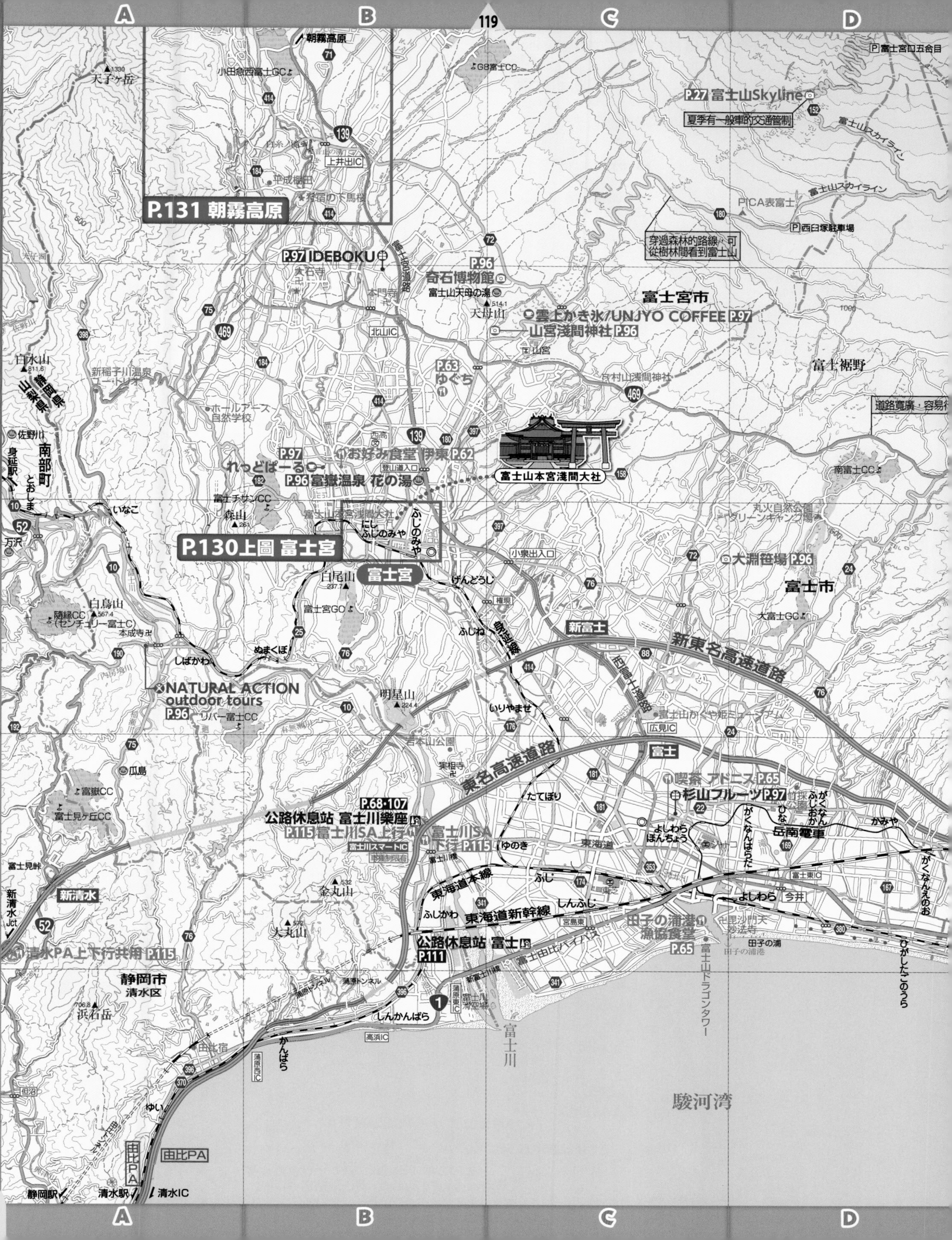

兜風自駕地圖
～富士南麓～

P.131 朝霧高原

P.97 IDEBOKU

P.96 奇石博物館

富士宮市

P.27 富士山Skyline
夏季有一般車的交通管制

富士山スカイライン

PICA表富士

西臼塚駐車場

穿過森林的路線，可
從樹林間看到富士山

雲上かき氷/UNJYO COFFEE P.97
山宮淺間神社 P.96

富士裾野

道路寬廣，容易⋯

P.63 ゆぐち

お好み食堂 伊東 P.62

れっどぱーる P.97
富嶽温泉 花の湯 P.96

P.130 上圖 富士宮

富士宮

富士山本宮淺間大社

大淵笹場 P.96

富士市

NATURAL ACTION outdoor tours P.96
リバー富士CC

新富士

新東名高速道路

喫茶 アドニス P.65
杉山フルーツ P.97

岳南電車

公路休息站 富士川樂座
P.68・107
P.115 富士川SA 上行
富士川SA 下行 P.115
富士川スマートIC

東名高速道路

東海道本線

東海道新幹線

公路休息站 富士
P.111

田子の浦港
漁協食堂 P.65

新清水
Jct

清水PA上下行共用 P.115

静岡市
清水区

由比PA

駿河湾

静岡駅 清水駅 清水IC

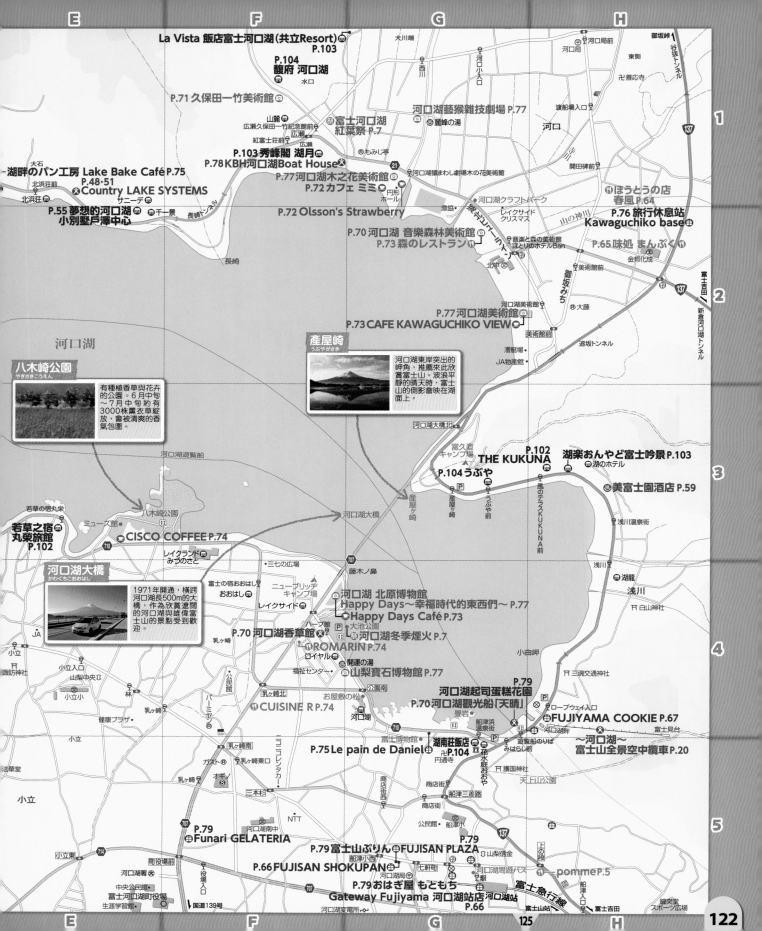

La Vista 飯店富士河口湖（共立Resort）P.103

P.104 馥府 河口湖

P.71 久保田一竹美術館

河口湖藝猿雜技劇場 P.77

P.103 秀峰閣 湖月
P.78 KBH河口湖Boat House
-湖畔のパン工房 Lake Bake Café P.75
P.48·51
Country LAKE SYSTEMS
P.55 夢想的河口湖 小別墅戶澤中心
P.77 河口湖木之花美術館
P.72 カフェ ミミ
P.72 Olsson's Strawberry
P.70 河口湖 音樂森林美術館
P.73 森のレストラン
P.76 旅行休息站 Kawaguchiko base
P.65 味処 まんぷく
ほうとうの店 春風 P.64

P.77 河口湖美術館
P.73 CAFE KAWAGUCHIKO VIEW

八木崎公園
やきさきこうえん
有種植香草與花卉的公園。6月中旬～7月中旬 約有3000株薰衣草綻放，會被清爽的香氣包圍。

産屋崎
うぶやざき
河口湖東岸突出的岬角，推薦來此欣賞富士山。波浪平靜的晴天時，富士山的倒影會映在湖面上。

河口湖

THE KUKUNA
P.102
P.104 うぶや
湖楽おんやど富士吟景 P.103
美富士園酒店 P.59

河口湖大橋
かわぐちこおおはし
1971年開通，橫跨河口湖長500m的大橋，作為欣賞開闊的河口湖與雄偉富士山的景點受到歡迎。

CISCO COFFEE P.74

若草之宿 丸榮旅館 P.102

河口湖 北原博物館
Happy Days～幸福時代的東西們～ P.77
Happy Days Café P.73
河口湖冬季煙火 P.7

P.70 河口湖香草館
ROMARIN P.74
開運の湯
山梨寶石博物館 P.77

CUISINE R P.74

河口湖起司蛋糕花園 P.79
P.70 河口湖觀光船「天晴」
FUJIYAMA COOKIE P.67
～河口湖～ 富士山全景空中纜車 P.20

P.75 Le pain de Daniel
P.104 湖南荘飯店

Funari GELATERIA P.79

P.79 富士山ぷりん FUJISAN PLAZA P.79
P.66 FUJISAN SHOKUPAN
P.79 おはぎ屋 もともち
Gateway Fujiyama 河口湖站店 P.66
pomme P.5

河口湖

N

0　150　300m

☑景點　✕玩樂　⑪美食　☕咖啡廳
⊕購物　♨溫泉　🛏住宿　❀活動
周邊圖 P.119 D-1

甲府

P.5 SDGs學習中心 ☑

🚉セス河口湖

江木林

TOCORO. Mt. Fuji CAMP&GLAMPING P.53

富士見

護國神社

日月神社

湯口

湯口

研修館前

馬場久保

大石

河口湖自然生活館
採藍莓 P.6

大石局

海蔵寺

大石紬傳統工藝館 P.77

星のや富士

P.6 河口湖香草節

クレヨン ☑

奥

菅記念研修館

P.6 河口湖自然生活館
採櫻桃 ✕

河口湖自然生活館
あけぼの荘前

河口湖ブルーベリー園

大石

大石小

大石プチペンション村

P.37・71 富士大石 HANATERASU
P.37 HanaCafe Kikyou
P.37 BRAND NEW DAY COFFEE
P.37・69 葡萄屋kofu HANATERASU咖啡店
P.67・79 めでたや

P.37 富士櫻工房

河口湖自然生活館

プチペンション村

富士大石 HANATERASU
ふじおおいしハナテラス

建在河口湖畔的
複合設施。集結
販售山梨特色甜
點、伴手禮與可
愛雜貨等商品的
店家。

奥川

吉原

賞澄寺

淵坂峠

天神峠

富士河口湖町

世田谷区林間学園

東洋大セミナーハウス

うの島

うの島自然公園

長浜

P.78 紅葉隧道

麗

留守ヶ岩浜

留守ヶ岩

桑崎

大石公園
おおいしこうえん

天氣條件好的話，可
隔著河口湖眺望富士
山。鮮豔的薰衣草開
花季節（6月中旬～7
月中旬）一到，便以
熱門攝影景點聞名。

富士浅間神社

浅間神社

シッコゴ公園

民俗資料

新寺崎トンネル

鳥崎

寺崎トンネル

長浜トンネル

足和田ホテル

さくらの里公園

⑪ Cafe&Diningさくら P.65

西湖

🅿富士景觀酒店 P.103

妙本寺

勝山ふれあいセンター入口

八王子神社

民宿村

勝山

ふれあいセンター

長浜入口

道の駅かつやま

🅿公路休息站 かつやま
P.111

Yショップ

勝山小中入口

勝山中

平浜橋

平浜橋

奥河口湖マリン

イエスタディ

勝山

小海

勝山

勝山局

平浜

奥河口湖入口

勝山小

勝山

足和田キャンプ場

勝山

天神下

大嵐天神社

勝山ふれあいドーム

長浜

大嵐

大嵐入口

国道139号➡

北口本宮富士淺間神社
きたぐちほんぐうふじせんげんじんじゃ

刻劃著1900年以上的歷史，以身為能量景點間名的神社。境內的登山門為吉田口登山道的起點。

A　B　C　D

勝山

小立東

町役場前
河口湖署
富士河口湖町役場◎
○cafe RYO

河口湖南中

船津小西
河口湖◎
河口湖變電所

船津小
山梨信金
上の段
駅前

河口湖駅

P.122 河口湖

富士急行線

富士見台・庄長の家

富士河口湖リゾート
御坂みち
綿半スーパーセンター
整形外科前ち

新倉
赤坂

P.105 MYSTAYS 富士山 展望溫泉泊

①甲州ほうとう小作 河口湖店 P.64

中恋路

ヴィラリゾート
夢富士

P.78 香草庭園旅日記 富士河口湖庭園

P.78 山麓園

リサイクルセンター

La Verdure木村屋 P.66

東恋路

富士パノラマライン

フォレストモール富士河口湖

小立南

精進湖

都留
714

ほうとう蔵 歩成 河口湖店 P.64

P.64 名物ほうとう不動 東恋路店
庄屋乃家 P.64

登り坂
船津登山道入口
ベル
スーパー
レジーナ

ふじざくらイン

富士河口湖高

P.105 Cabin & Lounge Highland Station Inn

富士急ハイランド

富士荘

富士急ハイランド駅

P.78 富士山パンケーキ

山梨縣立富士山世界遺產中心
やまなしけんりつふじさんせかいさんセンター

傳達富士山身為世界遺產的價值與魅力。「富嶽三六〇」使用最新技術，色彩鮮艷地描攝時時刻刻都在變幻的富士山。

P.66・68 金多゛留満 本店

P.30山梨縣立富士山世界遺產中心

ビジターセンター

スバルライン入口

シチズンファインテバイス

河口湖IC

FUJIYAMA TERRACE P.9

富士急樂園 P.4・3

海蘭德水療 度假酒店 P.104

麗莎與卡斯柏小鎮 P. 富士山美術館 P.88

河口湖オートキャンプ場

信水堂 P.75

山梨赤十字病院

ふじざくら支援

ふれあいセンター

富士吉田IC西

富士吉田IC入口

眼鏡橋南詰

コニファーフォレスト

富士山溫泉 P.58

新宮川橋

3

小立

町民体育館
町民グラウンド

ラ・ブーランジュリー
P.74 Café de Boulogne

ステラシアター

河口湖総合公園

船津

富士吉田料金所

スケーターズミュージアム（休館中）

富士吉田IC

西原上

大学入口

上吉田

素和美中・小

河口湖SHOW園・

・森と湖の楽園

富士河口湖町

HOSHIFULL DOME FUJI P.52

P.88 富士山溶岩の湯 泉水

富士山パーキング
富士山パーキング

青少年センター・

習志野青年の家・

松山

昭和大

熊穴団地

東富士ニュータウン・

熊穴団地

4

P.26 富士山旋律景點

富士の森

特養ホーム慶和荘

フジプレミアムリゾート

クラブハウス

雷吉娜富士度假酒店 Suites & Spa P.105

河口湖カントリークラブ

船津口登山道

剣丸尾

東富士五湖道路

138

上吉田

エコプラネット富士

5

健康科学大富士山キャンパス

自在ガラス工房 P.78

岳麓自動車教習所

PICA 富士吉田 P.55

スバルランド

P.78 富士斯巴魯樂園

富士山五合目

山中湖

新倉

A　B　C　D

景點 玩樂 美食 咖啡廳
購物 溫泉 住宿 活動

0 300 600m

忍野村

内野浅間神社
内野
八幡神社

都留市

二十曲峠露臺 SORA no IRO　P.16・82

日向峰 1446

石割山 1412.3
石割神社

長池親水公園
ながいけしんすいこうえん

從山頂直到山腳，可
將富士山朝氣蓬勃的
姿態盡收眼底的絕景
景點。若天氣等條件
允許，可在湖面看見
逆富士景觀。

平野峠
イモ山 1267

大平山 1295.4

東海自然歩道大平山コース

平野変電所
平野
道志みち 413

フラワーパレス
富士マリオット

士山酒店 59・104

大池
テラス
富士色

山中湖 岩下哲士
アトリエ館

P.83 THE PARK

スターダスト
山中湖グリーンタウン
小海原
ヴィラ芙蓉台
水の元

P.83 山中湖平野温泉 石割の湯
スポーツ＆リゾートつかさ
ニュースターホテル山中湖
古屋
きくすい
宮の脇
山中湖プラザホテル
グループインほりや 上原
城山荘 P.青い風
大国館
下原
新井 大富士屋
雑貨や
ふくろう
吉政

P.82 長池親水公園
オステリア イゾラーナ

P.81 Cafe&Auberga里休
プレンティ エフ

P.7 山中湖 DIAMOND FUJI WEEKS

インペリアル山中湖
P.ティータイム
水ヶ久保

不動坂
コテージ・ペンション
まりも
東小
ままの森晴自

P.81 Ristorante Parco Del Cielo
秀山荘
森の巣

富士マリモ生息地
（県指定天然記念物）

YMCA
山の家
平野屋旅館
リキャンプ山中湖
P.コットンテール

長尾荘
ペンション
ヴェンティチェロ
マナハウス
エクシブ山中湖

煮込みStewの店
Casserole P.80
ワイルドストロベリー
柳原

山中湖 Marine House momo P.82
CHiANTI CoMO P.81
THE DAY POST GENERAL GLAMPING VILLAGE P.53

山中湖

P.82 クラフトの里DALLAS VILLAGE
P.5 CYCL

気まぐれキッチン

全景臺 P.17・82

レイクサイドキャビン
山中湖ヨットハーバー

P.7 山中湖
晩霞的岸邊・紅葉祭

PAPER MOON
P.81

CARO FORESTA
モーツァルト

P.82 観光船「白鳥之湖」

湖麵屋 Reel Cafe P.83

燻製工房 古志路 P.83

富士パノラマライン

P.52 PICA 山中湖

水陸兩用巴士「山中湖的河馬」P.38
森の駅 旭日丘 P.83

PICA 山中湖 FUJIYAMA KITCHEN
P.83 Hammock Café

山梨県 神奈川県
山北町

山梨県 静岡県
三国山
小山町

山中湖村
平野

神奈川県
静岡県

兜風自駕地圖
～山中湖・忍野／忍野八海～

忍野 忍者主題村
おしのしのびのさと
可體驗日本風情的忍者主題之村。在能望見富士山的美麗環境中，能享受租借服裝或體驗忍者遊樂設施等的樂趣。

◆ 忍野八海的簡要筆記 ◆
〔湧池〕　以八海第一的湧水量為榮，透明度也很出色的水池
〔濁池〕　名字雖然是濁池，但卻是既清澈又漂亮
〔鏡池〕　沒有風的時候，富士山會倒映在水面上
〔菖蒲池〕傳說有人依照神諭將菖蒲纏在身上之後　疾病就治癒了
〔銚子池〕傳說在婚禮上放了一個大屁的新娘因為覺得羞恥，就抱著銚子(酒壺)投水自盡
〔底拔池〕傳說不小心把在池中洗好的餐具掉入水中，就會在附近的釜池浮上來
〔釜池〕　傳說曾有蟾蜍將少女拉入池中
〔出口池〕過往登山前的行者據說會在水池中淨身

山中湖 花之都公園
やまなかこはなのみやここうえん
富士山矗矗然坐鎮在花田後方，可在山之湖 花之都公園欣賞此幅絕景。從晚春到秋天時，能在富士山腳欣賞各式各樣花卉綻放。

忍野八海
0　　100m
周邊圖上圖 C-1

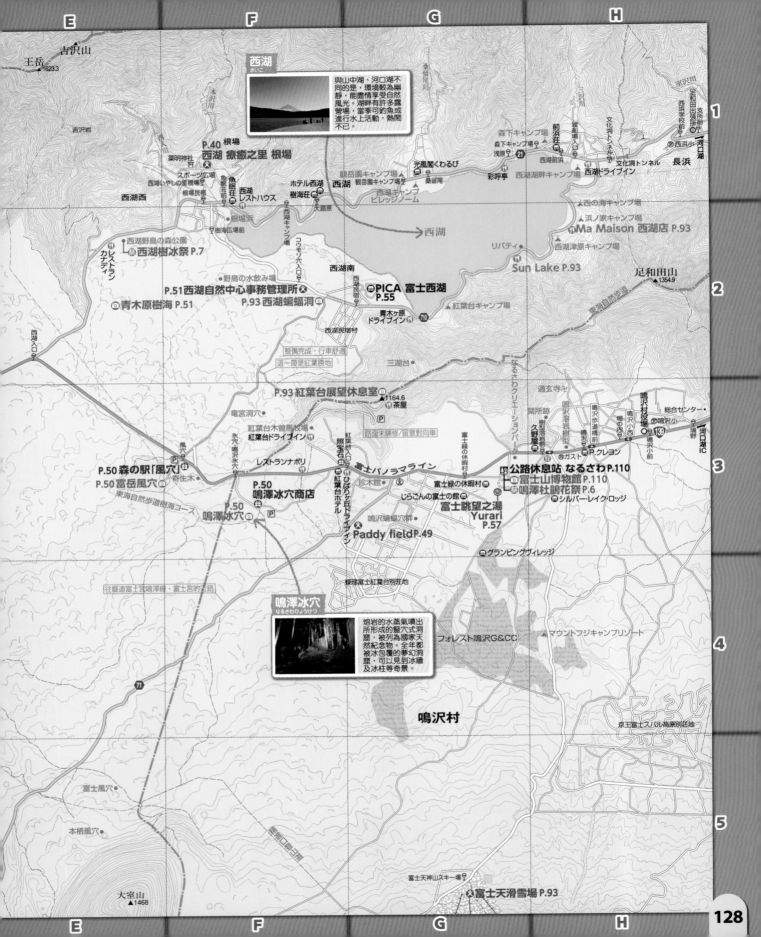

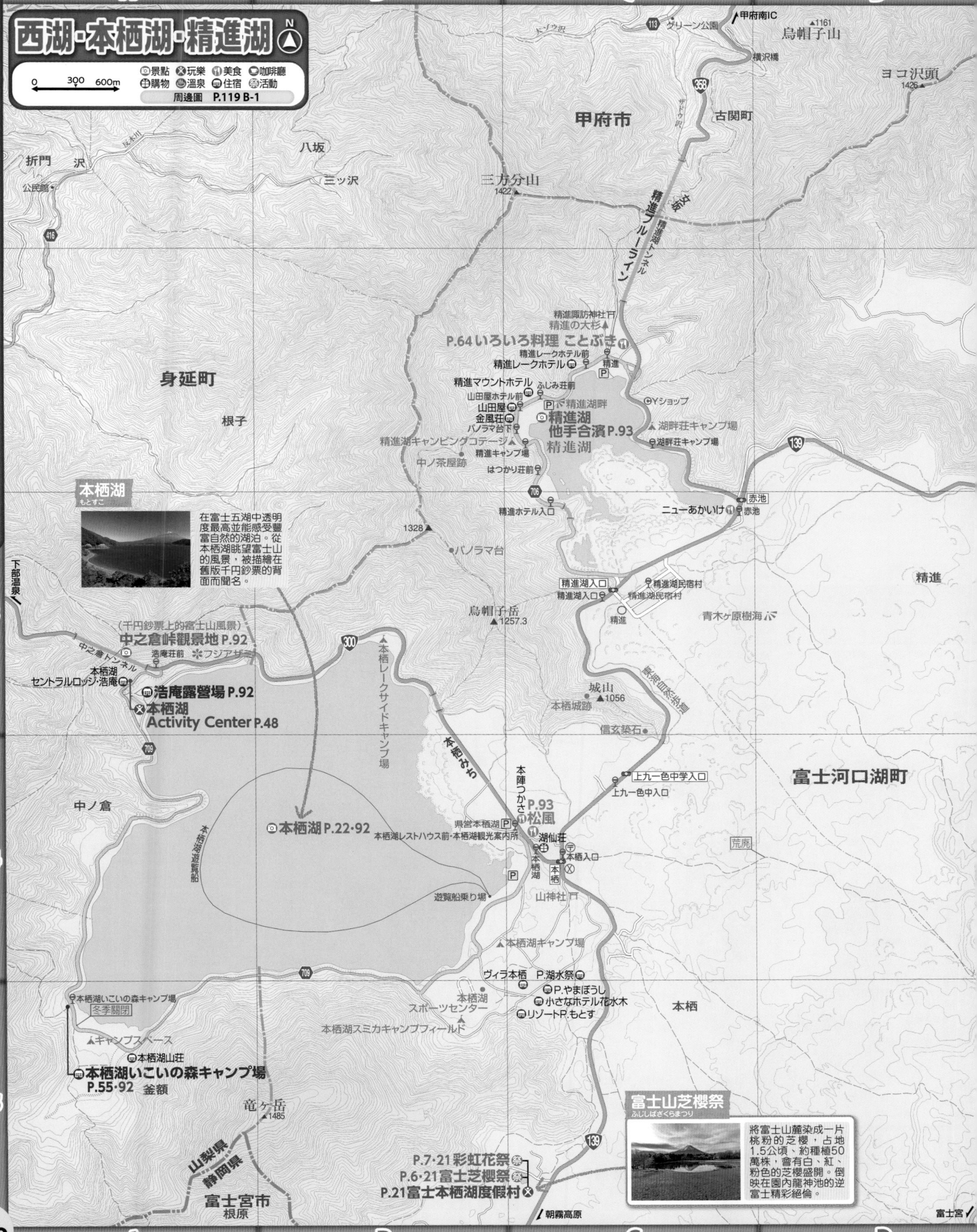

西湖・本栖湖・精進湖 N

| 景點 | 玩樂 | 美食 | 咖啡廳 |
| 購物 | 溫泉 | 住宿 | 活動 |

0 300 600m

周邊圖 P.119 B-1

甲府南IC
グリーン公園
113
▲1161
烏帽子山

横沢橋
ヨコ沢頭
1426▲

358

甲府市
古関町

八坂
三ツ沢

三方分山
1422▲

精進ブルーライン
精進湖トンネル

身延町

根子

P.64 いろいろ料理 ことぶき
精進諏訪神社
精進の大杉
精進レークホテル前
精進レークホテル
精進
精進マウントホテル
山田屋ホテル前
ふじみ荘前
Yショップ
山田屋
P 精進湖畔
金風荘
精進湖
他手合濱 P.93
湖畔荘キャンプ場
パノラマ台下
精進湖キャンピングコテージ
精進湖
湖畔荘キャンプ場
中ノ茶屋跡
精進キャンプ場
はつかり荘前

139

本栖湖
もとすこ

在富士五湖中透明
度最高並能感受豐
富自然的湖泊。從
本栖湖眺望富士山
的風景，被描繪在
舊版千円鈔票的背
面而聞名。

1328
706
精進ホテル入口
ニューあかいけ
赤池
赤池

416

下部温泉

パノラマ台
烏帽子岳
1257.3

精進湖入口
精進湖入口
精進湖民宿村
精進湖民宿村
精進

精進

青木ヶ原樹海

（千円鈔票上的富士山風景）
中之倉峠觀景地 P.92
浩庵荘前
フジアザミ
中之倉トンネル
本栖湖
セントラルロッジ・浩庵
浩庵露營場 P.92
本栖湖
Activity Center P.48

本栖レークサイドキャンプ場

300

本栖みち

城山
1056
本栖城跡
信玄築石

富士河口湖町

709

中ノ倉

本栖湖遊覽船

本陣つかさ
P.93
松風
県営本栖湖
本栖湖
本栖湖レストハウス前・本栖湖観光案内所
湖仙荘
本栖入口
本栖

上九一色中学入口
上九一色中入口

本栖湖 P.22・92

遊覧船乗り場
山神社

荒廃

本栖湖キャンプ場

709

本栖湖いこいの森キャンプ場
冬季閉閉
キャンプスペース
本栖湖山荘
本栖湖いこいの森キャンプ場
P.55・92 釜額

本栖湖
スポーツセンター
本栖湖スミカキャンプフィールド

ヴィラ本栖
P.湖水祭
P.やまぼうし
小さなホテル花水木
リゾートP.もとす

本栖

竜ヶ岳
▲1485

山梨県
静岡県

富士宮市
根原

P.7・21 彩虹花祭
P.6・21 富士芝櫻祭
P.21 富士本栖湖度假村
朝霧高原

139

富士山芝櫻祭
ふじしばざくらまつり

將富士山麓染成一片
桃粉的芝櫻，占地
1.5公頃、約種植50
萬株，曾有白、紅、
粉色的芝櫻盛開。倒
映在園内龍神池的逆
富士精彩絕倫。

富士宮

A B C D

兜風自駕地圖
～富士宮／御殿場／朝霧高原～

131

善用周遊巴士！

富士山麓有眾多周遊巴士可以帶您前往各個觀光景點。根據行程事先確認各條路線吧！

🚌 河口湖周遊巴士

從河口湖站經由河口湖香草館、觀光船・空中纜車入口，行駛到大石公園（河口湖自然生活館巴士站）。

🚌 西湖周遊巴士

從河口湖站經由西湖南岸，無須轉車可到富岳風穴、西湖蝙蝠洞、西湖療癒之里根場等地。

🚌 鳴澤・精進湖・本栖湖周遊巴士

從河口湖站無須轉車可到富士山世界遺產中心、鳴澤冰穴、精進湖北岸、本栖湖方向。

🚌 富士湖號

從河口湖站發車，往忍野八海、平野方向行駛。1天11班中有5班經由山中湖・旭日丘(湖南)，有6班經由ままの森(湖北)。

※周遊巴士的行駛情況請上官網確認

↑巡遊河口湖周邊觀光景點的河口湖周遊巴士

優惠票券

將指定區間及適用區間內的交通工具搭配成套，發售可自由上下車的票券。配合旅遊行程好好地研究一下吧！

富士山・富士五湖PASSPORT

可自由搭乘下述富士急行與路線、周遊巴士的指定區間。富士急電車套票可自由搭乘大月～河口湖的富士急行全線（特急券另計）

【費用】3300円（富士急電車套票4700円）
【有效期間】2天
【販售地點】富士山站、河口湖站、山中湖 旭日丘(森之站)、三島站、富士宮站、御殿場站的富士急巴士窗口、大月站(僅富士急電車套票)

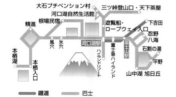

河口湖・西湖・本栖湖區域
周遊巴士共通FREE COUPON

可搭乘「河口湖周遊巴士」、「西湖周遊巴士」、「鳴澤、精進湖、本栖湖周遊巴士」以及優惠券適用區域內的路線巴士

官方網站

【費用】1日PASS 1500円、2日PASS 2000円
【販售地點】線上售票、河口湖站的富士急巴士窗口、周遊巴士車內(僅售1日PASS)

富士吉田・忍野・山中湖區域
共通FREE COUPON

可以搭乘包含「富士湖號」在內的山中湖・忍野區域的路線巴士。

官方網站

【費用】1日PASS 1500円、2日PASS 2000円
【販售地點】線上售票、富士山站、山中湖 旭日丘的富士急巴士窗口、富士湖號車內

朝霧高原
周邊圖 P.119 A-4

馬飼野牧場 まかいのぼくじょう

能欣賞富士山美景的牧場。可以體驗騎馬或擠牛奶與動物們近距離接觸，也可以製作奶油、不住宿的豪華露營、享用牧場美食等。

白絲瀑布 しらいとのたき

有如絹絲般從絕壁傾瀉而下，故得其名。源自從地層流出的富士山融雪，高20m、寬150m，是日本最知名的瀑布之一。

(地圖標示)
- P.55 朝露ジャンボリーオートキャンプ場
- P.49 SKY朝露
- COW RESORT IDEBOK P.41
- 入穴富士講遺跡 P.23
- P.23 陣馬瀑布
- 富士宮市
- 田貫湖 P.22・96
- 田貫湖富岳TERRACE P.4
- 休暇村富士 P.105
- 馬飼野牧場 P.43
- 五平茶屋 P.63
- 富士牛奶樂園 P.96
- P.54 GRAN REGALO ASAGIRI
- P.97自家焙煎 Mifujiya Coffee
- 白絲瀑布 P.28

登富士山導覽

登富士山成功的關鍵在於從容的計畫與齊全裝備。事前確實蒐集資料,挑戰日本第一高山吧!

只能在夏天登山喔!

從4條登山路線中選擇吧!

計畫登山前 首先要做的事情!

決定路線、預約山中小屋、預備用品等等,有許多應該提前進行的事,預留充足的時間做準備吧!

3 確認前往五合目的交通方式並預約山中小屋

- 🗻 請注意前往各五合目的自駕車規定
- 🗻 登富士山基本上需要2天1夜,請盡早預約山中小屋
- 🗻 一天來回或夜間行動造成高山症、體溫過低的風險較大

2 選擇登山路線,制定當天行程方案

- 🗻 登山路線有吉田、富士宮、須走、御殿場這4條
- 🗻 選擇路線後,規劃詳細的時程表
- 🗻 初期推薦跟隨有經驗者或附導遊的旅行團

1 決定登山日程,盡早開始準備!

- 🗻 富士山的開山期間,往年為7月上旬～9月上旬
- 🗻 9月上旬氣溫較低,是適合登山達人的季節
- 🗻 開始蒐集資料、準備裝備、鍛鍊體力

根據目的決定!4條路線的選擇方法

想走經典路線的話!

吉田與富士宮路線有山中小屋、急救室等充足設施,適合新手攀登。由於登山人數很多,週六日、假日可能會有點擁擠。

推薦 吉田 富士宮

想朝聖御來光的話!

容易看到御來光的是吉田與須走。富士宮根據季節與標高,山的斜面很難看到御來光。御殿場則適合難度較高的經驗豐富者。

推薦 吉田 須走

若擔心高山症的話!

若有體力,花點時間從標高低處開始登山,可選須走與御殿場。順應高度上升較不容易得到高山症。推薦3天2夜的登山行程。

推薦 須走 御殿場

想看寶永火山口的話!

可俯瞰寶永山火山口的路線為富士宮及御殿場。刻意不登山頂,而去繞行寶永火山口一圈的人也漸漸增加中。

推薦 富士宮 御殿場

富士山很冷喔!

山頂與平地的氣溫差約22度

每隔標高100m,氣溫會下降約0.6度,因此富士山的山頂會比平地低約22度。7月上旬與8月下旬,山頂也已經是0度以下。另外風速1m會使體感溫度再降1度。即使是夏天也要做好萬全的防寒準備。

富士山山頂氣溫資訊

氣溫(度)

- 平均最高氣溫
- 平均最低氣溫

月	平均最高氣溫	平均最低氣溫
12月	-5.9	-12.2
11月	0.7	-5.1	-11.8
10月	6.5	0.6	-18.3
9月	3.8		
8月	9.5	2.8	
7月	8.0	-1.4	
6月	4.0	-6.3	-12.2
5月	-0.6	-10.9	-17.7
4月	-5.9	-14.3	-21.1
3月		-15.3	
2月		-21.4	
1月			

適合登山達人的季節

最適合登山富士山的季節

※氣溫為日本氣象廳的平年值(1991～2020年的平均值)

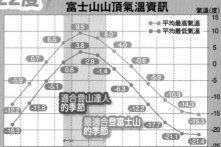

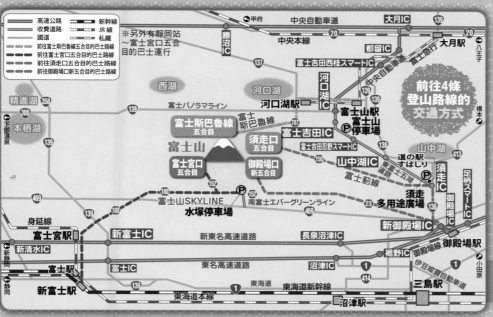

有官方代表顏色！

4條路線徹底比較！！

不同路線的步行距離、時間、難易度等內容也不一樣。考量體力與經驗值，再開始選擇路線吧！

前往4條登山路線的交通方式

富士斯巴魯線五合目在這裡！

地圖圖例：
- 高速公路
- 收費道路
- 國道
- 新幹線
- JR線
- 私鐵
- 前往富士斯巴魯線五合目的巴士路線
- 前往富士宮口五合目的巴士路線
- 前往須走口五合目的巴士路線
- 前往御殿場口新五合目的巴士路線

※另外有靜岡站～富士宮口五合目的巴士運行

地圖地名：甲府、中央自動車道、中央本線、大月IC、大月駅、都留IC、富士吉田西桂スマートIC、富士急行線、八王子、河口湖、河口湖駅、西湖、精進湖、本栖湖、下部溫泉、富士パノラマライン、富士斯巴魯線五合目、富士山駅、富士山停車場、富士山、須走口五合目、富士吉田IC、富士吉田忍野スマートIC、山中湖、山中湖IC、道の駅すばしり、須走口、富士宮口五合目、御殿場口新五合目、富士山SKYLINE、水塚停車場、南富士エバーグリーンライン、須走多用途廣場、御殿場口、御殿場IC、御殿場駅、足柄スマートIC、身延線、富士宮駅、新富士IC、新東名高速道路、長泉沼津IC、新御殿場IC、裾野IC、伊豆縱貫自動車道、小田原、新清水IC、富士駅、富士IC、東名高速道路、沼津IC、三島駅、新富士駅、東海道本線、東海道新幹線、新靜岡、靜岡、沼津駅、富士薊線

適合有經驗者的困難路線
御殿場路線 P.139

御殿場口新五合目海拔比其他路線低、移動距離長。此外山屋也較少，遇上惡劣氣候時不易躲避。下山路線中的大砂走（火山路）因走來痛快而很有人氣。

[上山]	約8～9小時
[下山]	約4小時
[來回步行距離]	20km
[山頂]	3710m
[五合目]	1440m
[標高差]	2270m
[山中小屋數量]	5

難易度 ★★★

路線代表色 綠

自家車管制資訊

無管制

新五合目停車場
☎0550-82-4622（御殿場市觀光交流課）⏰24小時 ¥免費 🅿450輛
MAP P.118 E-5

前往御殿場口新五合目的交通方式
🚌 從JR御殿場站40分
富士急モビリティ本社營業所
☎0550-82-1333
¥1280円、來回2000円

🚗 從東名快速公路御殿場IC經由國道138號、國道246號、富士山SKYLINE 30分

目標是日本最高之處！
鉢巡禮

若時間與體力都還能負荷，挑戰看看繞行山頂火山口一圈的鉢巡禮吧！1圈約1小時30分，可以抵達標高3776m的劍峰。

※巴士及停車場資訊部分為2023年的資料

在森林中快樂步行
須走路線 P.138

雖然距離稍長，但一直到本六合目附近都是樹多的路徑，較不會受到太陽直射。從本八合目開始會與吉田路線的人匯集，因此會有頓時變得壅擠的狀況。

[上山]	約8小時
[下山]	約4小時
[來回步行距離]	14km
[山頂]	3710m
[五合目]	1970m
[標高差]	1740m
[山中小屋數量]	10

難易度 ★★★

路線代表色 紅

自家車管制資訊

期間 2024年 7/10 9:00～9/10 18:00（連續63天）預定

管制期間的停車場 須走多用途廣場
☎0550-76-6114（小山町商工觀光課）、導航設定為道の駅すばしり
☎0550-75-6363 ⏰24小時
¥免費 🅿340輛
MAP P.118 F-4

往停車場的交通方式
東富士五湖道路須走IC即到

從停車場往五合目 接駁巴士30分
¥來回2100円

前往須走五合目的交通方式
🚌 從JR御殿場站1小時
富士急モビリティ本社營業所
☎0550-82-1333
¥1780円、來回2400円

🚗 從東名高速公路御殿場IC經由國道138號、富士薊線40分

一覽太平洋絕景
富士宮路線 P.136

富士宮五合目的標高是4條路線中最高的，移動距離也最短，道路因此筆直而陡峭。下山路線與登山路線是走同一條路。

[上山]	約7小時
[下山]	約5小時
[來回步行距離]	10km
[山頂]	3710m
[五合目]	2380m
[標高差]	1330m
[山中小屋數量]	8

難易度 ★★★

路線代表色 藍

自家車管制資訊

期間 2024年 7/10 9:00～ 9/10 18:00預定

管制期間的停車場 水塚停車場
☎0544-22-1155（富士宮市觀光課）、導航設定為森の駅富士山
☎055-998-0085 ⏰24小時
¥1000円 🅿870輛
MAP P.120 E-1

往停車場的交通方式
從東名高速公路御殿場IC經由國道138號、國道469號、富士山SKYLINE 1小時

從停車場往五合目 接駁巴士35分
¥未定

前往富士宮口五合目的交通方式
🚌 從JR富士站1小時20分
富士急靜岡巴士
☎0544-26-8151
¥2330円（預定）、來回3700円（預定）

🚗 從東名高速公路御殿場IC經由國道138號、國道469號、富士山SKYLINE 60分

新手經典路線
吉田路線 P.134

這條路線從富士斯巴魯線五合目開始。有過半數的富士登山客會走這條路，人潮多時，還會造成登山步道壅塞而無法前進。建議選擇人較少的平日前往。

[上山]	約6小時40分
[下山]	約3小時30分
[來回步行距離]	15.1km
[山頂]	3710m
[五合目]	2305m
[標高差]	1405m
[山中小屋數量]	16

難易度 ★★★

路線代表色 黃

五合目門口通行費
¥2000円

自家車管制資訊

期間 2024年 7/5 18:00～ 9/10 18:00預定

管制期間的停車場 富士山停車場
☎0555-72-9900 ⏰24小時
¥1200円 🅿1200輛
MAP P.125 C-3

往停車場的交通方式
中央自動車道河口湖IC、東富士五湖道路富士吉田IC即到

從停車場往五合目 接駁巴士45分
¥來回2500円

前往富士斯巴魯線五合目的交通方式
🚌 從富士急行富士山站1小時5分（經由河口湖站）
富士急巴士 ☎0555-72-6877
⏰未定 ¥來回2800円

🚌 從BUSTA新宿2小時35分，1天4班
富士急コールセンター（高速巴士）
☎0555-73-8181
¥3800円（有網路優惠價）

🚗 從中央自動車道河口湖IC經由國道139號、富士斯巴魯線（來回2100円）40分

吉田路線
よしだルート

設備齊全最具人氣！

必然壅塞的超正統路線

從富士斯巴魯線五合目出發的吉田路線，又稱作「河口湖路線」。從東京首都圈前往交通很方便，山屋和救護站數量也比其他路線多而深受歡迎，在4條路線中是最多登山者利用的。山頂周邊還會出現「御來光塞車」的擁擠現象。

必須支付通行費！

吉田路線從2024年開始，必須在五合目門口支付通行費(1人2000円)，可與隨喜的富士山奉獻金一起備好。下午4時～翌日凌晨3時的時段以及當日若超過4000人，大門會關閉無法進入登山，請務必注意！

⬆登山客的隊伍一直排到七合目山屋附近
⬇吉田路線山頂。右方鳥居為下山路線起點。

2天1夜的標準行程表

從容不迫登上山屋欣賞御來光

如果是從富士斯巴魯線五合目出發的2天1夜行程，一般都會讓身體充分適應之後，過午再從五合目起登。建議以輕鬆的步調，傍晚時抵達八合目附近的山屋住宿一晚，在山屋前欣賞日出御來光。若要到山頂欣賞御來光，得先做好深夜登山隊伍停滯而無法動彈的心理準備。

行程圖

GOAL! — 富士斯巴魯線五合目
六合目 — 50分
下山道七合目 — 40分
下山道八合目 — 1小時20分
— 40分
吉田・須走口頂上
本八合目 — 1小時30分
八合目 — 1小時30分
七合目 — 1小時40分
六合目 — 1小時
START — 富士斯巴魯線五合目

御來光約在4:30～5:00左右出現

高度軸：4000m / 3500m / 3000m / 2500m / 2000m / 1500m / 1000m

距離軸：13km 12km 11km 10km 9km 8km 7km 6km 5km 4km 3km 2km 1km 0km

下山時請注意不要摔倒
下山路線比登山路線所花費的時間較短，但同樣不可輕忽大意。疲憊加上膝蓋負擔大，請綁好鞋帶，以小步伐不疾不徐地下山。

如果到山頂還有餘力的話，可以挑戰缽巡！
山頂環境深受氣候影響，登山時又會消耗體力，所以絕對不要逞強。詳細規劃行程，如感覺任何不安請中止行程下山。

到八合目附近的山屋用晚餐、就寢並欣賞御來光
雖然有很多人選擇深夜離開山屋到山頂欣賞御來光，但這個行程會相當擁擠。新手可以在山屋好好休息，並在附近欣賞御來光。

五合目出發前
首先最重要的是讓身體適應高山。請至少在這裡停留1小時30分。

路線的魅力

1 五合目到山頂的高度差較小，所需的時間比較短

2 出發後會隨即遇到和緩的斜坡，讓身體較容易適應登山

3 此路線的山屋和救護站多，有突發狀況時較好處理

134

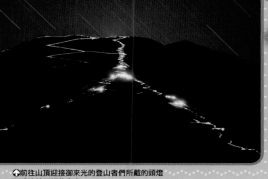

↑前往山頂迎接御來光的登山者們所戴的頭燈形成連綿不絕的亮光

↑在富士斯巴魯線五合目，登山客與觀光客進進出出絡繹不絕

山頂
吉田・須走口

以這裡為目標吧

↑到山頂的久須志神社，可以購得或拿到御朱印和杖印、御守、金明水等祈福物品

↑如果看到久須志神社的鳥居和狛犬，就代表快到山頂了！

DATA

登山	約6小時40分		
下山	約3小時30分		
出發點	2305m	高度差	1405m
來回步行距離	15.1km	山屋數	16
MAP	P.119 D-4		

路線查詢
☎ 0555-21-1000
（ふじよしだ観光振興サービス）

詳細交通資訊 ➡ P.133

3776m 劍峰

久須志神社
吉田・須走口
山頂(3710m)
九合目(3600m)

扇屋
山口屋

下山時不要跟別條路線（須走路線）搞混了

八合五勺(3450m)
御來光館

胸突江戶屋（上江戶屋）
本八合目(3370m)

本八合目 TOMOEKAN
本八合目 富士山飯店
元祖室
白雲莊

江戶屋（下江戶屋）
下山道 八合目(3270m)

蓬萊館
太子館
富士山八合目救護所
東洋館

八合目(3040m)

緊急避難小屋

本七合目 鳥居莊

富士一館
鐮岩館
七合目TOMOEKAN
日出館

富士山七合目救護所

花小屋
七合目(2700m)

看板可以確認最新資訊！

下山道 七合目(2630m)

獅子岩

下坡路段很長，要事先確認廁所的位置

臨時廁所
富士山安全指導中心

六合目(2390m)

里見平・星觀莊

佐藤小屋
吉田口五合目

先於大門支付通行費吧！

富士山五合目救護所
五合目綜合管理中心
五合園休息站
富士山MIHARASHI
富士急雲上閣
小御岳茶屋

富士斯巴魯線五合目(2305m) P.26

START & GOAL

泉瀧
五合目バス停
富士山小御嶽神社
富士斯巴魯線

有自家車管制

→P.138

推薦的 下山 時程表

接續第2天

08:30	吉田・須走口山頂	出發
09:10	下山道 八合目	抵達
10:30	下山道 七合目	抵達
11:10	六合目	抵達
12:00	富士斯巴魯線五合目	抵達

GOAL

推薦的 登山 時程表

07:30	吉田・須走口山頂	抵達
05:30	八合目附近・山小屋	出發
	第2天	
17:40	八合目附近・山小屋	抵達
16:40	八合目	抵達
15:00	七合目	抵達
14:00	六合目	抵達
13:00	富士斯巴魯線五合目	出發
	第1天	

START

從富士山站有巴士可到這裡！

馬返
富士吉田市街

滝沢林道
※由於途中設有閘門，無法直接走到五合目

小知識

存在已久的登山步道！起始於山麓的吉田路線

從以前就存在的吉田路線，是從位於山麓的北口本宮富士淺間神社（→P.23）進入。這條路線在富士斯巴魯線開通之前是最多人走的。現在的吉田路線（起點為富士斯巴魯線五合目），會在六合目流。

→神社境內後方有登山步道起點的登山門

圖例	
━━	登山路線
━━	下山路線
┄┄	其他路線
	等高線
2500m	標高
🏠	山屋
⛩	神社
🚻	洗手間
	巴士站

3500m
3000m
2500m
2000m
1500m

↑此路線特徵在於從六合目開始山坡急遽陡峭

↑登山季時的山頂因大量登山客造訪而熱鬧不已

照片提供：靜岡縣觀光協會
↑太陽光籠罩地平線的感動瞬間

攻頂最短路徑！

富士宮路線

●ふじのみやルート

可以用最短距離攻頂的一歷史悠久路線

這條歷史悠久的路線原本就是表登山道。成為起點的五合目海拔2380m，是4條路線中海拔最高、最快能抵達山頂的路徑，同時也很接近日本最高點，亦即3776m的劍峰。從名古屋方面過來的交通也十分便利。

路線魅力

1 從五合目登山口到山頂的距離最短，所需時間也最短

2 各合目都有山屋和診療所等，設備齊全

3 從新幹線車站可搭巴士前往，從東海、關西方面過去很方便

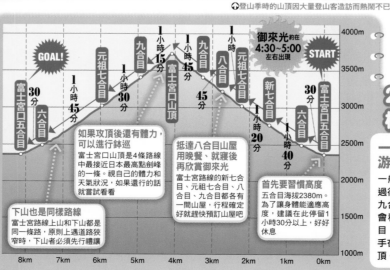

御來光約在
4:30～5:00
左右出現

START
富士宮口五合目
30
分
六合目
1小時
40
分
新七合目
1小時
20
分
元祖七合目
1小時
八合目
45
分
九合目
1小時
45
分
富士宮口山頂

GOAL!
富士宮口五合目
30
分
六合目
1小時
45
分
元祖七合目
1小時
30
分
九合目
1小時
15
分

4000m
3500m
3000m
2500m
2000m
1500m
1000m

8km 7km 6km 5km 4km 3km 2km 1km 0km

如果攻頂後還有體力，可以進行鉢巡
富士宮路線的山頂是4條路線中最接近日本最高點劍峰的一條。視自己的體力和天氣狀況，如果還行的話就當試看看

下山也是同樣路線
富士宮路線上山和下山都是同一條路，原則上遇道路狹窄時，下山者必須先行禮讓

抵達八合目山屋用晚餐、就寢後再欣賞御來光
富士宮路線的新七合目、元祖七合目、八合目、九合目都各有一間山屋，行程確定好就趕快預訂山屋吧

首先要習慣高度
五合目海拔2380m。為了讓身體能適應高度，建議在此停留1小時30分以上，好好休息

2天1夜的 標準行程表

一起來擬個新手也能游刃有餘的計畫吧

一般2天1夜的行程通常安排中午過後從五合目出發，到新七合目～九合目的山屋住宿。第1天的行程會稍微吃緊，但如果能抵達九合目，第2天就會輕鬆許多。建議新手在山屋附近欣賞御來光之後再攻頂。

↑一接近九合目就可看到山頂在不遠處。不要急躁，穩步前進吧

以這裡為目標吧！

★山頂
富士宮口

←富士山有頂上淺間大社奧宮坐鎮。可在此參拜祈求登山平安

↑天氣好時可以從山頂眺望駿河灣與伊豆半島

從新七合目附近開始的路線為多岩石斜坡，前進時要小心路況

小知識

可以登山的側火山「寶永山」

1707年發生的寶永大噴發，為距今最近的一次火山爆發，並因此形成寶永山。在造山運動的過程中，於火山口以外的山腰或山麓等部分堆積出的小火山便稱為寄生火山。尤其是富士山特別多，並集中於西北、東南側一帶。

←富士山群中最新、最大的寄生火山

地圖標示

- 富士宮口山頂(3710m)
- 3776m 劍峰▲
- 富士山頂上淺間大社奧宮
- 頂上富士館
- 胸突山莊
- 九合五勺(3550m)
- 3500m
- 九合目(3400m)
- 万年雪山莊
- 八合目(3220m)
- 池田館
- 富士山衛生中心
- →P.139 御殿場路線
- ⚠下山走同一條路
- 下山路線
- 登山路線
- 元祖七合目(3030m)
- 山口山莊
- 3000m
- 御来光山莊
- 新七合目(2790m)
- START & GOAL
- ⚠推薦只能在這裡折返的簡短路線
- 寶永山莊
- 雲海莊
- 六合目(2490m)
- 富士宮口五合目(2380m) P.27
- 2500m
- 寶永第一火山口
- 寶永第二火山口
- 富士山綜合指導中心
- 五合目休息站
- ⚠有自家車管制！
- 寶永遊步道
- 御殿場路線
- 富士山Sky line
- 馬返
- 2000m
- 御殿場市街

DATA

登山 約7小時		下山 約5小時	
出發點 2380m		高度差 1330m	
來回步行距離 10km		山屋數 8	

MAP P.119 D-5

路線查詢
☎0544-27-5240（富士宮市觀光協會）

詳細交通資訊 P.133

圖例
- 登山路線
- 下山路線
- 其他路線
- 等高線
- 2500m 標高
- 🏠 山屋
- ⛩ 神社
- 🚻 洗手間
- 🚏 巴士站

N

推薦的 下山 時程表
接續 第2天

9:00	富士宮口山頂 出發
10:15	九合目 抵達
11:45	元祖七合目 抵達
13:30	六合目 抵達
14:00	富士宮口五合目 抵達

GOAL

推薦的 登山 時程表

08:00	富士宮口山頂 抵達
06:15	九合目 抵達
05:30	八合目‧山小屋 出發 第2天
18:00	八合目‧山小屋 抵達
17:00	元祖七合目 抵達
15:40	新七合目 抵達
14:00	六合目 抵達
13:30	富士宮口五合目 出發 第1天

START

←富士宮市街

須走路線
すばしりルート

可以舒心地欣賞風景的路線

這條登山路線一直到本六合目一帶都綠意盎然，能欣賞到富於變化的景緻。與吉田路線和富士宮路線相較登山者較少，最適合喜歡安靜爬山的人。然而本八合目開始會與吉田路線的人匯流，常出現較擁擠的情形。下山時請小心不要走到吉田路線去了。

山頂
★吉田・須走口

以這裡為目標吧！

↑山頂上除了久須志神社外，還有伴手禮店和山屋

DATA

登山 約8小時	下山 約4小時
出發點 1970m	高度差 1740m
來回步行距離 14km	山屋數 10

MAP P.118 E-4

路線查詢
☎0550-76-6114（小山町商工觀光課）

詳細交通資訊 →P.133

山口屋
扇屋（僅有賣店）
久須志神社
九合目(3600m)
吉田・須走口山頂(3710m)
八合五勺
御來光館
本八合目(3370m)
3500m
胸突江戶屋（上江戶屋）
本八合目 富士山旅館
江戶屋（下江戶屋）
本八合目 TOMOEKAN
八合目(3270m)
吉田（河口湖）路線 →P.134
本七合目(3140m)
見晴館

❗下山時不要與別條路線（吉田路線）搞混了

3000m
大陽館

❗走起來粗糙不平，要留意飛沙走石

七合目(2920m)
→P.139
瀨戶館
本六合目(2620m)
2500m
長田山莊
新六合目(2420m)
吉野屋
砂拂五合目(2230m)

↑砂礫堆積的路面走來鬆軟，是可以輕鬆下山的砂走

古御岳神社
東富士山莊
山莊菊屋
須走口五合目
須走口五合目(1970m)

❗有自家車管制！

路線魅力

1 登山者比吉田路線、富士宮路線少，可以依照自己的步調悠然登山

2 從五合目到六合目一帶都是樹林，風景富變化

3 因為是從山的東側攀登，所以有許多地方都可看到御來光

推薦的 下山 時程表

接續 第2天

時間	地點	
08:00	吉田・須走口山頂	出發
09:00	本八合目	抵達
10:00	七合目	抵達
11:00	砂拂五合目	抵達
11:40	須走口五合目	抵達

GOAL

推薦的 登山 時程表

時間	地點	
07:00	吉田・須走口山頂	抵達
06:20	九合目	抵達
05:30	本八合目・山小屋	出發

第2天

時間	地點	
18:00	本八合目・山小屋	抵達
15:50	七合目	抵達
13:30	新六合目	抵達
12:00	須走口五合目	出發

第1天

↑從五合目登山口開始為連綿的樹林地帶，並且有2間山屋可購入必需品

START & GOAL
START

圖例
- 登山路線
- 下山路線
- 其他路線
- 等高線
- 2500m 標高
- 🏠 山屋
- ⛩ 神社
- 🚻 洗手間
- 🚏 巴士站

2000m
1500m
舊馬返
馬返
須走IC

御殿場路線 ・ごてんばルート

適合有經驗者的困難路線

必須具備體力與經驗的最長路徑

4條路線中高度差和距離都屬最大值，是條幾乎無法一天來回並適合資深老手的路線。途中每處都能欣賞到御來光。山屋少，因此需事前備齊食物和飲水。最大魅力就在回程下山的大砂走，也有很多人只有下山時走這條路。

山頂
御殿場口

以這裡為目標吧！

↑白色鳥居是來到山頂的標記。旁邊有供奉銀名水的小祠堂

照片提供：御殿場市觀光協會

DATA

登山 約8〜9小時		下山 約4小時	
出發點 1440m		高度差 2270m	
來回步行距離 20km		山屋數 5	

MAP P.118 E-5

路線查詢
☎ 0550-83-4770（御殿場市觀光協會）

詳細交通資訊 → P.133

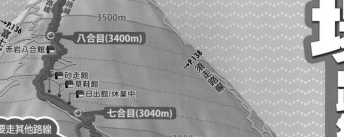

富士山頂上淺間大社奧宮
銀明館（歇業中）
3776m 劍峰 ▲
御殿場口頂上（3710m）
3500m
→P.136
富士宮路線
八合目（3400m）
赤岩八合館
→P.138
砂走館
草鞋館
日出館（休業中）
七合目（3040m）
3000m

! 下山要走其他路線

2693m 寶永山 ▲
下六合
六合目（2830m）

! 走起來粗糙不平，要留意飛沙走石

半藏坊

↑爽快衝下砂礫堆積斜坡的大砂走，是御殿場口的焦點路段

新六合目（2590m）
2500m
登山路線

照片提供：御殿場市觀光協會

↑下山時若天氣好，可將江之島與三浦半島全景盡收眼底

! 未建造山中小屋，要特別留意食物和水等裝備

1929m 二塚上塚（上双子山）
1804m 二塚下塚（下双子山）

2000m
下山路線（大砂走）

路線魅力

1 到下山路線的大砂走時，能一口氣衝下砂礫坡路，甚是爽快

2 沒有太多人潮，可以依自己的步調登山，旺季時也沒有自駕管制

3 新五合目海拔較低，能從容不迫地前進，不易引發高山症

推薦的 登山 時程表

09:00	御殿場口山頂	抵達
07:00	八合目	抵達
05:30	七合目・山小屋	出發
	第2天	
17:20	七合目・山小屋	抵達
16:00	六合目	抵達
12:40	新五合五勺	抵達
11:00	御殿場口新五合目	出發
	第1天	

推薦的 下山 時程表

接續第2天

10:00	御殿場口山頂	出發
11:40	七合目	抵達
13:10	新五合五勺	抵達
14:10	御殿場口新五合目	抵達

GOAL

新五合五勺（1920m）

CHECK！

活用新・五合目的交流空間吧

於開山期間設立的「Mt.Fuji Trail Station」。可以獲取登山資訊並使用免費Wi-Fi。

☎ 0550-82-4622（御殿場市觀光交流課）
7月10日〜9月10日、8:30〜17:30（預定）

↑預計舉辦許多大人小孩都能同樂的活動

START & GOAL

START

1500m

御殿場口新五合目（1440m）
大石茶屋
御殿場口新五合目
御殿場市街

為了安全又安心地登山
富士登山基礎知識 Q&A

要攀登標高超過3000m的日本最高山，就算是資深的登山老手也不容易。預先將事前計畫、裝備、走法等等的富士山基礎知識熟記起來吧！

制定計畫

Q 什麼時期可以登山？

A 僅夏季2個月期間，山中小屋也僅於此時開放。往年的開山時間，山梨縣側是7月1日到9月10日，靜岡縣側則會是7月10日到9月10日（視殘雪狀況而定，於每年6月下旬～7月上旬左右決定）。同時山中小屋也會開始營業，並會於8月下旬～9月上旬停止營業。梅雨過後，天氣較穩定的7月下旬～8月中旬是最佳攀登時節。

Q 新手獨自登山也沒問題嗎？

A 必須要有具經驗者陪同，也推薦參加團體行程。標高3776m的高山，會有氣候變化、高山症等各種風險，新手獨自挑戰實在危險。若身邊沒有具經驗者的話，建議參加有專職嚮導的旅行團。

Q 何時是登山旺季？

A 週末和孟蘭盆節特別多人。往年的開山者會走的吉田路線常常過於擁擠，特別是週末及孟蘭盆節前後。還會造成清晨山頂附近產生「御來光塞車」的現象。盡可能安排登山者較少的平日前往。

↑熱鬧的吉田路線

Q 具體的登山時程如何安排？

A 基本上以2天1夜為主，有很多住宿可供選擇。最多人走的是中午左右從五合目出發，住宿在八合目附近的山中小屋，並於隔日深夜開始登山，終點在山頂欣賞御來光的行程。不過夜間登山對身體的負擔很大，山頂人又多。建議新手住宿在御來光附近，天亮後再開始繼續登山。

Q 事先預約山中小屋比較好嗎？

A 一定要先預約，尤其旺季要更提早。週末及孟蘭盆節的登山人潮會非常多，特別是最適合欣賞御來光的八合目附近，山中小屋都會客滿，建議盡早預約。萬一需要取消的話，也一定要告知對方。

↑吉田路線的山中小屋「花小屋」

Q 一定要有登山證嗎？

A 登山證是發生萬一的救命帖。登山證是遭遇山難時可成為線索的憑據，因此務必要提出申請。日本山岳導遊協會營運的「COMPASS」設有網站以及APP，也可透過手機提出申請。如果是以紙本方式申請，可自己參考縣警察局網站，投在各路線五合目的郵筒。

↑事先確認好路線

準備裝備

Q 登山應穿著什麼服裝？

A 山頂的氣溫很低，要充分注意防寒措施。溫差劇烈，基本上一定要備好禦寒衣物。包含貼身衣物在內，都要準備吸濕、速乾的材質。

- 五合目～七合目
剛開始登山一走動就會覺得熱，可以只穿一件長袖襯衫。隨著氣溫持續下降，襯衫外再多加一件刷毛等保溫性佳的外套比較好。

- 八合目～山頂&晚上
這時氣溫相當冷冽，要再加上羽絨外套等衣物。最外層多套一件防水雨衣還可以防風。

Q 裝備以外的必需物品是？

A 一定要帶飲用水、行動糧食、地圖、手機等。飲用水及行動糧食雖然可在登山小屋買到，但至少要於登山前就準備好。登山地圖、聯絡用手機也一定要帶。登山用品可去登山專用租借商店租用，也提供寄送服務（請事先確認住宿地點是否能代為收件）。

Q 費用高昂的裝備也可考慮租借

A 裝備全部都必須要購買的嗎？可透過網路下單，也提供寄送服務（請事先確認住宿地點是否能代為收件）。

Q 服裝以外的必需物品是？

A 一定要帶飲用水、行動糧食、地圖、手機等。有超過半數登山者會走的吉田路線，還會產生「御來光塞車」的現象。盡可能安排登山者較少的平日前往。大部分型號的智慧型手機都能對外聯繫。而當緊急用的醫藥品、水無法使用時，若有濕紙巾也會比較安心。

🌙夜 頭燈必帶 做好萬全防寒準備

夜間沒有燈光無法行動。山上會超乎想像的寒冷，請記得帶可穿在裡頭的刷毛衣或羽絨外套

頭燈
建議選擇明亮又長壽的LED款式。就算不進行夜間登山，也可帶著以備不時之需

登山手套
這項必備用品除了攀登岩場可以保護雙手，接近山頂或下雨天時也可防水、防寒

防水外套
為避免下雨時失溫，建議選擇GORE-TEX材質產品。也能在夜間或接近山頂時達到防寒效果

防水褲
建議與外套選擇同樣的GORE-TEX材質產品，有出色的吸濕、快乾效果，也可有效禦寒

登山杖
可有效減輕腿部的負擔，並預防跌倒。I字形（2把1組）產品較能維持平衡

安全帽
在岩場多的富士山，安全帽可在落石、滑倒或跌倒時保護頭部。記得挑選不會遮住視線的尺寸

帽子
由於太陽光直接照射，務必預防中暑。建議選擇有帽繩的款式

背包（30公升）
2天1夜的富士登山最適合容量30公升的登山包。妥善的腰帶設計可減輕肩膀負擔

背包套
除了可以防雨水，也可用於防砂塵

登山專用綁腿
可防止沙礫進入鞋子裡。下山經過沙礫多的路段時很好用，也可避免褲管弄髒

登山靴
建議選購可保護到腳踝的高筒款式。購買前務必試穿確認尺寸，在登山前要盡量讓腳事先習慣鞋子

☀日 基本為可調節體溫的洋蔥式穿法
以短袖和長袖的組合應對冷熱調節。日照強烈也別忘了做好紫外線防護。

墨鏡
晴天時日照強烈又無遮蔽物，因此一定要保護眼睛。準備一副穩妥的墨鏡吧

開襟衫
為了避免曬傷和受傷，就算熱也最好穿長袖。可藉由調整袖長和前襟，防範中暑

褲子
有很多陡峭岩場，建議穿著長褲裝較方便。為保護肌膚，穿著短褲時可再加內搭褲

機能內搭褲
不僅可以避免曬傷和受傷，也可減輕肌肉疲勞，有效支撐膝蓋、腰部和髖關節

襪子
厚襪可防鞋子磨腳，登山襪防震性佳，走路時具緩衝效果

終於要登山了！

Q：開始登山前要準備什麼？
A：為了預防高山症，出發前建議在五合目停留1小時30分以上。可以做點拉筋之類的輕運動，幫助身體適應高度。

Q：在五合目停留久一點，讓身體習慣高山
A：一開始由於身體還沒習慣登山的節奏，建議密集休息。走約30分可以休息5～10分，原則上要趁身體還維持著熱能時出發。找到節奏並習慣後，可以50分～1小時為間隔休息10～15分。

→選擇寬闊又穩固的地方休息吧

Q：休息的間隔大概多久？
A：剛開始可以走約30分休息5～10分

Q：如果發生落石怎麼辦？
A：大叫「有落石！」讓周圍知道有危險發生
大前提是當在岩石斜坡上行走時必須萬分小心，以避免落石。但萬一發生落石的話，請大叫「有落石！」（日文發音為「raku」）讓周圍的人知道有危險發生。即使只是小石落下，也可能因經過斜坡以加速度墜落，仍可能對人造成較嚴重的傷害。

↑山頂附近有許多岩石堆務必多留意

Q：有沒有比較不容易累的步行方法？
A：步伐小一點，速度不疾不徐
大步行走容易讓行李晃動，耗費體力。腳步小一點且緩慢一點，就可以保持一定步調。像把腳踩在比膝蓋低一點的階梯上，依這種速度登山比較好。
●走在砂礫（沙塵與小碎石）中
滿是砂礫的路徑，路面粗糙容易滑倒。建議讓鞋底平貼於地面，輕輕地邁開步伐。
●走在岩石堆中
選擇穩定的岩石，保持平衡再小步前進。大步用力踢開岩石，恐怕會增加落石的危險性。
●走在階梯上
若一口氣爬升不僅會打亂呼吸，也會消耗體力。放緩速度，慢慢地一階一階往上爬。

Q：登山路線的交通規則是？
A：以登山者為優先，下山者須禮讓道路
在狹小的登山道路交會時，身體停住，禮讓登山者先行通過為基本禮儀。但如果是在陡峭的岩石堆等無法適用規則的地方時，雙方可視情況互相禮讓，隨機應變。

↑要考慮其他登山客，以防發生意外

Q：廁所需要付費？使用方法有何不同？
A：廁所需要付費嗎？使用方法也必須注意
富士山為了管理維護需要不少費用，因此使用廁所需付費，請準備200～300円左右的零錢。另外考慮到環境，還設有比較特別的廁所，使用方法也不一樣，並且嚴禁丟棄生理用品、衛生紙以外的物品。敬請節約用水。
●生物木屑式
透過木屑裡的微生物分解排泄物的方式。為了將木屑與排泄物混合，使用後要按下「攪拌」、「蓋上蓋子」等按鈕。僅能使用廁所內提供的可溶解於水的衛生紙。有些會準備容器，可將使用完的衛生紙丟棄其中。
●淨化循環式（牡蠣殼）式
在複數處理水槽內透過微生物分解排泄物的形式。在使用上，感覺與家庭中的抽水馬桶較相似，臭味較少，但無法溶解衛生紙，必須丟在專用的垃圾桶。
●焚燒式
將排泄物高溫燃燒處理的方式。衛生紙可以丟入馬桶中，但如果一次丟太大團容易塞住，敬請留意。

↑事先預習使用方法吧

Q：下山時需要注意什麼？
A：下山時較容易受傷或發生事故，須慎重以對
請先上完廁所、補給水分、再次確認裝備並做好萬全準備後再開始下山。由於下山時已經累積許多疲勞，加上心情也會比登山時來得放鬆，容易發生事故，要特別注意。經過砂礫堆或岩石堆時，腿部的負擔會比登山時還要沉重，請多加利用登山杖。

Q：下山與上山的路線不同？
A：除了富士宮路線，其他登山與下山都是不同路線
富士山的除了富士宮路線以外，其他上山跟下山均為不同路線。除非有意外或不得已的理由，否則應避免從下山路線登山，或是從登山路線下山。

Q：在砂子滑走步道要注意什麼？
A：穿戴所有裝備抵擋風砂
砂走為充滿柔軟砂子的下坡路段，走一步就會前進1～2m深受歡迎。但是飛砂會跑進鞋子、眼睛或頭髮裡，必須做好防護措施。記得準備登山用的綁腿及手帕、口罩、護目鏡等裝備。

住在山中小屋

Q：山中小屋是什麼樣的設施？
A：沿登山道路設立的住宿、休息設施
富士山的山中小屋多達40間，大半只在登山季營業。行程為2天1夜的話，一般會住在八合目附近。基本上由於是生活機能匱乏的區域，設備極為簡單。因沒有浴池等設施，建議先準備好濕紙巾或濕毛巾。

Q：費用大概多少？
A：大多1晚附2餐的費用為12000円左右
純住宿的費用大多為8000円左右，住宿費於辦理入住時支付。週末費用可能會較高。

Q：睡前要做好什麼準備呢？
A：一早就要即刻出發，盡可能做好準備
考慮到其他住宿者，應該盡量將行李收納起來，就寢時在枕邊放好頭燈、飲用水。攜帶眼罩或耳塞的話，比較不會受其他住宿者的行動影響。

Q：山中小屋的規則與禮儀？
A：不要造成其他登山客的困擾
●不要發出太大的聲音
在寢室說話要盡量壓低音量，不要打擾到暫時休息的人。手機也要轉成靜音模式，盡量不要講電話。另外塑膠袋會發出噪音，請避免使用。
●務必將垃圾帶走
每間山中小屋都很煩惱要如何處理登山客造成的垃圾。除了在該間山中小屋消費造成的垃圾，其餘請自己帶走。
●遵守廁所禮儀
雖然住宿者可以免費使用山中小屋的廁所，但也有需與非住宿者支付相同費用、或是僅初次使用需要付費的狀況。使用方法根據山中小屋而有不同，敬請留意。

攜帶物品清單 ✔

必備物品	
☐ 登山背包	☐ 毛巾
☐ 安全帽	☐ 面紙
☐ 頭燈	☐ 塑膠袋
☐ 帽子	☐ 地圖
☐ 換洗衣物	☐ 行動糧食、飲料
☐ 登山靴	☐ 手錶
☐ 襪子	☐ 手機
☐ 登山手套	☐ 備用電池
☐ 防寒衣物	☐ 常備藥品、緊急藥品
☐ 防水衣物	☐ 護照
☐ 背包套	☐ 現金

帶著會比較方便的物品	
☐ 墨鏡	☐ 口罩
☐ 機能內搭褲	☐ 防曬用品
☐ 登山杖	☐ 拋棄式暖暖包
☐ 登山用綁腿	☐ 太空毯
☐ 濕紙巾	☐ 相機
☐ 耳塞、眼罩	☐ 行動電源

用富士山奉獻金 守護美麗的富士山！

為了維護自然環境與登山者的安全，每人奉獻1000円的「富士山保全協力金」均會被妥善利用。支付者會收到富士山維護協助證。除了可在各五合目登山口等處捐獻，也可透過網路支付。

↪山梨縣側的富士山維護協助證
※照片為2023的款式

↑建於嚴苛的環境中，是登富士山不可或缺的設施

INDEX

【 MM 哈日情報誌系列 36 】

河口湖‧山中湖 富士山'25-26

作者／MAPPLE昭文社編輯部
翻譯／林庭安
特約編輯／王韻絜
發行人／周元白
出版者／人人出版股份有限公司
地址／231028 新北市新店區寶橋路235巷6弄6號7樓
電話／（02）2918-3366（代表號）
傳真／（02）2914-0000
網址／www.jjp.com.tw
郵政劃撥帳號／16402311 人人出版股份有限公司
製版印刷／長城製版印刷股份有限公司
電話／（02）2918-3366（代表號）
香港經銷商／一代匯集
電話／（852）2783-8102
第一版第一刷／2020年2月
第二版第一刷／2025年1月
定價／新台幣450元
　　　港幣150元

國家圖書館出版品預行編目（CIP）資料

河口湖‧山中湖 富士山'25-26／MAPPLE昭文社
編輯部作；林庭安翻譯. -- 第二版--
新北市：人人出版股份有限公司, 2025.01
面；　公分. --（哈日情報誌；36）
ISBN 978-986-461-418-9（平裝）

1.CST：旅遊　2.CST：日本

731.9　　　　　　　　　　　　113017288

Mapple magazine Kawaguchiko Yamanako Fujisan
Copyright © Shobunsha Publications,Inc. 2024 All
rights reserved.
First original Japanese edition published by
Shobunsha Publications,Inc. Japan
Chinese (in traditional characters only) translation
rights arranged with Jen Jen Publishing Co.,Ltd.
through CREEK & RIVER Co., Ltd.